膠着するシリア

トランプ政権は何をもたらしたか

青山弘之

東京外国語大学出版会

膠着するシリア——トランプ政権は何をもたらしたか　目次

第三章 「テロとの戦い」の決着 65

本文PHOTO　ユニフォトプレス　アフロ

ティグリス川
スィーマルカー
国境通行所
アームーダー市
カーミシュリー市
ハイムー村
ハーム一村
ヒルバト・アンムー村
油田地帯
ルマイラーン油田
アルーク村
ラアス・アイン市
タッル・バイダル村
ヤアルビーヤ町
タッル・アブヤド市
タッル・タムル町
ハーブール川
ハサカ市
アイン・イーサー市
M4高速道路
フール町
ハサカ県
油田地帯
ラッカ県
シャッダーディー市
ラッカ市
マアダーン市
スワル町
サーリヒーヤト・ジャズィーラ村
ハトラ村
ムッラート村
CONOCOガス田
ダイル・ザウル市
フシャーム町
ブサイラ市
マヤーディーン市
ウマル油田
油田地帯
M20高速道路
ダイル・ザウル県
バジーン市
ブーカマール市
バーグーズ村
イマーム・アリー基地
T2
ユーフラテス川
イラク
0
50
100km
地図１　シリア全図

トルコ
アイン・アラブ(コバネ)市
ジャラーブルス市
スィッリーン町
マンビジュ市
ハッラーブ・ウシュク村
アリーマ町
地図3
アレキサンドレッタ地方
アレッポ市
ダイル・ハーフィル市
アサド湖
アレッポ県
地中海
イドリブ市
国道4号線
タブカ市
ラタキア県
M5高速道路
M4高速道路
イドリブ県
サウラ油田
ラサーファ交差点
油田地帯
ラタキア市
イスリヤー村
国道6号線
ハマー県
ハマー市
タルトゥース県
ミスヤーフ市
国道42号線
タルトゥース市
ラスタン市
タルビーサ市
油田地帯
スフナ市
ヒムス市
ガッサーニーヤ村
シャイーラート航空基地
タドムル市
T4航空基地
ハスヤー町
ラアス・バアルベック村
カーア村
ファーキハ村
アルサール村
ヒムス県
カルヤタイン市
カーラ市
ジャラージール町
レバノン
フライタ村
地図2
M5高速道路
国道2号線
ダマスカス県
スィーン航空基地
タンフ国境通行所
ルクバーン・キャンプ
クナイトラ県
ダマスカス郊外県
クナイトラ市
ゴラン高原(イスラエル)
ダルアー県
ハマード砂漠
サファー丘
タスィール町
ブスル・ハリール市
スワイダー県
ガリラヤ湖
フラーク市
シブキー村
サフム・ジャウラーン村
スワイダー市
ダルアー市
ヨルダン
ヤルムーク川
ナスィーブ村
ブスラー・シャーム市

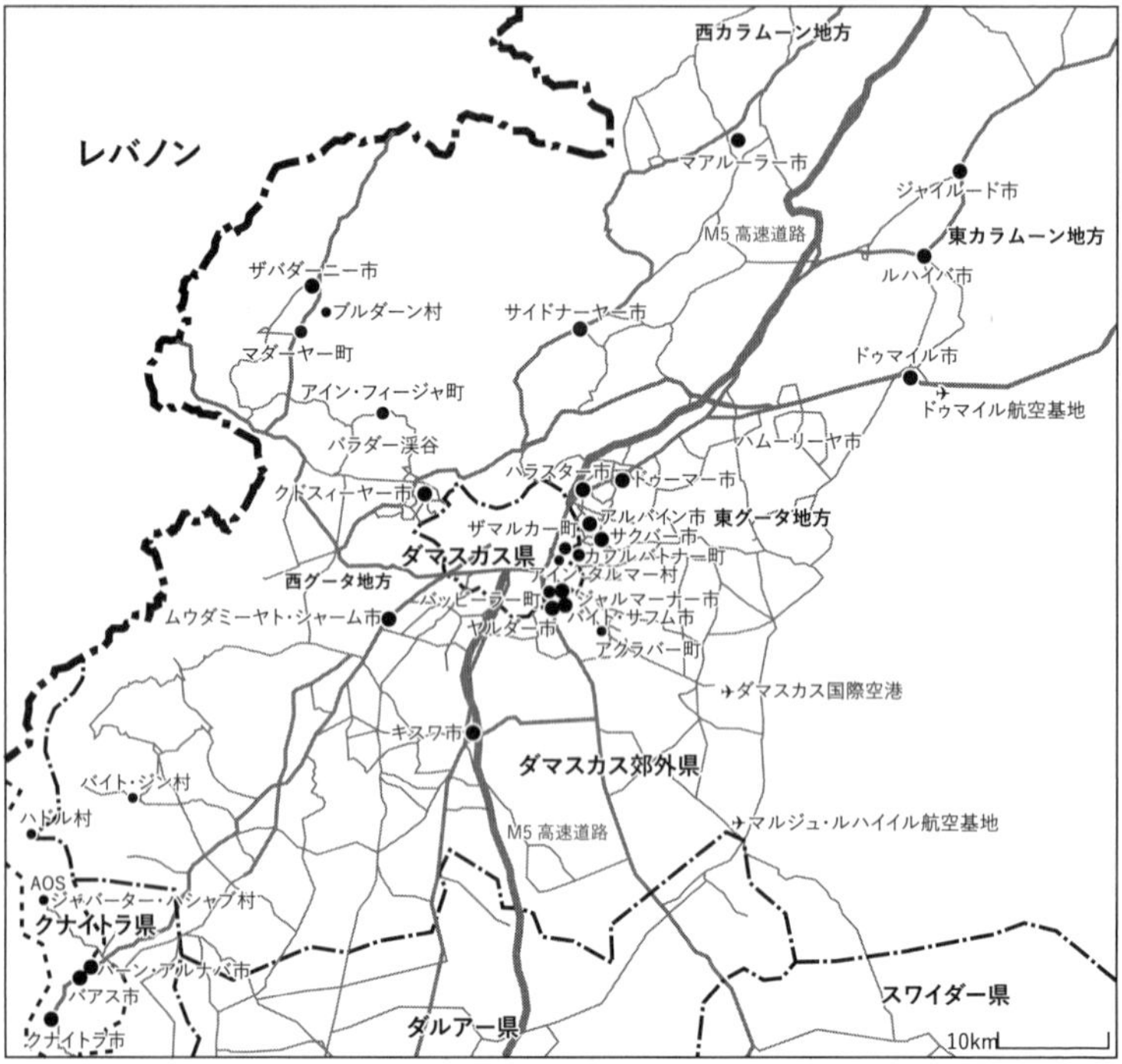

地図2　首都ダマスカス一帯

トルコ
アアザーズ市
マンナグ村
マンナグ航空基地
アフリーン市
タッル・リファアト市
ヌッブル市
ザフラー町
バーブ市
M4高速道路
アレキサンドレッタ地方
ダーラ・イッザ市
サルマダー市
アレッポ市
ナイラブ航空基地
国道4号線
バーリーシャー村
ハーン・アサル村
カフルタハーリーム町
ドゥワイラ山
サフィーラ市
地中海
カファルヤー町
フーア市
ビンニシュ市
アラブ・サイード村
イドリブ市
アレッポ県
M4高速道路
ルージュ平原
ジスル・シュグール市
ナイラブ村
サラーキブ市
タルナバ村
ムウタリム村
イシュタブリク村
アリーハー市
アブー・ズフール町
ハナースィル市
アイン・フール村
ムハムバル村
ザーウィヤ山
カッバーナ村
クルド山
サッラト・ズフール村
アブー・ズフール航空基地
イドリブ県
ラタキア県
マアッラト・ヌウマーン市
サルマーン村
サクービーン村
マアッル・バッタート村
ラタキア市
M5高速道路
フワイン村
フマイミーム航空基地
ハーン・シャイフーン市
カフルズィーター市
ムーリク市
ラターミナ町
スーラーン町
国道42号線
ハマー県
タルトゥース県
ハマー市
10km

地図３　シリア北部

膠着するシリア——トランプ政権は何をもたらしたか

凡例

本書における外国語（アラビア語）の固有名詞（人名、地名）のカタカナ表記は、一部の例外を除き大塚・小杉・小松ほか編［2002: 10–15］および帝国書院編集部編［2019］に従った。ただしアラビア語の定冠詞「アル＝」、「アッ＝」、「アン＝」は原則として省略した。

註は、当該箇所に▼を付し、巻末に▼1、▼2のように示した。

はじめに

二〇二一年一月二〇日、アメリカ合衆国（以下米国）第四五代大統領のドナルド・トランプが四年に及ぶ任期を終え、ホワイト・ハウスを後にした。その過激で独断的な言動は、嫌悪と称賛の二つのリアクションをもたらし、一方で熱狂的な支持者を獲得したが、他方で米国社会に大きな分断をもたらした。選挙での敗北を最後まで認めず、任期終了直前には支持者が議事堂に押し入るという異常な事態にまで発展したトランプ政権の四年はまさに波乱含みだった。

国内の融和を掲げるジョー・バイデン第四六代大統領の施政をトランプ大統領と比較して評価するのはいまだ時期尚早ではある。とはいえ、トランプ大統領の敗北は、米国だけでなく、日本でも、嫌悪と混乱の終わりとして華々しく位置づけられた。

トランプ大統領が最初に軍事力を行使した国

外交に目を向けると、トランプ大統領は任期中に新たな軍事作戦を行わなかった希有な指導者である点がしばしば強調された。だが、気候変動に関するパリ合意やイラン核合意からの離脱に象徴されるように、米国至上主義を前面に打ち出し、国際協調主義や同盟諸国との関係を無視する姿勢は非難を浴びた。自身を当選に導いた大統領選をめぐるロシアとの関係は疑惑の目で見られ、北朝鮮や中国に対する威嚇はパフォーマンス目当てだと批判された。

そんなトランプ大統領が国外で最初にとった軍事行動が、中東の小国シリアに対してであったことは、忘れ去られて久しいようである。二〇一七年四月七日（米東部時間六日）、トランプ政権は、シリア政府が反体制派に対して化学兵器を使用したと断じ、その支配地にミサイル攻撃を行った。二〇一八年四月にも、英国、フランスとともに政府支配地にミサイル攻撃を行った。このほかにも、二〇一九年三月には、シリア領のゴラン高原（クナイトラ県）に対するイスラエルの主権を承認する大統領令を、国際社会の声に反して発した。二〇一八年末以降はシリア領内に駐留させている部隊の撤退決定とその撤回を繰り返した。そして、二〇一九年一〇月には、イドリブ県で特殊作戦を敢行し、イスラーム国指導者のアブー・バクル・バグダーディーを暗殺した。長年にわたって混乱に苛まれてきたシリアは、トランプ政権の突飛な外交政策によってもっとも翻弄された国の一つだったと言っても過言ではない。

シリア内戦――勧善懲悪と予定調和が通用しない重層的紛争

シリアが苛まれてきた混乱とは、チュニジア、エジプト、イエメン、リビアといったアラブ諸国を席巻した民主化運動「アラブの春」が二〇一一年三月に波及したことがきっかけだった。「シリア騒乱(Syrian Uprising)」、「シリア紛争(Syrian Conflict)」、「シリア危機(Syrian Crisis)」、「シリアに対する戦争(al-harb 'alā sūrīya)」、「シリア革命(al-thawra al-sūrīya)」とも呼ばれるこの混乱は、日本では一般的に「シリア内戦」と呼ばれている。

「アラブの春」は当初、独裁を敷く悪の政権ないしは体制に対して、自由や尊厳の実現を目指す善なる民衆の蜂起、あるいは市民の革命だと賛美され、「悪は滅び、正義は勝つ」と考えられた。勧善懲悪と予定調和に基づかない解釈や研究は「人間の尊厳の蹂躙に他ならない」と非難され、真実を捉えていないとみなされ、独裁者が反対意見を粛清するかのように排除された。こうした風潮は、「アラブの春」によって体制転換を経験したほぼすべての国がその後に経験した政情不安定、経済の混乱を鑑みると、近視眼以外の何ものでもなかった。だが、それは今でも一部で根強く残っている。

シリア内戦も例外ではなく、勧善懲悪と予定調和に彩られたストーリーとして語られることが少なかった。だが、実態はフィクションのように単純ではなく、当事者や争点を異にする複数の局面が重層的に絡み合って複雑に展開した。

その主要な局面は、国内的局面と国際的局面に大別できた。

国内的局面は、①国家と社会を当事者とし、体制転換や改革の是非を争点とする「民主化」、②「民主化」をめぐって政府、反体制派(政治勢力)が権力闘争を行う「政治化」、③「民主化」をめぐって政府と反体制派(武装集団)が武力衝突する「軍事化」、の三局面からなっていた。国際的局面は、④諸外国が国内的局面に乗じて干渉する「国際問題化」、⑤混乱のなかで、イスラーム国、シャームの民のヌスラ戦線（略称ヌスラ戦線、現在のシャーム解放機構［シリア解放機構］）に代表されるアル＝カーイダ系の国際テロ組織が反体制派との混在を深める「アル＝カーイダ化」、の二局面からなっていた。▼1

シリア内戦は、体制転換や改革を求める抗議デモを政府が厳しく弾圧し、過激な抗議行動や武装闘争を誘発したことに端を発していた。だが、政府と反体制派による暴力の応酬は、こうした国内的局面ではなく、国際的局面のなかで際限なく激化していった。政府による抗議デモや反体制派の弾圧は、米国（シリアとの関係については第一章三〇～三三頁を参照）、そしてその同盟国である西欧諸国のほか、サウジアラビアやカタールといったアラブ湾岸諸国、トルコが人権や「保護する責任」を振りかざして執拗な干渉を行う格好の口実となった。これに対して、長年にわたりシリア政府と友好関係を築いてきたロシア、イランといった国々は、主権尊重や内政不干渉の原則を持ち出して対抗し、政府を支援するとして同じく干渉を強めた。アル＝カーイダ系組織は、筆者が「人権陣営」、「主権陣営」として大別するこの二つの陣営がシリアを主戦場としてせめぎ合うことで助長された混乱に巣をくうかたちで増長し、暴力激化の一端を担った。諸外国はそれさえも逆手にとって利用し、「テロとの戦い」を口実として干渉を強めていった（図0－1を参照）。

「今世紀最悪の人道危機」の被害

「今世紀最悪の人道危機（worst humanitarian crisis of this century）」、「世界最悪の人道危機（world's worst humanitarian crisis）」と称されたシリア内戦は、国内的要因が発端だったとはいえ、混乱の主因は国外的要因にあった。この紛争が「代理戦争（proxy war）」だけでなく、「シリア人なきシリアの戦争（non-Syrian war in

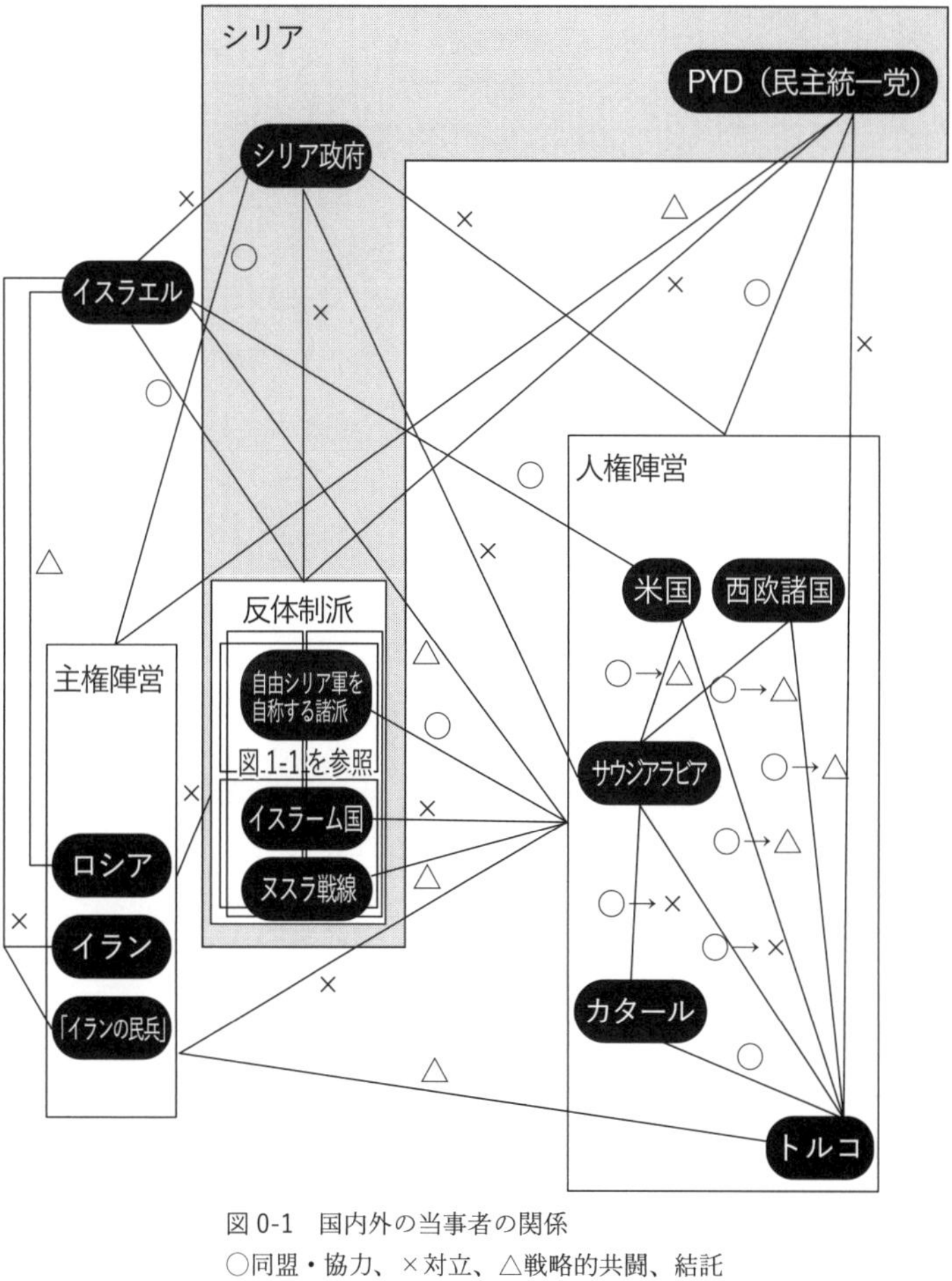

図0-1　国内外の当事者の関係
○同盟・協力、×対立、△戦略的共闘、結託

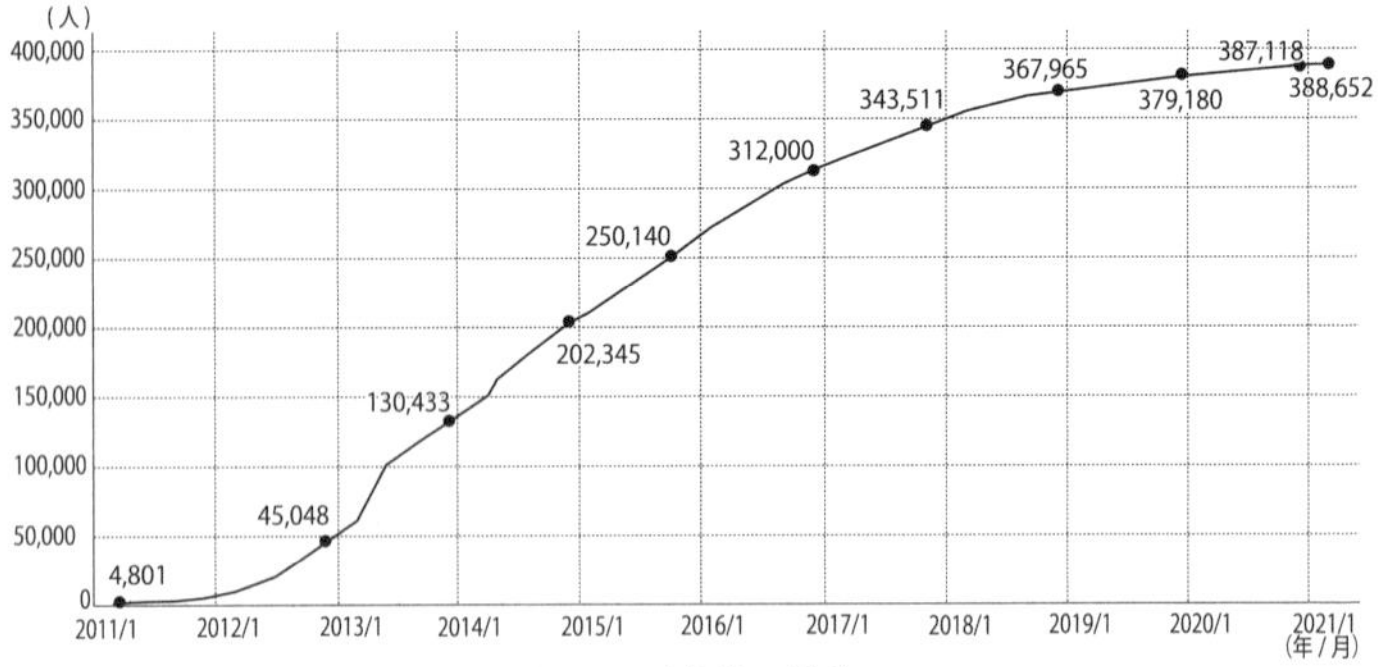

図 0-2　死者数の推移

Syria）」とさえ言われるのはそのためである。そこでは、体制転換の是非をめぐって争っていた政治家・活動家たちは、政治的立場のいかんにかかわらず外国に翻弄され、事態に対処する術を失ってしまった。武器を手にした者たちも、外国軍や外国人戦闘員の圧倒的な暴力を前に、被害者、ないしは共犯者になりさがった。人々の多くが、平和な日常を失い、一部は家を追われ、難民、あるいは国内避難民（ＩＤＰｓ［internally displaced persons］）となった。主体性を失ったすべてのシリア人の苦難こそが、シリア内戦がもたらした最大の不幸だった。

　英国を拠点とする反体制派ＮＧＯ（non-governmental organization）のシリア人権監視団によると、自由や尊厳の実現、そして体制転換を目指す「シリア革命」が始まったとされる二〇一一年三月一五日から二一年三月一四日までに確認された死者総数は、三八万八六五二人にのぼった（図０‐２を参照）。同監視団によると、この数値には、政府支配下の刑務所・拘置所で拷問を受けるなどして死亡したとされる約八万八〇〇〇人、イスラーム国の刑務所・拘置所で死亡した三二〇〇人強、シリア軍（政府軍）が拘束した捕虜や失踪者四一〇〇〇人強、イスラーム国やア

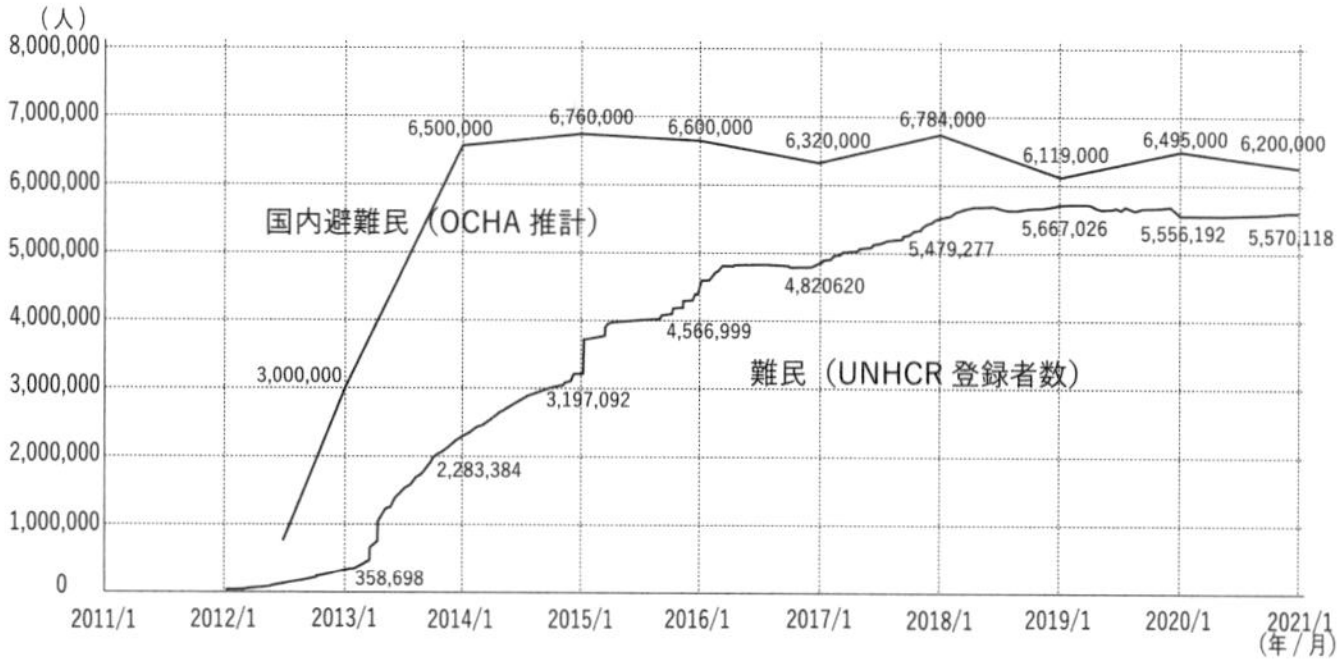

図 0-3　難民・国内避難民の推移

ル＝カーイダ系組織を含む反体制派が拉致した約一八〇〇人は含まれておらず、これらを含めると、死者総数は四八万人に達するという。

二〇一一年以降にシリア国外に逃れた難民は、国連難民高等弁務官事務所（ＵＮＨＣＲ［Office of the United Nations High Commissioner for Refugees］）によると、五五七万一一八人（二〇二〇年一二月三一日）に達している。また、国連人道問題調整事務所（ＯＣＨＡ［Office for the Coordination of Humanitarian Affairs］）によると、国内避難民は推計六二〇万人（二〇二〇年末）にのぼる（図０－３を参照）。

国連西アジア経済社会委員会（ＥＳＣＷＡ［Economic and Social Commission for Western Asia］）が二〇一八年八月七日に発表した推計によると、被害総額は三八八〇億米ドル、うち実際の物的被害は一二〇〇億米ドルとされる。この被害額には人的被害は含まれていない[▼2]。

膠着という終わり

トランプ政権の四年間は、「今世紀最悪の人道危機」と呼ばれた惨状に大きな変化をもたらした。本書で詳しく見る通り、戦闘は本書脱稿時点（二〇二一年夏）においても北部などで散発的に続いているが、二〇一八年末までにおおむね収束した。UNHCRのアミーン・アワド中東・北アフリカ局長は「戦争はほぼ終わった」[3]と述べた。死者数、難民数、国内避難民数は減少傾向にあり、自発的な帰還の動きも見られる。難民・国内避難民の帰還促進を目的としてロシアの国防省と外務省が開設した合同調整センター所轄の難民受入移送居住センターの発表によると、ロシア軍がシリア領内での爆撃を開始した二〇一五年九月三〇日から二〇年一二月三一日までの間に帰国した難民は八六万六二五〇人、帰還した国内避難民は一三三万五二六四人に達した。[4]

だが、内戦の収束は、理想的な終わりを意味しなかった。

ここでいう理想的な終わりとは、内戦をゼロサムゲームに見立てた場合に夢想される単純で予定調和的な結末だ。シリア政府、ロシア、イラン、そしてその支持者・共鳴者にとって、それは反体制派に対する政府の完全勝利、全土回復、復興の加速であり、逆の立場をとる者にとっては、「シリア革命」の成就ということになる。だが、現実はこうした結末に至らず、混乱再発の火種を抱えたまま膠着してしまった。シリア内戦は、理想的な終わりを迎えないまま膠着という終わりに至ったのだ。

膠着という終わりは、シリアに分断と占領という二つの現実としてかたちを得ている。分断とは、シリア政府、アル＝カーイダ系組織を主体とする反体制派（第一章三四～三六、四一～四二頁、第三章八四～八八頁を参照）、そしてクルド民族主義組織の民主統一党（PYD［Partiya Yekîtiya Demokrat］、第四章九四～九六頁を参照）による国土の割拠を意味する（地図0-1、地図0-2を参照）。また占領（駐留）とは、米国、ないしは同国が主導する有志連合（正式名は「生来の決意」作戦合同任務部隊＝CJTF-OIR［Combined Joint Task

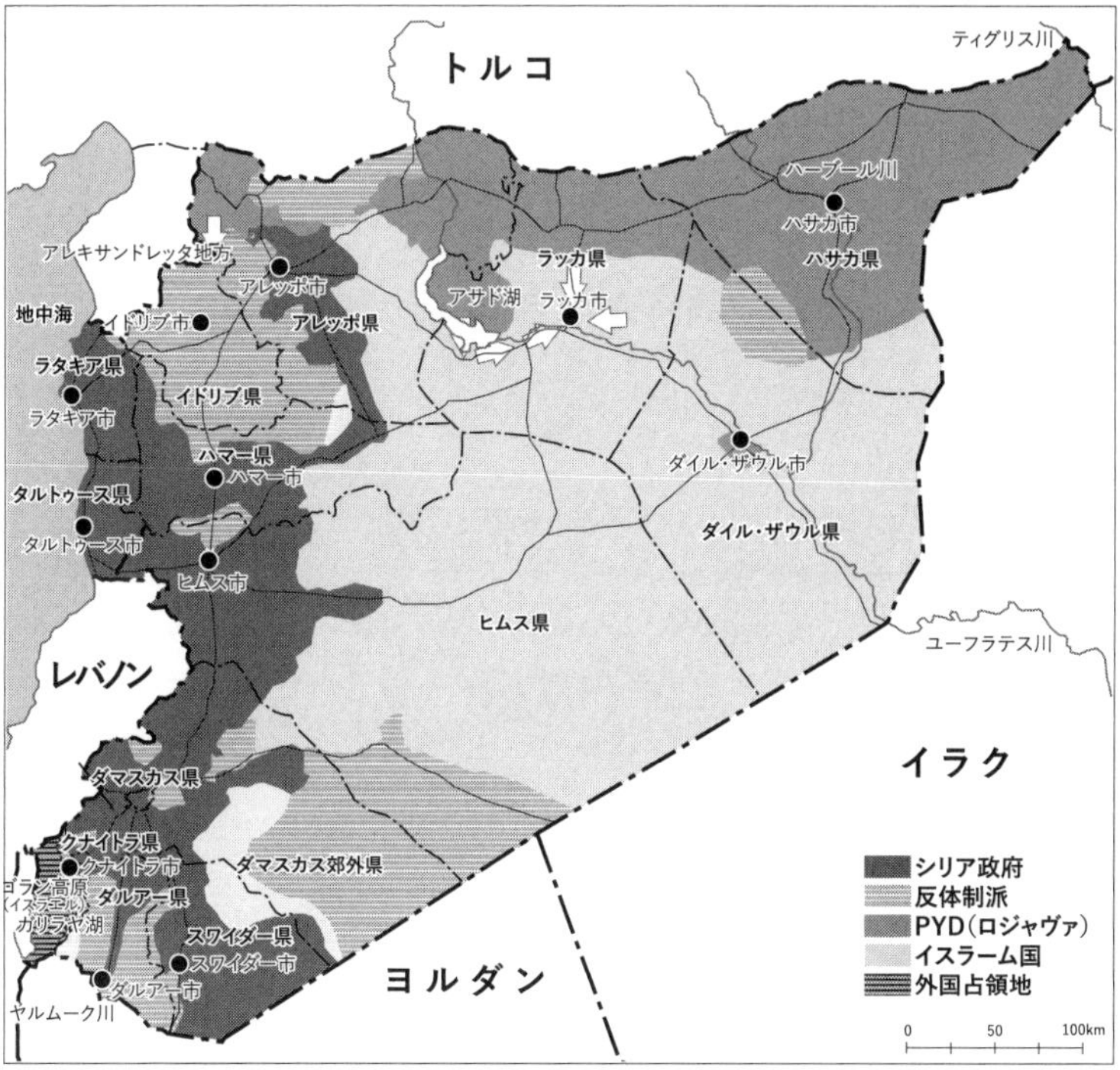

地図 0-1　2017 年 1 月の勢力図

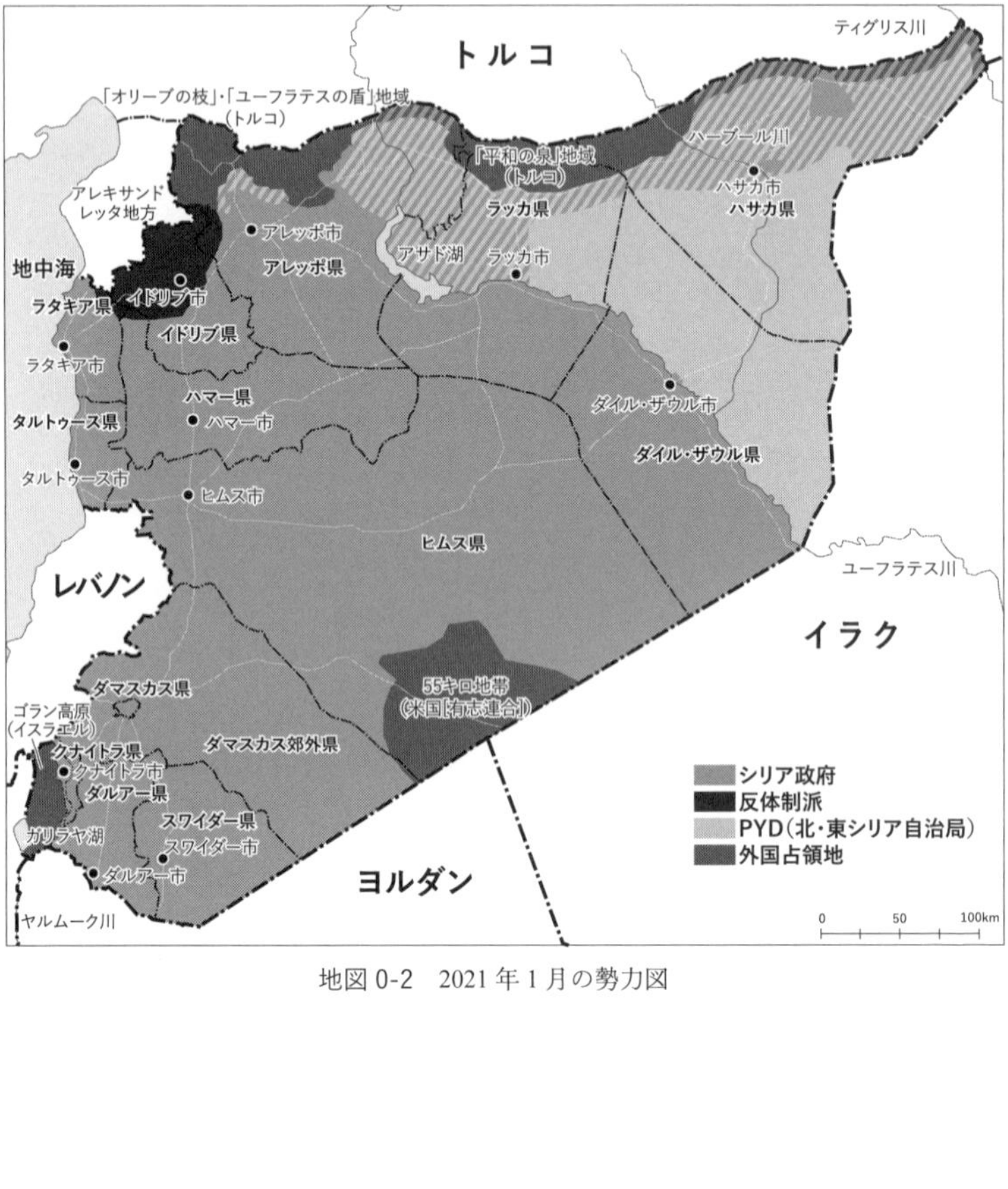

地図 0-2　2021 年 1 月の勢力図

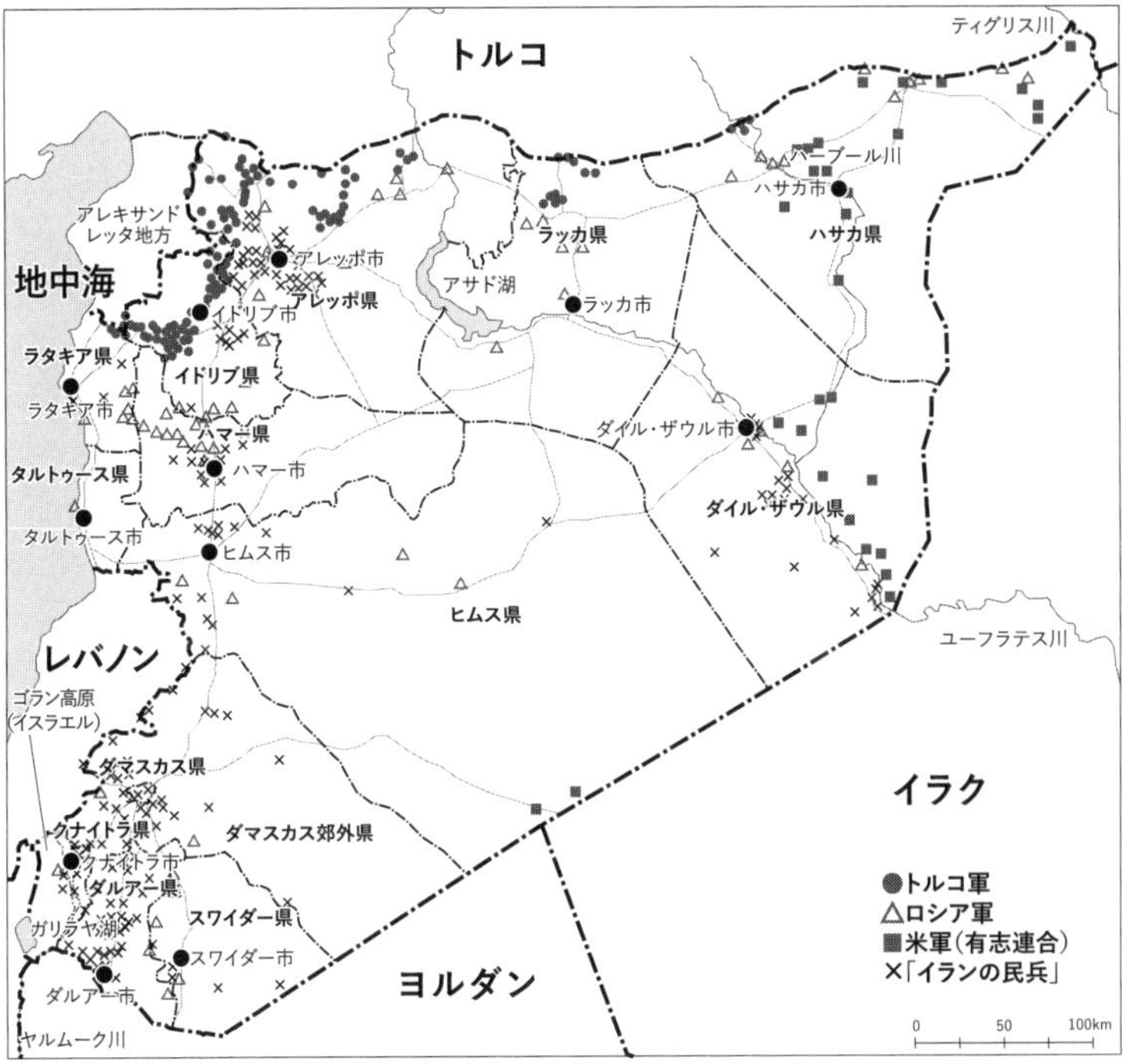

地図 0-3　主な外国部隊の駐留地

Jusūr li-l-Dirāsāt [2021] によると、米国（有志連合）、ロシア、「イランの民兵」、トルコが設置している基地・監視所・拠点はそれぞれ 33、83、247、114 カ所。

Force – Operation Inherent Resolve］）、トルコ、ロシア、イランおよび「イランの民兵（al-milīshiyāt al-īrānīya）」（第五章一二〇〜一二二頁を参照）、そしてイスラエルによる辺境地域の実効支配と部隊駐留である（地図0-3を参照）。

こうした現実のもと、人権、主権、化学兵器使用阻止、「テロとの戦い」など、シリア内戦において唱道されてきた正義は意味を失い、シリアへの関心は低下した。「今世紀最悪の人道危機」、「世界最悪の人道危機」という言葉は、シリアではなくイエメン情勢を示すようになった――「世界最悪の人道危機」という言葉は、シリア内戦以前はソマリア内戦を指す言葉ではあったが。シリアは勧善懲悪と予定調和を期待していた多くの人々の記憶の外に追いやられた。問題は何一つ解決していなかった。にもかかわらず、シリア内戦は忘れられた紛争となった。

シリアで何が起きたのか？

トランプ政権が発足した二〇一七年以降の国際情勢においては、彼の言動に過剰なまでの注目が集まった。シリアについては、冒頭で述べた二度のミサイル攻撃、ゴラン高原に対するイスラエルの主権承認、駐留米軍の撤退決定とその撤回、バグダーディーの暗殺などだ。だが、「点」として注目を浴びたこれらの出来事だけを単線でつなぎ合わせてみても、何も見えてはこない。

本書はトランプ大統領の四年間を取り上げてはいる。だが、米国のシリア外交を題材としているのではない。トランプ大統領が愛用したツイッターでの炎上のように、注目を浴びては忘れられていく一連の「点」の背後で、シリアがどのような苦難を経験し続けてきたのか、米国をはじめとする諸外国にどのように弄ばれてきたのかを克明に記す——これが目的である。

執筆にあたっては、筆者が管理するブログ「シリア・アラブの春顛末記」において日々収集、解読している情報に多くを依拠した。情報戦が激しく展開されているシリア内戦をめぐっては、「シリア政府とロシアが発信する情報は信用できない」、「アル＝カーイダ、それに与する反体制派、イスラーム国が発信する情報は有害なプロパガンダだ」といった先入観に囚われ、自らの政治的立場や価値観にそぐわないメディアや個人・組織によって発信される情報を遮断する傾向が根強い。メディア論においてスクリーニングと呼ばれるこうした現象は、「内包浸透（endosmosis）」[5]といった用語で正当化されることもある。

無批判に信用できるメディアなど存在しないことは言わずもがなだ。だが、そのことは無批判に排除されるべきメディアが存在することを意味しない。メディアからの情報収集やその解読は、それらが発信する一つ一つの情報の真偽を確認しつつ、事実に至ろうとしなければ偏向は避けられないし、そうすることがメディア・リテラシーの本分でもある。

手前味噌だが「シリア・アラブの春顛末記」においては、こうした当たり前の前提を踏まえて、さまざまな政治的な色を持つとされるメディアや個人・組織を意識的に網羅し、「情報戦の縮刷版」とでも呼ぶべきインフォスフィア（情報空間）を構築し、第三者にも検証可能な状態を確保することに努めてきた。本書においても、この方法を採用して、事実を記述していく。

なお、シリアに「アラブの春」が波及してから二〇二一年三月で一〇年が経過した。シリア内戦を題材とするのであれば、その始まりから、あるいはシリアという国の成り立ちから紐解いていくのが自然な流れではある。だが、この点については拙著▼6において詳しく述べているので、本書と合わせて手にとって頂ければ幸いである。

本書は東京外国語大学出版会の大内宏信氏の多大な支援と助力なくしてはかたちを得ることができなかった。また、「現代中東政治研究ネットワーク」（https://cmeps-j.net/）において長年にわたって研究活動を共にしてきた日本とシリアの研究者諸氏の助言やコメント、さらには家族、友人、同僚、そして学生の励ましと支えが、本書を執筆するうえでの原動力となった。ここに記して心より感謝の意を表したい。

第一章　シリアと米国の関係

オバマ大統領はシリア軍による化学兵器使用が「ゲーム・チェンジャー」になると発言。米国は英国、フランスとシリアへの軍事介入を画策した（2013年8月31日、ワシントン）

二〇一六年一一月八日に投票が行われた米大統領選挙で、共和党候補のドナルド・トランプは民主党候補のヒラリー・クリントンを破り、二〇一七年一月二〇日に第四五代大統領に就任した。トランプ政権の四年間、すなわち二〇一七年一月から二一年一月までにシリアで何が起きたかを見る前に、トランプ政権発足に至るまでの米国のシリア政策を紐解いてみたい。

1　実効性を欠く制裁

友好的敵対

シリアと米国の対立は、近年、あるいはシリア内戦の勃発をもって始まったのではなく、両国は長年にわたって敵視政策をとり合ってきた。シリアが、反欧米感情によって彩られたアラブ民族主義をもっとも強く体現する国家・社会であったこと、そして米国を最大の後ろ盾とするイスラエルを生来の敵としてきたことが主因だ。シリアは、イスラエルを物心面で支援する米国を「新帝国主義」、「新植民地主義」と非難する一方、米国も、ハマースをはじめとするパレスチナ諸派やレバノンのヒズブッラーといった対イスラエル抵抗組織を外国テロ組織（ＦＴＯ［Foreign Terrorist Organization］）に指定し、それを後援するシリアを安全保障上の懸念とみなしてきた。米国が一九七九年以来、イラク、リビア、南イエメン（いずれも現在は指定解除）とともにシリアをテロ支援国家に指定し、武器・軍民両用製品の輸出・販売制限、貿易・投資制限といった制裁を科してきたのはそのためだ。▼1

だが、シリアは米国と正面きって対決することはなかった。とりわけ一九九〇年代以降は、レバノンやイラクといった近隣諸国での紛争に直接、間接に関与し、その趨勢に少なからず影響力を行使しようとすることで、米国と対峙し、「友好的敵対」▼2とでも呼ぶべき関係を築いてきた。シリアは、外交方針や安全保障政策の大枠をめぐって米国と反目しながらも、公式、非公式のチャンネルを通じて取引を繰り返し、互いの利益を維持、ないしは極大化しようとした。

友好的敵対は二〇〇一年の九・一一事件後も継続された。「テロとの戦い」の名のもとにアル＝カーイダの殲滅を目指すジョージ・W・ブッシュ米政権（二〇〇一〜〇九年）の協力要請に対して、シリアは事件の首謀者らに関する情報を提供することで応えた。▼3

米国による制裁と情勢の悪化

だが、「テロとの戦い」に加えて、ブッシュ政権が民主化を振りかざして中東への介入を強めると、友好的関係は揺らいだ。国連決議を経ずに行われたイラク戦争（二〇〇三年）に反対したシリアは、米国の激しいバッシングに晒された。ブッシュ大統領は二〇〇三年一二月、シリアがテロ支援に加えて、レバノン実効支配、大量破壊兵器開発、混乱するイラク情勢への関与を続けているとして、武器リスト（USML［U.S. Munitions List］）と通商管理リスト（CCL［Commerce Control List］）に掲載された品目の輸出規制を行うことを骨子としたシリア問責レバノン主権回復法を施行した。[4] そして二〇〇四年五月一一日、大統領令第一三三三八号[5]に署名し、シリア問責レバノン主権回復法と、国際的緊急事態における経済権限法（IEEPA［International Emergency Economic Powers Act］）、国家緊急法（NEA［National Emergencies Act］）などに基づき、輸出規制とシリアの政策に協力する個人・団体の米国内の資産凍結といった制裁を発動した。

ブッシュ政権はまた、二〇〇五年二月にレバノンでラフィーク・ハリーリー元首相が暗殺されると、これをシリアの犯行と断じ、国連安保理で追及を強めた。[6] そして二〇〇六年四月二五日に大統領令第一三三九九号[7]を発し、ハリーリー元首相を含む要人二三人の暗殺に関与したとされる個人・団体へと制裁対象を拡大した。さらに二〇〇八年二月一三日に大統領令第一三四六〇号[8]を発令、汚職への関与を通じてシリアの政策に貢献・協力する個人・団体に制裁を科すことを決定した。

とはいえ、制裁は実効的ではなかった。たしかに、レバノンでの「杉の木革命」（二〇〇五年）や欧米諸国のバッシングを前に、シリアはレバノン駐留部隊を完全撤退させ、実効支配を放棄した。だが、制裁の起点となっていたテロ支援をめぐる状況は、米国にとってむしろ悪化していた。ヒズブッラーが二〇〇六年七月から八月にかけてのレバノン紛争で善戦し、パレスチナのハマースが二〇〇八年一二月から〇九年一月のガザ侵攻を耐え抜いたことで、対イスラエル抵抗組織とそれを支援するシリアとイランからなるいわゆる「抵抗枢軸（mihwar al-muqāwama）」のプレゼンスが増大し、イスラエルを軍事的脅威に晒したのである。[9]

2 「燃えるがままにせよ」戦略

従前的制裁の強化

二〇一一年三月にシリアに「アラブの春」が波及すると、米国の姿勢は厳しさを増した。バラク・オバマ政権（二〇〇九～一七年）は、シリア内政にも批判の矛先を向け、人道、化学兵器使用阻止、「テロとの戦い」という三つのパラダイムに基づいて執拗に干渉を行った。

人道に基づく介入は、二つの施策を通じて推し進められた。第一は従前的な制裁の強化である。オバマ大統領は二〇一一年四月二九日と五月一八日に大統領令第一三五七二号[10]と第一三五七三号[11]に署名し、シリアでの人権侵害に関与・協力する個人・団体を制裁対象に追加した。これにより、バッシャール・アサド大統領、その弟でシリア軍最強とされる第四機甲師団の実質的司令官を務めるマーヒル・アサド准将、イラン・イスラーム革命防衛隊の精鋭部隊であるゴドス軍団などに制裁が科せられた。

また二〇一一年八月一七日には大統領令第一三五八二号[12]に署名し、シリアでの暴力激化に対処するとして、米国民によるシリアへの投資と輸出の全面禁止、シリアからの石油と石油産品の輸入・取引の禁止が定められた。さらに二〇一二年四月二二日には大統領令第一三六〇六号[13]に署名し、シリアとイランがコンピュータ・ネットワークの妨害、モニタリング、トラッキングを通じて国民の権利を侵害しているとして、シリアのシリアテル社、イランのダダック・テレコム社といった携帯電話・通信会社を制裁対象に加えた。五月一日にも大統領令第一三六〇八号[14]に署名し、シリアとイランに対する制裁の回避に関与する外国人を制裁対象とすることが定められた。

なお、米国の制裁強化と前後して、西欧諸国、アラブ湾岸諸国、そしてトルコもシリア政府に制裁を科していった。欧州連合（EU［European Union］）は二〇一一年五月一〇日、武器および関連物資のシリアへの輸出禁止、政府・軍の高官の資産凍結と渡航禁止を決定し、その対象を段階的に拡大していった[15]。また九月四日には石油および関連製品の取引禁止を決定した[16]。一方、アラブ連盟は、サウジアラビアやカタールの主導のもとに、一一月一六日、シリアの加盟資格を一時停止、大使召還、禁輸、資産凍結といった制裁を発動した[17]。トルコも同月三〇日、国内の資産凍結、シリア中央銀行との取引禁止などの制裁を科した[18]。

シリア政府の正統性否定と「穏健な反体制派」支援

人道に基づく介入の第二の施策は、「保護する責任」を根拠にしたシリア政府の正統性の否定と「穏健な反体制派（moderate opposition、al-muʻāraḍa al-muʻtadila）」の支援である。二〇一一年七月に「アサド政権は正統性を失った[19]」と公言したオバマ政権は、一二月に在外活動家からなるシリア国民評議会を「シリア国民の正統な代表[20]」として承認した。また二〇一二年にはシリア国民評議会を母体とする新たな反体制政治組織、シリア革命反体制勢力国民連立（シリア国民連合）の設立を後押しし、西欧諸国、アラブ湾岸諸国、トルコとともにその正統性を承認した。「穏健な反体制派」という言葉は、欧米諸国が中心となって支援したこうした政治組織を指していた。だが、二〇一三年になると、米国はこれを拡大解釈し、自由シリア軍を自称する諸派を指す言葉として用いるようになり、国防総省や中央情報局（ＣＩＡ［Central Intelligence Agency］）が陰に陽にこれらの組織を支援していった。[21]

シリアの政治において、反体制派は体制転換を目指し、そのための武力行使を辞さない個人、政治組織、武装集団を指す。なぜ、ここでこのような書き方をするかというと、既存の体制のもとでの政権交代や、政治プロセスを通じた体制改革・転換を目指す勢力――その典型がクルド民族主義組織のＰＹＤ（民主統一党、第四章九四～九六頁を参照）――が反体制派ではなく、親体制派（al-muwālāh、loyalist）とみなされたり、「愛国的反体制派（al-mu'āraḍa al-waṭanīya、patriotic opposition）」と呼ばれて、反体制派と区別されるからである。言い換えると、シリア内戦における反体制派は、政治学の定義に従うのであれば、言動面での過激性を特徴としている点で穏健派（moderate）ではなく、いずれも急進派（radical）であった。

にもかかわらず、「穏健な反体制派」という矛盾した言葉が案出されたのは、混乱を増すなかで、イスラーム過激派が台頭したためだった。イスラーム過激派のなかで代表的なのが、「シリアのアル＝カーイダ」であるシャームの民のヌスラ戦線（現在のシャーム解放機構）、シャーム自由人イスラーム運動（別名アフラール・シャーム）、二〇一一年半ばに結成され、二〇一二年七月にダーウド・ラージハ国防大臣、ハサン・トゥルクマーニー副大統領補佐官、アースィフ・シャウカト副参謀長の暗殺を実行し、サウジアラビアがもっとも支援に力を入れたイスラーム軍（結成当初の組織名はイスラーム中隊、二〇一三年九月に現在の組織名に改称）、トルコが支援したシリア・ムスリム同胞団系のシャーム軍団といった組織だった。このうち、ヌスラ戦線は二〇一二年末までには「もっとも攻撃的で成功した反体制派[22]」となり、イスラーム国を含むイスラーム過激派の台頭の地ならしをした（第三章八四〜八八頁、図１－１を参照）。

欧米諸国が、彼らにとってもっとも重要な価値観でもある自由や尊厳の実現を志した「シリア革命」の成就を目指す組織や個人を、イスラーム過激派と区別したことは、シリアへの干渉を人道に基づく民主化支援として正当化するためだった。だが、こうした峻別はナンセンスで、「穏健な反体制派」の支援は事実上のテロ支援だった。なぜなら、反体制派は、アル＝カーイダ系の組織・個人であれ、「シリア革命」の理念を奉じる組織・個人であれ、状況対応的に合従連衡や離合集散を繰り返しており、その一部だけを支援し、それ以外を排除することなどできなかったからだ。反体制派は、筆者が「反体制派のスペクトラ」[23]と呼ぶような混濁を特徴としていた。

ゲーム・チェンジャー

人道に基づく「穏健な反体制派」の支援は、人道に反するテロリストを育むという点で、マッチポンプに他ならなかった。にもかかわらず、オバマ政権は、化学兵器使用阻止と「テロとの戦い」という残る二つのパラダイムを駆使してこれを助長した。

シリア国内での化学兵器使用が頻繁に報告されるようになった[24]二〇一三年四月、オバマ大統領はシリア軍による化学兵器使用が「ゲーム・チェンジャー（game changer）」になると発言し、軍事介入の可能性を示唆した。シリア政府は、同年三月のハーン・アサル村（アレッポ県）でのシリア軍に対する化学兵器使用などを引き合いに出し、反体制派の側が化学兵器を使用していると反論、国内での化学兵器使用の実態調査を国連に要請していた[25]。これを受けて、国連調査団がシリアに派遣された直後の八月二一日、

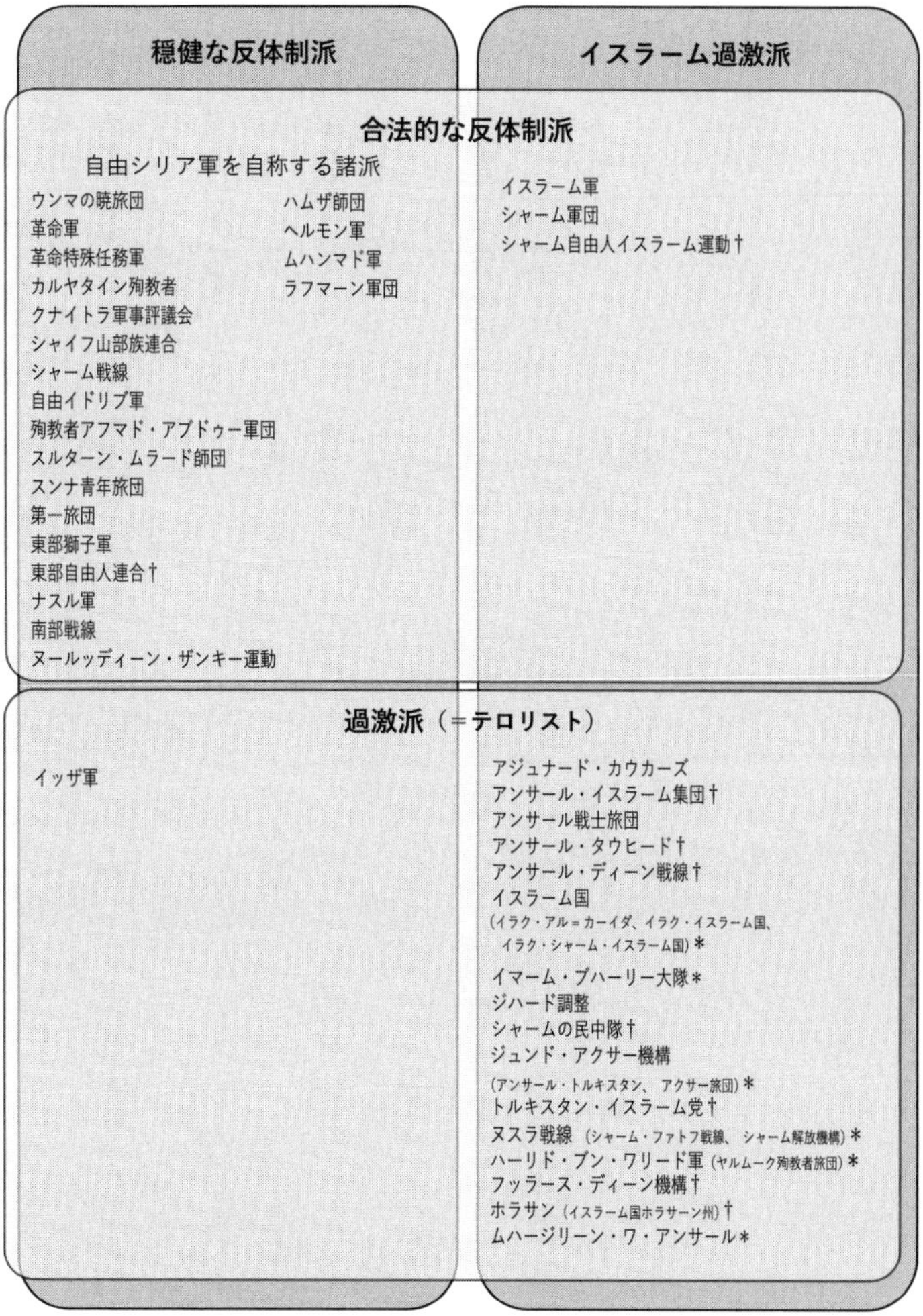

図 1-1　反体制派のスペクトラ

＊　国連安保理決議第 1267 号制裁委員会が指定するテロリスト。

†　それ以外のアル=カーイダ系の組織、イスラーム国元メンバーの存在が確認される組織。

（西）グータ地方のムウダミーヤト・シャーム市（ダマスカス郊外県）などで発生したのが、サリン・ガス使用疑惑事件だった。

オバマ政権はこれをシリア軍の犯行と断じ、英国、フランスとともに軍事介入を画策した。だが、そこでは論理のすり替えが行われた。計画された軍事行動は、体制転換ではなく、化学兵器の再使用を阻止し、懲罰を科すことが目的とされたのだ。しかも、シリア政府が、ロシアとの協議の末、一貫して否定してきた化学兵器の保有――使用ではなく、あくまでも保有――を認め、化学兵器禁止条約（CWC［Chemical Weapons Convention］）に加盟（二〇一三年一〇月）し、化学兵器廃棄を受諾することを決定すると、米国は軍事介入を中止し、化学兵器廃棄を実行する主体として政府の存在を認めたのである。

追及を免れるシリア政府

グータ地方での事件は、二〇一三年一二月に国連調査団が発表した最終報告書において「地対地ロケット弾にサリン・ガスと思われる有毒ガスが装填され、住民に対して使用された」[26]と結論づけられた。だが、調査団は、化学兵器使用の実行犯を特定する権限を持たなかったため、シリア政府は追及・制裁を免れた。なお、国連調査団はこの事件のほかにも六件の疑惑を調査し、三件で化学兵器使用が認められたと指摘した。うち二件は、ハーン・アサル村での事件を含むシリア軍を標的とした攻撃、一件は住民を狙った攻撃だった。

一方、CWC加盟国となったシリアでは、有毒物質、関連装備・施設の廃棄・破壊作業が進められ、化学兵器禁止機関（OPCW［Organisation for the Prohibition of Chemical Weapons］）は二〇一六年一月に全廃を宣言した。[27]

しかしこの過程で、今度はシリア政府（そして反体制派）による塩素ガス使用が問題視されるようになり、国連は二〇一五年三月、米国とロシアの合意に基づき安保理決議第二二〇九号[28]を採択、サリン・ガスなどの化学兵器に加えて、シリアでの塩素ガスの使用を禁止した。また、国連とOPCWの合同査察機構（JIM［Joint Investigative Mechanism］）を設置し、シリア国内での調査と責任追及を行うことを決定した。

JIMは二〇一六年八月に提出した報告書[29]で、調査対象とした九件の事件のうちの三件でシリア政府が塩素ガスを使用したと結論づけた。だが、オバマ政権は、これに先立って「塩素そのものは歴史的に化学兵器には挙げられない[30]」と述べ、政府による使用をレッド・ラインとしない立場を示し、行動に訴えることはなかった[31]（表2－1を参照）。

限定的な「テロとの戦い」

一方、「テロとの戦い」は、二〇一四年半ばまでにシリアとイラクにまたがる広大な地域を支配下に置くようになったイスラーム国の掃討を目的とした。米国は有志連合を主導して九月からシリア領内に対する爆撃を開始し（イラク領内への爆撃開始は八月）、ここにいたりようやく軍事介入に踏み切った。だが、そこでは、シリア政府の非人道性や化学兵器使用は不問とされた。しかも、「テロとの戦い」は「穏健な反体制派」の再解釈も伴った。米国は今度は、イスラーム国との戦いに参加する武装集団を「穏健な反体制派」と位置づけ、「協力部隊（partner forces）」とみなして支援を集中させたのである。

「協力部隊」の主力をなしたのは、クルド民族主義民兵組織の人民防衛隊（YPG［Yekîneyên Parastina Gel］）を主体とするシリア民主軍（SDF［Syrian Democratic Forces］、第四章九四〜九六頁を参照）だった。米国（そして英国、フランス）は、シリア民主軍を支援するとしてユーフラテス川以東地域の各所に基地を設置し、地上部隊を駐留させた。また二〇一六年三月には、イスラーム国との戦いの末、シリアの首都ダマスカスとイラクの首都バグダードを最短で結ぶ国道二号線上に位置する交通の要衝、タンフ国境通行所（ヒムス県、イラク側はワリード国境通行所）を占領した。

しかし、イスラーム国に対する「テロとの戦い」は大きな成果をあげることはなかった。オバマ政権下の有志連合の爆撃回数は、一日三回から一〇回程度に過ぎなかった。これは、二〇〇一年のアフガニスタンでのターリバーン政権とアル＝カーイダに対する攻撃や、二〇〇三年のイラク戦争での米国（そして有志連合）の爆撃が一日平均八〇回程度に及んでいたこと、二〇一五年九月にシリア領内の反体制派に対して開始されたロシア軍の爆撃（出撃）回数が毎日三〇回を超えていたことを踏まえると小規模だった。▼32 そのため、イスラーム国を弱体化させるだけの効果はなかった。

さらに、「テロとの戦い」の対象も限定された。シリアでの「テロとの戦い」は、イスラーム国だけでなく、アル＝カーイダ系組織全般に対しても行われてしかるべきだった。だが、オバマ前政権が、シリア政府に対する武装闘争の中核を担っていたヌスラ戦線に対して爆撃に踏み切ることは稀だった。しかも、人道に基づく「穏健な反体制派」支援は続けられた。それはオバマ政権にとって矛盾しておらず、シリア政府の対イスラエル抵抗組織に対する支援に対処するうえでもっとも現実主義的な方途だった。政府が弱体化しながらも存続することは、アル＝カーイダが制御不能なまでに勢力を拡大するのを抑止する一方、「抵抗枢軸（反イスラエル陣営）」を政府への支援に注力させ、米国最大の同盟国であるイスラエルに軍事的脅威を与える余力を奪うことにつながった。こうしたマキャヴェリズム的姿勢は「『燃えるがままにせよ』戦略（'let-it-burn' strategy）」[33]と呼ばれた。

3　戦略の破綻——トランプ政権へ

ジュネーブ会議

とはいえ、多重基準に依拠したオバマ政権のシリア政策は、任期終了が近づくにつれて限界を露呈していった。それがもっとも顕著に現れたのが、シリアの紛争の持続的解決に向けた国連主催の和平プロセスであるジュネーブ会議だった。

ジュネーブ会議は二〇一二年六月にスイスの首都で開催された国際会議（ジュネーブ一会議）を起点とし、二〇一五年一二月に採択された国連安保理決議第二二五四号[34]で具体的なかたちを与えられた。会議で議長国を務めたのは米国とロシアだった。その内容は以下の三点を骨子とした——①反体制派を「合法的な反体制派（legal opposition、al-muʻārada al-sharʻīya）」とテロ組織に峻別する、②前者とシリア政府を停戦させたうえで、政府、反体制派といったすべての当事者が参加する移行期統治機関を樹立し、シリア人どうしの対話を通じて新憲法を起草・施行し、自由選挙を実施することで持続的和平を実現し、紛争の政治的解決を目指す、③テロ組織については「テロとの戦い」で撲滅する。[35]

「穏健な反体制派」と同じく、「合法的な反体制派」も、反体制派が既存の法律の枠に反して活動していたことを踏まえると矛盾した表現ではあった。だが、この分類は、国際法上の合法性を指し、国連が主導するジュネーブ会議への関わり方、そして国連安保理決議第二二六七号委員会[36]（通称アル＝カーイダ制裁委員会）によるテロリスト指定の有無を基準としていた。ジュネーブ会議を認め、シリア政府との停戦や対話に応じ、なおかつ上記委員会のリストに記載されていない組織は、イスラーム過激派であっても「合法的な反体制派」とみなされた。一方、和平プロセスを拒んで武装闘争を続ける組織は、アル＝カーイダそのもの、ないしは「アル＝カーイダとつながりがある組織（entities associated with Al Qaeda、al-munaẓẓamāt al-murtabiṭa bi-al-qāʻida）」とみなされ、「テロとの戦い」の対象となった（図1－1を参照）。

ミッション・インポシブル

「合法的な反体制派」とテロ組織の峻別は、反体制派を支援してきた米国の役目だった。だが、それは反体制派のスペクトラのなかではミッション・インポシブルだった。

米国とロシアは、二〇一六年二月二七日にシリア全土で停戦を発効させ、シリア政府と反体制派の和平協議と「テロとの戦い」が両立するはずだった。だが、シリア・ロシア両軍は、反体制派のスペクトラ全体への攻撃を止めなかった。戦闘は、反体制派最大の拠点とされたアレッポ市東部地区を中心に激しさを増していった。対する反体制派は、二〇一五年五月にアレッポ・ファトフ軍、二〇一六年一二月にはアレッポ軍の名で糾合し抵抗した。そこには、シャーム・ファトフ戦線（シャーム征服戦線、当時のヌスラ戦線の呼称）、シャーム自由人イスラーム運動、米国が「穏健な反体制派」として支援してきた自由シリア軍を自称する諸派が参加した。

「合法的な反体制派」とテロ組織が不可分であることが明らかになるなかで、オバマ政権はジュネーブ会議への関与に消極的になっていった。二〇一六年一一月の選挙で民主党候補のクリントンが共和党候補のトランプに敗れると、オバマ政権はレイムダック化し、反体制派への支援も停滞した。これにより、シリア軍は勢いづき、一二月半ばにアレッポ市東部地区の奪還に成功した。[37]

「燃えるがままにせよ」戦略は、米国の利益のために混乱を再生産することには成功した。だが、費用対効果に見合うような持続的で実体的な成果をもたらすことはなかった。これがトランプ政権のシリア政策の起点となった。

トランプ政権の基本方針

トランプ政権発足当初、オバマ政権が拠り所としていた人道、化学兵器使用阻止、「テロとの戦い」といったパラダイムは意味を失い、その継続は現実的ではなかった。トランプ大統領がこの限界を理解できていたかどうかは知る由もない。だが、内政、外交といったあらゆる面でオバマ政権の政策と成果をことごとく否定するよう努めた彼は、シリア政策においてもこの姿勢を貫いた。

新たな方針は、オバマ政権と比べ単純明快だった。それは、①イスラーム国に対する「テロとの戦い」に注力し、そのためであればロシアとも協力する、②シリアにおけるイランの影響力拡大を阻止する、③シリア内政に干渉し、政府に退陣を迫る、という三つを柱とした。このうち最優先課題に位置づけられたのは言うまでもなく①で、これに②が続いた。この二つの方針はトランプ政権の中東政策全般の方針でもあった。これ対して、③は実質を伴うものではなく、トランプ大統領は、就任以前から「関与すべきでない外国政権の打倒に奔走することはやめる」▼38と述べるなど、消極的、ないしは無関心な態度を示していた。

トランプ政権の単純明快な方針、これこそが「今世紀最悪の人道危機」と称されてきたシリア内戦を膠着という終わりに導くきっかけとなった。

第二章　化学兵器使用疑惑とミサイル攻撃

トランプ政権はシリア政府が反体制派に対して化学兵器を使用したと断じ、その支配地にミサイル攻撃を行った（2017年4月7日［現地時間6日］、ワシントン）

トランプ大統領のシリア政策において、シリア内政への干渉の優先順位は低かった。にもかかわらず、彼が最初にとった軍事行動はシリアを標的とした。二〇一七年四月七日のミサイル攻撃だ。その根拠となったのは、オバマ政権が「ゲーム・チェンジャー」と呼んでいたシリア軍による化学兵器使用疑惑だった。

1　最初のミサイル攻撃

化学兵器使用の前科者の集積地

ミサイル攻撃のきっかけとなったのは、ハーン・シャイフーン市（イドリブ県）で発生したシリア軍によるとされる化学兵器使用疑惑事件だった。二〇一七年四月四日早朝、同市が三度にわたる爆撃を受け、直後に住民が有毒ガスによると思われる呼吸困難、痙攣、意識薄弱といった症状を訴え、八七人が死亡、数十人が負傷したと報じられたのだ。▼1

年	月	主な出来事
2013	3	シリア政府はハーン・アサル村で反体制派が化学兵器を使用したとして、国連に実態調査を要請
	4	オバマ米大統領が化学兵器使用を「ゲーム・チェンジャー」と評し、シリア軍が再度使用した場合、軍事介入すると公約
	8	国連調査団が化学兵器使用の実態調査のためにシリア入り グータ地方でシリア軍によるとされる化学兵器使用疑惑事件が発生。米国、英国、フランスが限定的空爆を画策
	9	シリア政府が、ロシアとの協議の末、CWC（化学兵器禁止条約）への加盟と化学兵器廃棄を決定。米国、英国、フランスはシリアへの限定的空爆を中止 国連がシリアでの化学兵器の全廃を定めた安保理決議第2118号を採択
	10	シリアがCWCに正式加盟
	12	国連調査団は、ハーン・アサル村、グータ地方などでサリン・ガスが使用されたと結論
2015	3	国連安保理決議第2209号が採択され、シリアでの塩素ガスの使用禁止とJIM（合同査察機構）設置を決定
2016	1	OPCW（化学兵器禁止機関）がシリア国内で化学兵器・関連施設の廃棄完了を宣言
	8	JIMは報告書でシリア政府による塩素ガス使用を断定
2017	4	ハーン・シャイフーン市でシリア軍によるとされる化学兵器使用疑惑事件が発生 トランプ政権は対抗措置としてシリア軍施設をミサイル攻撃
	10	JIMは報告書でハーン・シャイフーン市でシリア軍が化学兵器を使用したと断定
	11	JIMの活動継続を求める国連安保理決議案がロシアなどの反対で否決され、JIMの任期終了
2018	4	ドゥーマー市でシリア軍によるとされる化学兵器使用疑惑事件が発生 米国、英国、フランスが対抗措置としてシリア軍施設などをミサイル攻撃 米国、英国、フランスは国連安保理でUNIMI（国連独立調査メカニズム）設置を試みるが、ロシアなどの反対で頓挫
	7	OPCWはドゥーマー市の事件の中間報告書を発表、塩素系化学物質が爆発物の残骸とともに発見されたと指摘
	11	シリア政府、ロシアはアレッポ市で反体制派が塩素ガスを使用したと主張。米国はこれを否定
2019	3	FFM（事実調査団）はドゥーマー市の事件に関する最終調査報告書を発表、シリア軍による塩素ガス使用を断定
	5	ドゥーマー市の事件は捏造された可能性が高いと指摘したOPCW機密文書の最終ドラフトがリーク 反体制派はシリア軍がクバイナ丘で塩素ガスを使用したと主張
	9	ポンペオ国務長官は5月にシリア軍がハーン・シャイフーン市で塩素ガスを使用したと主張
2020	4	IIT（調査識別チーム）は2017年3月にラターミナ町で発生した3件の化学兵器使用疑惑事件に関する調査報告を発表、シリア軍の関与を指摘
	7	OPCW執行理事会は声明で、ラターミナ町での攻撃を非難。シリア政府にすべての化学兵器、およびその製造・格納場所を申告することを決定
2021	4	米国は、英国、フランスと連携し、OPCW締約国会議におけるシリアの議決権を剥奪

表2-1　化学兵器使用疑惑事件をめぐる経緯

中毒症状に苦しみ、息絶える住民を撮影したとされる映像や画像、治療のためにトルコに搬送されたという住民の証言、そして彼らから採取されたサンプルの検査結果が、インターネットやメディアを通じて拡散された[2]。それらはいずれもシリア軍の犯行の裏づけとされた。欧米諸国の政府、反体制派はこぞって、シリア軍がサリン・ガスを使用したと非難した[3]。

だが、シリア政府とロシアは、化学兵器は、シリア軍が同地への空爆を開始したのが、早朝ではなく午前一一時半頃で、有毒ガスの発生・飛散は、化学兵器が保管されていた反体制派の武器弾薬庫、ないしは化学兵器製造工場が被弾したためだと反論した[4]。アサド大統領は「現時点で世界が手にしている唯一の情報はアル＝カーイダの分派が発信したものだ[5]」と強調し、反体制派の自作自演だと主張した。

両者の主張は真っ向から対立した。だが、ハーン・シャイフーン市という現場に目を向けると、いずれもがそれなりの説得力を帯びていた。

ハーン・シャイフーン市は、二〇一二年七月にシリア政府の支配を脱し、二〇一四年末頃までにアル＝カーイダ系組織のヌスラ戦線が掌握した。その後、二〇一七年二月には、イスラーム国とつながりがあるとされるジュンド・アクサー機構が侵攻し、一部を一時制圧した。三月末になると、ヌスラ戦線から名を改めたシャーム解放機構が「穏健な反体制派」やウズベキスタン人、中国新疆ウイグル自治区出身者、カフカス地方出身者の戦闘員とともにハーン・シャイフーン市に近いハマー県北部に侵攻し、シリア・ロシア両軍はこれに対抗するかたちで空爆・砲撃を強化していた。

国連やOPCW（化学兵器禁止機関）による一連の報告書において、これらの反体制派は、シリア軍とともに化学兵器使用を疑われていた。ハーン・シャイフーン市は言わば化学兵器使用の前科者の集積地だった。

シリア政府とこれらの前科者にはいずれも動機がある――メディアや専門家はそう解釈した。政府の動機は、トランプ政権に化学兵器使用を黙認させ、反体制派に孤立感を味わわせ、その志気を挫くというものだ。これに対して、反体制派の動機は、トランプ政権からの支援をとりつけるため、欧米メディアが大きく取り上げるような自作自演を行ったというものだ。

生じなかったゲーム・チェンジ

誰が化学兵器を使用したのかを断じることはできなかった。にもかかわらず、トランプ政権は突如攻撃に踏み切った。

国防総省は二〇一七年四月七日（米東部時間六日）、地中海沖に配備された艦船二隻からトマホーク巡航ミサイル六〇発を発射し、五九発がシャイーラート航空基地（ヒムス県）一帯に着弾、シリア軍の航空機、掩蔽壕《えんぺいごう》、石油・軍事装備貯蔵施設、防空システム、レーダー施設を破壊し、シリア政府の化学兵器生産能力を低下させたと発表した[6]。

米国家安全保障会議（NSC［National Security Council］）は四日後の二〇一七年四月一一日、公開されている映像・画像、レポート、地理空間情報、通信情報、犠牲者から採取した物理的サンプルの検査結果に基づき、シャイーラート航空基地から飛来したシリア軍戦闘機Su－22がサリン・ガスを装塡した爆弾少なくとも一発を投下して被害をもたらしたと断じ[7]、攻撃を正当化した。この発表は反体制派の主張を踏襲していた。

メディアや専門家の解釈を踏まえると、トランプ政権が攻撃に踏み切ったことでシリア政府側の当ては外れたことになる。だが、それは政府と反体制派のパワー・バランスに何の変化ももたらさなかった。ミサイル攻撃は、トランプ政権が言うところの「レッド・ラインだけでなく、多くの一線を越えた」[8]シリア政府に化学兵器攻撃を含む殺戮を断念させることが目的であるはずだった。だが、ロシア国防省の発表によると、シャイーラート航空基地には化学兵器や関連施設があったことを示す痕跡はなく[9]、シリア軍の攻撃が止むこともなかった。シリア軍総司令部は「米国のパートナーであるテロ組織を掃討することで報復する」[10]と発表し、各地で反体制派への攻勢を強めた。しかも、真偽はともかく、塩素ガスを含む有毒ガスを使用したとされる攻撃は、その後も続いた[11]。

ロシアへの配慮

トランプ政権は、その後もアサド大統領を「アニマル」[12]と呼ぶなど非難を続けた。ホワイト・ハウス報道官にいたっては、「アドルフ・ヒトラーでさえ化学兵器を使わなかった（中略）。無垢の市民に「樽爆弾」（鉄製の筒などに爆薬や鉄くずなどを詰め込んだ爆弾）が落とされれば、報復を見ることになるだろう」[13]と脅迫した。だが、行動に訴えることはなかった。ミサイル攻撃をその後の対シリア政策に結びつけるヴィジョンを欠いていたことが、こうした事態をもたらした。それだけでなく、ロシアへの配慮が攻撃の政治的・軍事的効果を奪った。トランプ政権は、シリア政府が化学兵器を温存し、使用したことを承知していたとロシアを非難した。だが、攻撃実施に先立ってロシアに事前通告し、イスラーム国に対する掃討作戦を行うためにシャイーラート航空基地に駐留していたロシア軍部隊に被害が及ばないよう標的を定めたのだ。[14]

トランプ大統領は二〇二〇年九月に、テレビのトーク番組で「私は彼（アサド大統領）を排除したかった。すべてお膳立てしたのに、（ジェームズ・）マティス国防長官はやりたがらなかった（中略）。ひどい司令官だった」[15]と当時を振り返った。『ワシントン・ポスト』紙記者のボブ・ウッドワードが二〇一八年に著した『恐怖の男』によると、このやりとりを経て、マティス国防長官はかたちばかりの限定的な攻撃を計画、実施したという。[16]

オバマ前政権は、シリア政府による化学兵器使用をレッド・ラインと位置づけ、軍事介入を国際公約したにもかかわらず、それを躊躇したことで、ロシアに影響力拡大の余地を与えた。トランプ政権はレッド・ラインに依拠して軍事介入に踏み切ることで、前政権の無能ぶりを際立たせたかったのかもしれない。だが、攻撃をしても米国に有利な状況を作り出すことができなかった点は同じだった。化学兵器使用疑惑は、ミサイル攻撃という行動を伴った。だが、シリア内戦の「ゲーム・チェンジャー」とはならなかった。

かみ合わない主張

ミサイル攻撃から半年が過ぎた二〇一七年一〇月二六日、ＪＩＭ（合同査察機構）は新たな報告書[17]を発表し、ハーン・シャイフーン市での事件の調査結果を開示し、シリア軍の犯行と断定した。

シリア政府とロシアは、現地での実査が行われないまま、欧米諸国や反体制派の主張をトレースするかたちで作成された報告書の内容を拒否した。[18]とりわけ、ロシアは、シリア政府だけでなく、ロシアの責任も追及しようとする欧米諸国に強く反発した。二〇一七年一〇月二四日と一一月一七日、JIMの任期延長を求める国連安保理決議案に対し、調査の中立性が担保されないとして、拒否権を発動し、化学兵器問題に幕を引こうとした。[19]

その後、国連安保理では二〇一八年二月、シリア国内での化学兵器使用問題に対処するための会合が開かれ、ロシアはJIMに代わる新たな調査機関の設置を提案した。これに対して、米国、英国、フランスは、JIMの調査結果を無に帰すものだと強く反発した。[20] いずれも自分たちに都合が良いかたちで調査を進め、都合の良い結果を得ようとして足を引っ張り合った。

2　二度目のミサイル攻撃

ドゥーマー市での攻防

二〇一八年に入り、シリア・ロシア両軍がドゥーマー市を中心とする東グータ地方（ダマスカス郊外県）への攻撃を激化させると（第七章一七一～一七四頁を参照）、化学兵器使用が再び頻繁に騒がれるようになった。[21] シリア軍の犯行だと証言したのは、反体制派支配地で医療救援活動を行っているというホワイト・ヘルメット（自称「民間防衛隊」、本章六三～六四頁を参照）や欧米の支援団体だった。レックス・ティラーソン米国務長官は「シリア政府がおそらく化学兵器を再び使用した[22]」と断定し、マティス国防長官も「現場で活動するNGOや戦闘員が、サリン・ガスが使用されてきたと言っている（中略）。我々がどのように対応するか見てきたはずだ」[23]と述べ、再び懲罰攻撃に踏み切る可能性を示唆するようになった。シリア政府はファイサル・ミクダード外務在外居住者副大臣が「米国はシリア軍の戦果を快く思っていない。だから、シリア軍が化学兵器を使用しているという嘘の情報を流している」[24]と一蹴し、ホワイト・ヘルメットとアル＝カーイダ系組織のシャーム解放機構によってお膳立てされた「劇場」だと反論した。

こうしたなかで、ハーン・シャイフーン市での事件から一年が経ったのに合わせるかのように、ドゥーマー市で新たに化学兵器使用疑惑事件が発生した。そのタイミングは実に微妙なものだった。

同市で抵抗を続けてきた反体制派のイスラーム軍は、二〇一八年四月一日にシリア軍との停戦を受け入れ、戦闘員と家族の退去が開始された。だが五日に停戦を拒否する一部の戦闘員が首都ダマスカスを砲撃し、戦闘を再開したことで作業は中断を余儀なくされた。事態に対処するため、シリア・ロシア両軍は七日に攻撃を再開し、戦闘はイスラーム軍が再び停戦に応じる八日まで続いた。

事件が起きたのは、戦闘終結の前日にあたる二〇一八年四月七日の午後だった。反体制派は、シリア・ロシア両軍の総攻撃で、焼夷弾、「樽爆弾」、地対地ミサイルに加えて、塩素ガスが使用されたと発表した。ホワイト・ヘルメットは、住民一〇〇〇人以上が呼吸困難を訴え、死者数は「把握できない」[25]と発表し、イスラーム軍の広報部門であるクマイト通信も、少なくとも七五人が死亡したと報じた[26]。これと合わせて、有毒物質を洗浄するとして水をかけられたり、酸素呼吸器や携帯酸素缶を口に当てたりしている子供の映像や画像が、ホワイト・ヘルメットや反体制派のサイトを通じて拡散された。

相変わらずの相反する二つの解釈

この化学兵器使用疑惑事件も、これまでの事件と同じように、シリア軍犯行説と反体制派自作自演説という二つの解釈のもとで語られた。

シリア軍犯行説においては、シリア政府とロシアが反体制派による化学兵器攻撃偽装工作の可能性を執拗に喧伝していたことが、犯行に向けた周到な準備の一環だったと解釈された。また、ハーン・シャイフーン市での化学兵器使用疑惑事件と米軍によるミサイル攻撃から一年後というタイミングについては、欧米諸国が実効的な対応策を講じられないであろうことを見越して、その無力を嘲笑するのが狙いだったとみなされた。一方、反体制派自作自演説においては、圧倒的な優位に立つシリア軍が、欧米諸国の干渉を招きかねない塩素ガス使用にあえて踏み切るはずはないと主張された。また、欧米諸国でシリア情勢への関心が再び高まるのに合わせて、タイミングが選ばれたと説明された。

相反する二つの解釈を裏づける証拠もいつものように用意された。

米政府高官は、被害者に瞳孔の収縮や中枢神経系の障害といった症状が見られたとしたうえで、塩素ガスだけでなく、サリンが使用された可能性もあると報道関係者に説明し、攻撃が「樽爆弾」によるものので、事件発生時にヘリコプターが旋回、このことがシリア軍の関与を裏づけていると断じた。[27] フランスのエマニュエル・マクロン大統領も「アサド体制が化学兵器を使用した証拠を握っている」[28] と凄んだ。

だが、主張は謎に満ちていた。米国はどのようにサンプルを採取し、診断結果を得たのか、フランスが言う証拠とは何か、「樽爆弾」に化学兵器が装塡されていたことはどのように確認されたのか、などである。疑問に対して、米国防総省報道官はこう答えただけだった——「いろいろな情報があるが、それについては今は話したくない」[29]。

対するロシアとシリア政府は、ホワイト・ヘルメットによる捏造で、塩素ガスを含む化学兵器攻撃はそもそもなかったと主張した[30]。とりわけ、政府の支配下に復帰したドゥーマー市に憲兵隊、技術者、記者を自由に送り込むことができるようになったロシアは、現場検証や住民の証言といった証拠を積み重ね、ホワイト・ヘルメットが公開した映像が「化学兵器が使用されたというデマでパニック状態に陥った住民を撮影したもの[31]」だと反論した。二〇一八年四月二六日には、シリア政府とともに、オランダのハーグにあるOPCW本部に、現場に居合わせたとする住民や医師を証人として招き、加盟国に対する説明会を開き、自らの主張を裏づけていった。

メディアの取材・報道合戦も過熱した。英国のBBCは事件現場の映像に映っていた少女にインタビュー（場所は不明）を行い、その様子を公開した[32]。これに対しロシア24も同じ映像に映っていた少年にインタビューをして対抗した[33]。同じ現場にいたにもかかわらず、二人の発言は、それぞれ米国、英国、フランスとシリア政府・ロシアの主張を忠実になぞっていた。

絶えない疑惑

だが、欧米諸国の主張には明らかに無理があった。事件に関する情報そのものに不可解な点が多かったためだ。

情報のほとんどは、ホワイト・ヘルメットによって配信されていたが、大規模な攻撃だったにもかかわらず、なぜそれ以外の組織・個人、とりわけ住民が情報を発信しなかったのかが疑問視された。映像や画像についても、例えば、医療従事者がぐったりと横たわる子供の治療にあたる写真[34]は、専門の医師から「心電図の電極が完全に間違って取りつけられている」[35]との指摘を受けた。

犠牲者の遺体が存在しないとの指摘もなされた。ホワイト・ヘルメットのラーイド・サーリフ代表は「埋葬場所は証拠改ざんを防ぐために伏せられている」、「遺体をできるだけ早く埋葬するのが優先事項だった」[36]と弁明した。だが、負傷者の救出や治療に手一杯だったはずのホワイト・ヘルメットが、遺体の埋葬に執着するのは不自然に思えた。

こうした主張をプロパガンダだと一蹴して、無知と思考停止に陥ることは簡単だろう。だがフェイク・ニュースの常習犯であるはずのシリア政府とロシアの主張に説得力を与えたのは、その後の米国、英国、フランスの誠意を欠いた言動だった。

OPCWは二〇一八年四月九日と一五日、現地調査を行うと発表し、シリア政府とロシアがこれを支持すると、米国、英国、フランスは、シリアでの化学兵器の使用実態の調査と責任追及を目的とした国連独立調査メカニズム（UNIMI［United Nations Independent Mechanism of Investigation］）を新たに設置するよう要求した。この試みは、米国が国連安保理に提出した設置決議案の採決で、ロシアが二度にわたって拒否権を発動したことで実現を見なかった。米国、英国、フランスは、OPCWが調査を行えば、証拠の隠滅や捏造に巻き込まれかねないとしてUNIMI設置を目指したと主張するが[37]、OPCWが真実を突き止めるのを妨害しようとしたと見ることもできた。

とはいえ、ロシアとシリア政府も、米国、英国、フランスと変わらなかった。二〇一八年四月一二日からシリア国内での調査を開始したOPCWは、事件現場や隣国（国名は明示せず）で環境サンプル、生物学的サンプルを収集・分析、目撃者のインタビューを行い、七月六日に中間報告書を発表した。そこでは、ロシアや政府の主張とは異なり、「有機塩素系化学物質が爆発物の残骸とともに発見された[38]」との指摘がなされた。この内容に対して、ロシアと政府は、欧米諸国の圧力がかかっていると疑義を呈し、認めようとはしなかった[39]。

繰り返される慎重な攻撃

話を事件発生直後に戻すと、米国は二〇一八年四月一四日（米東部時間一三日）、最終的な結論を待たずに、英国、フランスとともに二度目のミサイル攻撃に踏み切った。米軍は、紅海、アラビア湾、地中海に展開していた艦艇からトマホーク巡航ミサイル五七発を、また戦略爆撃機からJASSM空対地ミサイル一九発を化学兵器関連施設に向けて発射した。英軍、フランス軍も戦闘機および艦艇からミサイル二〇発を打ち込んだ。ダマスカス県バルザ区にある化学兵器研究施設、ヒムス市近郊にある化学兵器貯蔵施設、機器貯蔵施設および司令所で、「数年分の研究開発データや特殊機器、化学兵器の原料となる物質」を破壊するなどの戦果があがった——米国、英国、フランスは、こう発表して作戦成功を誇示した[40]。

だが、ロシアとシリア政府の発表は違った。シリア軍総司令部は、ミサイルのほとんどを撃破したと主張し、バルザ区の施設は化学兵器関連施設ではなく、抗ガン剤などの研究開発を目的とする製薬化学研究所で、その被害も所内の施設一棟が破壊されただけと反論した[41]。ロシア軍の発表はより詳細だった。セルゲイ・ルドスコイ参謀本部機動総局長は、シリア軍がS－200などの防空システムを駆使して、ミサイル七一発を破壊したと発表した。標的についても、ダマスカス国際空港、ドゥマイル航空基地、マルジュ・ルハイイル航空基地、ジャルマーナー市の施設（以上ダマスカス郊外県）、シャイーラート航空基地、ヒムス航空基地（以上ヒムス県）、マッザ航空基地、バルザ区の施設（以上ダマスカス県）が狙われたが、被弾したのは、ジャルマーナー市、マッザ航空基地、ヒムス航空基地、バルザ区の施設だけだったと主張した。[42]

攻撃は、これまでと同じく、化学兵器使用に象徴されるシリア政府の非道を黙認しないとの意思によって正当化された。だが、それによって、政府から化学兵器開発・使用能力を奪うことも、シリア軍の進軍を止めることもできないことは今回も明白だった。

マティス国防長官は、攻撃は「現時点で一回限り」だと述べ、軍事バランスを変化させるような大規模かつ中長期の介入は想定していないことを強調した。ジョセフ・ダンフォード米軍統合参謀本部議長も「ロシア軍の巻き添えが出ないよう攻撃目標を精査した」と述べた。米国防総省にいたっては、「二次被害を回避するため、化学兵器は破壊しなかった」と言い切った。[43]

メディアも複数の米政府高官の話として、ロシアだけでなく、イラン関連の拠点も標的から外されたと伝えた。[44]それだけでなく、米国主導の有志連合が占領するタンフ国境通行所とその周辺地域からなるいわゆる五五キロ地帯（55 km zone、第五章一二二～一二四頁を参照）で活動する反体制派に対して、ミサイル攻撃に乗じてシリア軍を攻撃した場合、支援を打ち切る旨が米国から事前通告されていたと報じた。[45]

3　疑惑の真相

止むことのない疑惑

その後も化学兵器使用疑惑はたびたび浮上した。ロシアやシリア政府は、ホワイト・ヘルメットがシャーム解放機構や外国人専門家とともに、シリア軍による化学兵器攻撃を偽装する準備を進めていると繰り返した。

こうしたなかで、シリアの国営メディアは二〇一八年一一月二四日、アレッポ県西部で活動を続ける反体制派が有毒ガスを装塡した砲弾でアレッポ市各所を攻撃し、多数の市民が呼吸困難などの症状を訴え、子供四人を含む七人が死亡、一〇七人が市内の病院に搬送されたと伝えた[46]。ロシア国防省も「確たる情報[47]」をもとにシャーム解放機構が塩素ガスを使用したと断定した。これに対して、米国は「信頼できる情報[48]」に基づき、攻撃がシリア軍の偽装作戦だったと断言した。

シリア軍も疑われた。二〇一九年五月一九日、シリア軍が化学兵器を使用したとの報道が流れたのだ。新たな攻撃が行われたとされたのは、クルド山地方（ラタキア県）カッバーナ村に近いクバイナ丘で、攻撃に使用された砲弾三発には塩素と思われる有毒物質が装塡されていたと伝えられた[49]。だが、情報源は、シャーム解放機構に近いプロパガンダ・サイトで、発信する情報には疑わしいものが多かった。シリア軍とロシア国防省はニュースを即座に否定した[50]。それだけではなく、欧米諸国の主要メディアや政府も真剣に取り合おうとはしなかった。米国務省報道官は「もしもアサド体制が化学兵器を使用したら、米国と同盟国は即座にそして適切に対応する[51]」と警告を発したが、行動に訴えることはなかった。また、マイク・ポンペオ国務長官は事件発生から四カ月後の九月二六日になって、「アサド体制が（ラタキア県ではなくイドリブ県のハーン・シャイフーン市で）塩素ガスを使用したことを確認した」と発表した。だが「これはある意味で（これまでの化学兵器使用疑惑と）異なっている。なぜなら塩素だからだ[52]」と付言し、化学兵器は使用されていないとの妙論を展開した。

リークされた機密文書

化学兵器使用疑惑事件が散発を続けるなかで、二〇一八年四月に起きたドゥーマー市での塩素ガス使用疑惑事件についてのOPCWの事実調査団（FFM〔Fact-Finding Mission〕）の最終調査報告書[53]が二〇一九年三月に発表された。報告書のなかで、事実調査団は塩素ガスと思われる有毒物質を装塡したシリンダーが使用されたと信じるに足る「合理的根拠（reasonable grounds）」があるとしたうえで、このシリンダーが空中から投下されたと付言し、シリア軍が使用したことを事実上断定した。

欧米諸国はこの報告書を支持した。だが、シリア政府とロシアは事実からの深刻な逸脱、多くの矛盾、一貫性の欠如が見られるとして拒否、OPCWが「周知の一部諸外国」の圧力に屈したと非難した[54]。こうした意見の相違はいつものことだった。

だが、事実調査団の最終調査報告書が発表されてから二カ月を経た二〇一九年五月、「ドゥーマー事件で調査された二つのシリンダーについてのエンジニアリング・アセスメント[55]」と題された機密文書の最終ドラフトがリークされた。ドラフトを作成したのは、OPCWの重鎮の一人であるイアン・ヘンダーソン検査官で、作成日は二〇一九年二月一〜二七日、一五ページからなり、ヘッダーには「未分類・

ＯＰＣＷ機密、回覧禁止」と書かれていた。この文書は、空中から投下されたはずのシリンダーが、その軽微な損傷ゆえに発見現場に「手で置かれた（manually placed）」可能性が高いと指摘していたのだ。

機密文書をリークしたのは、シリア軍の化学兵器使用について疑義を呈してきた英国人ジャーナリストのヴァネッサ・ビーリーらが参加する「シリア、プロパガンダ、メディアに関する作業グループ（Working Group on Syria, Propaganda and Media）」だった。体制支持者との非難を浴びるこのグループが発信源だったこともあり、当初は機密文書を偽物だとする見方も散見された。

だが、疑惑は高まるばかりだった。英国の『メール・オン・サンデー』紙は、シリンダーが手で運ばれ、現場に置かれた可能性があると指摘するだけでなく、検出された塩素がどの家庭にもあるような微量に過ぎず、目撃者の証言、ビデオ、写真などで確認できる症状を引き起こすとは考えられないとしていた事実調査団の中間報告書（技術評価報告書）の内容が検閲を受けて改ざんされていたと伝えた[56]。同紙はまた、化学兵器が装填されているシリンダーが空中から投下されたという主張に反する文書の「すべての痕跡を消し去る」[57]よう、ＯＰＣＷ幹部が指示を出していたとも伝えた。ウィキリークスも、シリア軍による塩素ガス使用の可能性を否定する会合の議事録、現場での証拠捏造の可能性を指摘する文書の削除を指示するＯＰＣＷの幹部の電子メールのメッセージなど四点を新たに公開し[58]、『メール・オン・サンデー』の報道内容を裏打ちした。

執拗な追求

調査はその後も続いた。ＯＰＣＷは二〇一九年六月から二〇年三月にかけて、ＣＷＣ（化学兵器禁止条約）締約国で化学兵器が使用された場合に加害者、計画者、支援者などを特定すべきだとした二〇一八年六月二七日の締約国会議での決定に基づき、調査識別チーム（IIT［Investigation and Identification Team］）による化学兵器使用疑惑事件の再調査を行った。対象となったのは、二〇一七年三月二四、二五、三〇日にハマー県ラターミナ町で発生した化学兵器使用疑惑事件で、事実調査団の過去の報告書の検証、事件発生時に現場にいたとされる人物へのインタビュー、現場で採取したとされるサンプルや残骸の分析、犠牲者と医療スタッフが証言した症状の検証、衛星画像をはじめとする画像の検証、専門家からの意見聴取が行われ、結果は四月に技術事務局覚書[59]として公開された。八二ページからなる覚書は、三件の事件すべてにおいて、シリア軍戦闘機、ないしはヘリコプターから投下された爆弾やシリンダーからサリンと塩素ガスが飛散したと結論づけた。

だが、これまでと同じく、調査結果が化学兵器をめぐる綱引きに変化をもたらすことはなかった。ポンペオ国務長官は「報告書はアサド体制が化学兵器を使用したことを示す最新の証拠[60]」とコメントした。だが、ロシア外務省は報告書が「国際法とOPCWのあらゆる決議に反する捏造された偽りの報告書[61]」と一蹴し、シリアの外務在外居住者省も報告書を「新たなスキャンダル[62]」と非難、国際社会に報告書を拒否するよう呼びかけた。

OPCWの執行理事会（四一ヵ国）は二〇二〇年七月九日、三件の事件を非難する決議[63]を採択し、シリア政府に対して、九〇日以内に保有するすべての化学兵器、およびその製造・格納場所を申告するよう求めることを決定した。だが、ロシア、中国、イランが反対票を投じ、九ヵ国が棄権した決議が実効的な動きにつながることはなかった。

役割を終えたホワイト・ヘルメット

化学兵器使用疑惑事件の真相がますます混沌とするなかで、ホワイト・ヘルメットにも大きな事件が起きた。二〇一九年一一月一一日早朝、創設者の英国人ジェームズ・ルムジュリアーがトルコのイスタンブールの自宅近くで、遺体で発見されたのである。

ルムジュリアーは、英国のサンドハースト王立陸軍士官学校を卒業後、北大西洋条約機構（NATO［North Atlantic Treaty Organization］）の諜報部門や国連英国代表部に勤務し、コソボ、イスラエル、イラク、レバノンなどで二〇年以上にわたり職務にあたった。その後二〇〇〇年代半ばに民間に移籍し、アラブ首長国連邦に拠点を置く危機管理会社のコンサルタントとなった。この彼が、欧米諸国などから寄せられた資金を元手に、二〇一三年三月からトルコのイスタンブールでシリア人を教練して結成したのが、ホワイト・ヘルメットだった。

ホワイト・ヘルメットは、シリア・ロシア両軍の無差別攻撃の被害者を救出する組織として、欧米諸国で注目を浴びてきた。二〇一六年一〇月にはノーベル平和賞にノミネートされた。また、ホワイト・ヘルメットの活動を題材としたネットフリックス（Netflix）の「ホワイト・ヘルメット――シリアの民間防衛隊」は、二〇一七年二月に第八九回アカデミー賞短編ドキュメンタリー映画賞を受賞した。

ルムジュリアーの死をめぐって情報は錯綜し、他殺の可能性があるとの報道も散見された。[▼64] イスタンブール県法医学研究所は二〇一九年一二月一六日、ルムジュリアーの検死結果を発表し、死因を「高所から落下したことによる内出血と骨折[▼65]」と結論づけた。トルコのメディアも、ルムジュリアーが精神疾患を患い介護を求めており、また夫人も警察に死の二週間前から同氏が自殺しようとしていたと証言したと伝えた。[66]

トルコから発信された情報それ自体に矛盾点は見られなかった。だが、ホワイト・ヘルメットの関与が指摘されてきた化学兵器使用疑惑事件への疑義が強まるなかでの死は示唆的だった。アサド大統領はルムジュリアーが遺体で発見されたのと同じ二〇一九年一一月一一日、次のように述べている。

ホワイト・ヘルメットのPR曲芸を信じている者などいない。彼らはヌスラ（戦線）のオフシュートだ（中略）。米国が「彼」に役割を与えるために準備したのだ。我々は彼が殺害されたという話を信じていない。おそらく殺されはしただろうが、言われている通りではないだろう（中略）。記憶を消すためのフィクション映画のようだ。米国は、アル＝カーイダ、イスラーム国、そしてヌスラ（戦線）といったテロリストと直接つながっているという記憶を世論から消し去りたいのだ。[67]

実はここで言う「彼」はルムジュリアーではなく、二〇一九年一〇月に米軍に殺害されたイスラーム国の指導者バグダーディーを指していた（第三章七九〜八〇頁を参照）。バグダーディーの死は、「テロとの戦い」によって弱体化することとなるイスラーム国が、米国をはじめとする諸外国にシリアへの介入の口実を与えるという役割を終えたことを象徴していた。これと同じように、ルムジュリアーの死のタイミングも、シリア内戦においてホワイト・ヘルメットが果たすべき役割と存在意義が失われたことを示していた。

第三章　「テロとの戦い」の決着

米軍の極秘作戦により、イスラーム国の指導者バグダーディーの暗殺が実行されたことをトランプ大統領が正式に認めた。一報を聞く住民（2019年10月27日、イドリブ県）

トランプ大統領は就任当初から、イスラーム国に対する「テロとの戦い」を最優先課題とし、そのためであればロシアとも協力するとの意思を示してきた。こうしたトランプ大統領の姿勢は、「国際社会最大の脅威」と目されシリアとイラクにまたがる広大な支配地を擁したイスラーム国を追い込んでいった。

1 同床異夢

三つの陣営

イスラーム国に対する「テロとの戦い」は、三つの陣営によって推し進められていた。

第一の陣営は米国主導の有志連合である。有志連合は、二〇一四年九月にシリアで爆撃を開始するとともに、地上での戦闘を行う「協力部隊」、なかでもシリア民主軍（第四章九四～九六頁を参照）を支援し、イスラーム国に対峙した。二〇一四年九月から一五年一月にかけてのイスラーム国によるアイン・アラブ（クルド語名はコバネ）市（アレッポ県）包囲に対する有志連合の解囲作戦は、トランプ政権発足以前においてもっとも注目された戦いだった。

第二の陣営は、シリア政府、ロシア、イランである。ロシアは二〇一五年九月にシリアで大規模爆撃を開始し、シリア軍を全面支援した。イランはシリア内戦の初期から、シーア派（一二イマーム派）宗徒とその聖地を防衛するとして「イランの民兵」（第五章一二〇～一二二頁を参照）をシリア各地に送り込んでおり、二〇一六年四月にはイラン・イスラーム革命（一九七九年）後初めてとなる正規軍の派遣に踏み切っていた。▼1

そして、第三の陣営は、トルコとその支援を受ける反体制派（第四章一〇二～一〇四頁を参照）である。トルコは、有志連合の一員、そしてNATO加盟国として「テロとの戦い」に参加していた。だが、シリア民主軍（そしてこれを主導するクルド民族主義勢力のYPG［人民防衛隊］やPYD［民主統一党］）をテロリストとみなしていたため（第四章九四～九六頁を参照）、有志連合とは一線を画し、二〇一六年八月に「ユーフラテスの盾」作戦と銘打ってトルコと国境を接するシリア北部に侵攻していた。▼2

三つの陣営は、イスラーム国を封じ込めるという同じ目標を持っていた。だが、共通の敵に対して一致団結することはなかった。「テロとの戦い」における主導権を握ろうとする当事者たちは、イスラーム国の支配地を制圧する過程で、互いの進軍や勢力拡大を阻止し合った。

閉め出されるトルコ

イスラーム国に対する「テロとの戦い」から最初に排除された（あるいは離脱した）のは、「ユーフラテスの盾」作戦を開始していたトルコだった。この作戦は、東はユーフラテス川、西はアアザーズ市、南はバーブ市、マンビジュ市（いずれもアレッポ県）に至る東西約一〇〇キロ、南北約六〇キロのシリア北西部国境地域を「安全地帯（Güvenli Bölge）」と位置づけ、同地からテロリストを排除することを目的とした（地図3-1を参照）。この地域には、シリア国内のイスラーム国の支配地（地図0-1を参照）とトルコ領内を結ぶ唯一の兵站路が通っていた。トルコは、ここを経由してイスラーム国と反体制派に戦闘員、武器装備、資金が流入するのを黙認（ないしは支援）し、シリア政府を弱体化させる一方、その東西に支配地を得ていたシリア民主軍が、国境地帯全域を掌握するのを阻止していた。言い換えると、トルコは自らがテロリストとみなすシリア民主軍に対する安全保障を確保するためにイスラーム国を利用していた。だが、有志連合やロシア、イラン、シリア政府がイスラーム国への攻勢を強めるなかで、政策を転換し、二〇一七年二月までに「安全地帯」の大部分を占領下に置き、イスラーム国の兵站路を遮断した。

トルコは、イスラーム国に対する「テロとの戦い」で連携するための条件として二点を有志連合に求めた。第一は「安全地帯」内のマンビジュ市一帯からシリア民主軍を撤退させることである。同地は二〇一六年八月にシリア民主軍がイスラーム国から奪取していた。第二は、欧米諸国がイスラーム国の首都と位置づけていたラッカ市に対する有志連合の解放作戦にシリア民主軍を参加させないことである。だが、米国は応じず、マンビジュ市一帯に米軍部隊を展開させ、トルコ軍の南進を阻止した。このことがトルコと米国の軋轢を生んだ（第四章一〇〇～一〇一、一〇四～一〇六、一〇八～一一三頁を参照）。

シリア政府とロシアもトルコの行く手を阻んだ。両国はそもそもシリア軍によるアレッポ市東部地区奪還をトルコが認める見返りとして、「ユーフラテスの盾」作戦を黙認していた。ロシアは、二〇一七

地図 3-1 「ユーフラテスの盾」作戦における「安全地帯」

年一月一八日にトルコとともにバーブ市でイスラーム国に対する合同爆撃作戦を実施し、トルコ軍による同市の制圧（二月二三日）を支援した。シリア政府もバーブ市南東のダイル・ハーフィル市（アレッポ県）に部隊を東進させ、トルコ軍とともにイスラーム国に二正面作戦を強いた。だが、二月に入ると、シリア軍は、ロシア軍、「イランの民兵」（ヒズブッラー）とともにバーブ市南部を東進し、シリア民主軍が手に入れていたマンビジュ市一帯に到達した。これにより、トルコの占領地とイスラーム国の支配地は物理的に切り離され、トルコはイスラーム国を追撃することができなくなり、「テロとの戦い」から閉め出されることになった。

トルコは二〇一七年三月三一日、「ユーフラテスの盾」作戦の終了を宣言、以降はシリア民主軍に狙いを集中し、独自の「テロとの戦い」を推し進めていった。なお、この作戦でトルコが占領した地域は「ユーフラテスの盾」地域と呼ばれた（地図0－2を参照）。

シリア民主軍のラッカ市制圧

トルコが排除されたことで増長したのはシリア政府だった。シリア軍はその後、進路を南に変え、ラッカ市に至る国道四号線に沿って進軍していった。アサド大統領は「ラッカ市は我々にとっての最優先事項だ[▼3]」と明言し、イスラーム国からの同市解放の決意を示した。

だが、米国が許すはずはなかった。トランプ大統領の就任と前後して一日あたりの爆撃回数を二〇回以上に増やすなど、「テロとの戦い」▼4を本格化させていた米軍は二〇一七年三月二二日、アサド湖東端に位置するタブカ市（ラッカ県）近郊のユーフラテス川西岸地帯で空挺作戦を実施し、同地を制圧、ラッカ市に至る国道四号線を寸断した。ここを起点に有志連合とシリア民主軍はラッカ市に向けて東進を始めた。

シリア軍は、有志連合の制圧地を迂回するかたちで進軍を続け、ラッカ県南西部の油田地帯を制圧し、ラッカ市に南部から接近を試みた。だが、米国はあからさまにこれを阻止した。シリア軍は、ラッカ市とスフナ市（ヒムス県）を結ぶ国道六号線と、ラッカ市とイスリヤー村（ハマー県）を結ぶ国道42号線が結節する要衝のラサーファ交差点（ラッカ県）を目指した。これに対して、米軍戦闘機は二〇一七年六月一八日、同地で航空作戦に参加していたシリア軍戦闘機を撃墜した。ラサーファ交差点はシリア軍によって制圧されたものの、この爆撃は、米国がラッカ市掌握に並々ならぬ意欲を有していたことを示すものだった。

以降、シリア・ロシア両軍と「イランの民兵」は、ラッカ市への進攻を断念し、ユーフラテス川に沿って南下した。シリア軍は二〇一七年九月二三日、ダイル・ザウル県との県境に位置するマアダーン市（ラッカ県）に到達し、ユーフラテス川以西地域のイスラーム国の支配地の奪還に専念した。

一方、シリア民主軍は、二〇一七年六月六日にラッカ市解放作戦の開始を宣言し、六月二九日にラッカ市を完全に包囲、イスラーム国と熾烈な市街戦を繰り広げた。有志連合は連日、市街地への爆撃を行い、これを支援した。有志連合は、シリアで劣化ウラン弾を使用してきたことを認めてはいたが、[5]ラッカ市では白リン弾を投下し、[6]街の九〇パーセントを破壊し尽くした。白リン弾や化学兵器に象徴される大量破壊兵器による攻撃は、シリア・ロシア両軍の常套手段とみなされ、その残虐性を非難する際の根拠だった。だが、日本や欧米諸国で、有志連合の攻撃が問題視されることはほとんどなかった。

ラッカ市中心街で籠城を続けてきたイスラーム国は、二〇一七年一〇月一四日夜から一五日未明にかけて、シリア人戦闘員二七五人が家族とともにシリア民主軍に投降、また外国人戦闘員も住民を人間の盾にして市外に退去した。かくして、シリア民主軍は一〇月一七日にラッカ市を完全制圧した。

シリア軍によるダイル・ザウル市解囲

二〇一七年一〇月二〇日にラッカ市の中心に位置する県立競技場（アスワド競技場）で行われた解放祝典で、シリア民主軍は「ラッカ市解放はイスラーム国に対する戦いの最終章だ[7]」と宣言し、有志連合とともに次の争奪戦を本格化させた。イラク国境に近いダイル・ザウル県のイスラーム国の牙城であるユーフラテス川以東地域での戦いである。

ダイル・ザウル県は、二〇一四年八月までにそのほぼ全域がイスラーム国の手中に落ちていた。県庁所在地であるダイル・ザウル市のみがシリア政府の支配下にとどまっていたが、そこもイスラーム国に包囲され、孤立していた。

最初に動いていたのはシリア・ロシア両軍と「イランの民兵」だった。シリア軍は、二〇一七年五月二五日、ダイル・ザウル県、ヒムス県、ダマスカス郊外県、スワイダー県で、イスラーム国と反体制派の掃討を目的とする「偉大なる暁」作戦の開始を発表した。作戦は、第一段階でヒムス県東部の砂漠地帯の奪還が、第二段階（七月一〇日開始）でスィーン航空基地（ダマスカス郊外県）一帯の奪還が、そして最終段階（九月一七日開始）でT2（第二石油輸送ステーション）、ブーカマール市（いずれもダイル・ザウル県）一帯の奪還が目標とされた。

第一段階は順調に進んだ。二〇一七年三月に国連教育科学文化機関（UNESCO［United Nations Educational, Scientific and Cultural Organization］）世界文化遺産のパルミラ遺跡群を擁するタドムル市（ヒムス県）を制圧していたシリア軍は、T4（第四石油輸送ステーション）航空基地（別名タイフール航空基地、ティヤース航空基地）、シリア・カトリックの聖エリアン修道院で知られるカルヤタイン市周辺地域、（M20高速道路沿線の）油田地帯（いずれもヒムス県）を、ダイル・ザウル市に至るM20高速道路に沿って順調に制圧していった。そして八月に、M20高速道路とラサーファ交差点に至る支線道路が交わるスフナ市を制圧すると、部隊を二手に分け、北と東に向かって進軍を続けた。北進した部隊は、ラッカ県南部を制圧した別部隊とイスラーム国を挟撃し、九月初めまでにハマー県北東部の一部を除いて、その全域を制圧した。一方、東進を続けた部隊は、九月五日にダイル・ザウル市に到達し、同市の解囲に成功した。ロシア軍は黒海に展開するフリゲート艦からのカリブル巡航ミサイルによる攻撃や、ロシア本土からの戦略爆撃機による爆撃などでこれを支援した。

南進するシリア民主軍――米国への疑惑

だが、有志連合とシリア民主軍がシリア軍の攻勢に再び対抗した。シリア民主軍は、二〇一七年九月九日に「ジャズィーラの嵐」作戦の開始を宣言した。この作戦は、ダイル・ザウル県のユーフラテス川東岸からイスラーム国を掃討することを目的とした。だが同時に、ダイル・ザウル市を解囲したシリア軍がユーフラテス川を渡河して、「イランの民兵」とともにイラク国境地帯に到達するのを阻止すること、さらには同地の油田地帯を掌握することも目指された。

シリア軍は、ユーフラテス川を渡河し、ダイル・ザウル市の対岸に位置する四町村（サーリヒーヤト・ジャズィーラ村、ハトラ村、ムッラート村、フシャーム町、いずれもダイル・ザウル県）を掌握することには成功した。だが、そこまでだった。シリア民主軍は「ジャズィーラの嵐」作戦開始から二日足らずで、シャッダーディー市（ハサカ県）一帯から一気に五〇キロ以上も南進し、ダイル・ザウル市が面するユーフラテス川東岸に迫り、シリア最大のウマル油田（ダイル・ザウル県）を含む油田地帯を制圧した。

シリア民主軍の破竹の勢いは、米国がイスラーム国と結託しているという嫌疑を招いた。米国批判の急先鋒となったのはトルコだった。ビンアリ・ユルドゥルム首相は「米国はラッカ市でイスラーム国を浄化せず、戦闘員の退去を支援した（中略）。イスラーム国は去ったが、代わってクルド人武装部隊からなる別のテロリスト（ＹＰＧ［人民防衛隊］のこと）がやって来た。これが賢い政策と言えるのか？」[8]と批判した。批判を裏づけるかのように、ＢＢＣはイスラーム国の戦闘員数百人をラッカ市で乗せて移動させたとする旅客バスのドライバー複数人の証言を紹介した[9]。

シリア政府とロシアも米国に疑惑の目を向けていた。背景には、ダイル・ザウル県南東部で米軍が繰り返していた空挺作戦があった。目的はイスラーム国の拠点を破壊し、戦闘員を殲滅・捕捉することにあるとされた。だが、両国は、有志連合がイスラーム国の支配地に潜入させていた諜報員・工作員を米

軍が救出した、あるいは米国が自らを利するためにイスラーム国の戦闘員を転戦させたと疑っていた。▼10

シリア軍とシリア民主軍に挟撃されたイスラーム国は急激に勢力を失っていった。シリア軍は、ダイル・ザウル市からユーフラテス川に沿って南下、二〇一七年一〇月一四日にはイスラーム国の「治安部門の首都」、ないしは「武器庫」と称されていたマヤーディーン市（ダイル・ザウル県）を、一〇月二六日にはT2を解放した。そして、一一月三日に国境に到達し、イラク側から進軍を続けてきたイラク軍および「イランの民兵」と対面、一一月一九日にはイスラーム国最後の拠点都市ブーカマール市を制圧した。

シリア民主軍も、二〇一七年九月二八日にハーブール川西岸のスワル町（ダイル・ザウル県）を、一一月一二日にはユーフラテス川とハーブール川が交わる戦略的要衝のブサイラ市（ダイル・ザウル県）を順当に制圧していった。イスラーム国の支配地はイラク国境に近いハジーン市やバーグーズ村（いずれもダイル・ザウル県）などのユーフラテス川東岸地帯、そしてシリア軍が作戦を継続するハマー県北東部、首都ダマスカス南部、ダルアー県南西部、スワイダー県東部（第七章一六八～一七〇、一七六～一八三、一八九～一九二頁を参照）を残すのみとなった。

かくして「国際社会最大の脅威」と目されてきたイスラーム国は、二〇一七年末までにシリア（そしてイラク）国内における支配地のほとんどを失った。彼らは辺境の犯罪武装集団になりさがり、シリアの治安に及ぼす脅威も減少した。指導者バグダーディーの消息は不明であり、彼らは多くの司令官、戦闘員を失った。有志連合報道官は、シリアとイラクで活動を続ける戦闘員の数は一〇〇〇人程度にまで減少したと述べ、戦果を誇示した。▼11

2 勝者の筆頭

相次ぐ勝利宣言、猶予する米国

シリア民主軍を主導するＹＰＧ（人民防衛隊）は二〇一七年一二月三日、アラブ人部族、ロシア軍、そして有志連合とともに、ダイル・ザウル県東部からイスラーム国を掃討し、同地全土を解放したと発表した。[12] シリア軍も一二月七日に「偉大なる暁」作戦の終了を宣言し、ダイル・ザウル県での主要な戦闘を終え、今後はイドリブ県などで活動を続ける反体制派との「テロとの戦い」に注力すると表明した。[13]
さらに、ロシアのヴラジーミル・プーチン大統領も一二月一一日、駐留ロシア軍司令部が設置されているフマイミーム航空基地（ラタキア県）を電撃訪問し、出迎えたアサド大統領を従えて演説し、「シリア国内でのイスラーム国に対するシリア・ロシア両軍の「テロとの戦い」において決定的勝利を収めた」[14]と述べた。

一方、トランプ大統領も二〇一七年一二月一二日、「我々はシリアで勝利した。また我々はイラクで勝利した」と表明した。だが「彼らはほかの地域に散らばっている。我々は彼らが散らばるのと同じ速度で彼らを追跡している」と付言するなど、その発言は歯切れの悪いものだった。[15] 国家安全保障会議報道官も「イスラーム国を敗北させたとするロシアの発表は時期尚早だ」[16]と強調した。

勝利宣言を猶予する米国の姿勢は、シリア内戦への介入を通じて米国が得た権益を維持するための根拠が、イスラーム国に対する「テロとの戦い」の継続以外にないことを示していた。その権益とは各地に確保した基地で、その数は二〇一七年半ばの段階で一〇カ所（うち二カ所は航空基地）に及んだ[17]。国防総省報道官によると、これらの基地には米軍部隊二〇〇〇人が、英軍およびフランス軍の部隊とともに駐留していた[18]。米国は基地を維持し、シリア国内におけるロシアやイランの影響力の拡大を抑止するため、「テロとの戦い」が続いていると主張した。それが口実に過ぎないことは、米軍戦闘機が六月にラサーファ交差点上空でシリア軍戦闘機を撃墜していたことからすでに明らかだった。こうした姿勢はその後もしばしば繰り返された。一二月一三日には、米軍はユーフラテス川東岸領空に進入したロシア軍戦闘機複数機に対して戦闘機で実弾警告射撃を敢行し、二〇一八年二月七日には、ユーフラテス川東岸のフシャーム町近郊から油田地帯への進攻を試みたとされるシリア軍とロシア民間軍事会社の傭兵に激しい爆撃を加え、一〇〇人以上を殺害した[19]。

イスラーム国最後の支配地をめぐる戦い

ユーフラテス川東岸では、有志連合とシリア民主軍がイスラーム国の追撃を続けた。両軍はイラク軍との連携も強化し、二〇一八年八月にはイラクとの国境に接する地域からイスラーム国を排除した。またシリア民主軍は九月一一日に「テロ駆逐の戦い」と銘打った新たな作戦を開始し、有志連合も爆撃を激化させた。だが、イスラーム国は持ちこたえた。シリア政府とロシアは、米国がイスラーム国を温存させることで、混乱を長引かせ、シリアに居座ろうとしていると非難した[20]。

事実、有志連合とシリア民主軍は攻勢を緩めた。「テロとの戦い」の減速は、有志連合とシリア民主軍がイスラーム国を包囲し、殲滅の機会を窺う一方で、イスラーム国の支配地に取り残された住民の身の安全を確保しようと腐心していたためと解釈することもできた。だが同時に、米国がシリアへの介入の根拠を温存するため、イスラーム国との最終決戦を猶予しているようにも見えた。

とはいえ、有志連合とシリア民主軍は二〇一八年末に「テロとの戦い」の最終決着に向けて攻撃を再び激化させ、二〇一九年一月までにバーグーズ村（ダイル・ザウル県）にイスラーム国を追い込むことに成功した。そして三月一日、シリア民主軍は同地への総攻撃を開始した。シリア民主軍は、一方でバーグーズ村から脱出できずにいた住民を救出し、他方でイスラーム国の戦闘員と家族に投降を促しつつ、一撃離脱を繰り返し、三月二三日についにバーグーズ村の制圧を達成した。

フール小国

シリア民主軍に拘束・保護されたイスラーム国の戦闘員は、ハサカ市のグワイラーン地区の工業高校を転用した拘留施設（グワイラーン刑務所）、シャッダーディー市近郊のジャブサ・ガス工場にある中国系企業の施設を転用した拘留施設（キャンプ・ブルガール、シャッダーディー刑務所）、カーミシュリー市（ハサカ県）西方のジャルキーン刑務所などに収容された。また、戦闘員の家族は、フール町（ハサカ県）にあるフール・キャンプに、イラク難民やシリア人国内避難民とともに収容された。シリア人権監視団によると、キャンプの収容人数は六万二四九八人で、うち三万六九四人がイラク難民、二万二六二六人が国内避難民、残る九一七八人が欧州、アジア、アフリカなど五〇カ国以上の出身者によって占められた。[21]

米国は、シリア民主軍の負担を軽減するため、イスラーム国の外国人戦闘員と家族を出身国が引き取るよう求めた。だが、身柄が引き渡されたのは、ほんの一部だった。二〇二〇年末までにカザフスタン、ウズベキスタン、タジキスタン、ロシア、フランス、スーダン、ノルウェー、ベルギーといった国が身柄の引き取りに応じたが、その数は八八一人（二〇一九年が七五六人、二〇二〇年が一二五人）だけだった。[22]西欧諸国はとりわけ引き取りに消極的だった。一方、シリア人戦闘員の家族は、主にダイル・ザウル県、ラッカ県出身の五〇〇〇人以上が、地元の部族長や名士の身元保証を得て、キャンプを去り帰村した。だが、約一六〇〇〇人にのぼるとされるシリア政府支配地出身者の帰還は先送りにされた。

帰国を認められない外国人戦闘員と家族は、刑務所やキャンプの劣悪な環境での暮らしを余儀なくされた。とりわけ、フール・キャンプでは治安が悪化し、イスラーム国のメンバーの家族どうしのいざこざや、キャンプ内で治安当局に協力する難民や国内避難民を狙った暗殺が多発した。その無法状態はイスラーム国になぞらえて「フール小国（duwayla al-hūl）」と呼ばれ、揶揄された。

沈黙を破るバグダーディー

トランプ大統領はバーグーズ村の制圧に合わせて、二〇一九年三月二二日に「イスラーム国は一〇〇パーセント敗北した」[23]とあらためて宣言した。有志連合は五月七日を最後に爆撃による戦果の発表を停止し、大規模な軍事作戦は幕を閉じた。

だが、二度目となる勝利宣言は精細を欠いていた。最初の勝利宣言から一年三カ月を経て達成したのは、ユーフラテス川東岸に孤立していたイスラーム国の小規模な支配地の制圧に過ぎず、指導者バグダーディーの消息も依然として不明だったからだ。それまでにたびたび死亡（殺害）情報が流れてはいたが、いずれも事実確認がとれず、潜伏を続けていると考えられた。

これを裏づけるように、二〇一九年四月二九日にバグダーディーの映像が突如公開された。映像の公開は、二〇一四年七月末にイラクのモスル市内にあるヌーリー大モスクでラマダーン月に合わせて行った説教の映像以来、二度目だった。

イスラーム国の広報部門の一つであるフルカーン広報制作機構が公開した「信徒たちの司令官のもてなしで」と題された約一八分のビデオ映像において、バグダーディーは、室内で黒いターバンを巻き、機関銃を脇に置いて座り、顔にぼかしが入ったメンバーないしは支持者と思われる複数の男性に語りかけていた。彼は「敵に対する消耗戦は長く続く」[24]と述べて、イスラーム国の健在ぶりをアピールした。

フルカーン広報制作機構はまた、二〇一九年九月一六日にもバグダーディーの肉声による声明を配信した。コーランの第九章（改悛の章）第一〇五節の一節にちなんで「言ってやるがいい、「行え」と」と題された三〇分に及ぶ声明のなかで、彼は「イスラーム教徒たちを暴君の牢獄から解放しよう（中略）、カリフ制の兵士たちよ」[25]と呼びかけ、拘束・保護されたイスラーム国のメンバーと家族に決起を促した。

トランプ大統領が「テロとの戦い」における勝者の筆頭としての地位を勝ち取るには、より分かりやすい戦果が必要だった。そして、それがバグダーディーの首であることは容易に想像できた。

バグダーディー暗殺

トルコが二〇一九年一〇月九日にシリア北部への三度目の侵攻となる「平和の泉」作戦（第四章一〇九〜一一三頁を参照）を開始し、シリア情勢への注目がにわかに高まるなかで、その知らせは突如届いた。

米メディアは一〇月二六日、米軍が極秘作戦を敢行し、バグダーディーを暗殺したと伝え[26]、トランプ大統領も翌二七日にこれを正式に認めたのである。

米政府や各種メディアの報道によると、作戦は一週間ほど前にトランプ大統領によって承認され、米軍特殊部隊とシリア民主軍対テロ部隊（HAT［Hêzên Antî Teror］）によって実行された。米軍ヘリコプター八機（三機はHATを移送）がスィッリーン町（アレッポ県）にある航空基地から発進し、シリア民主軍が作戦に参加していることがトルコには伏せられたまま、同国が占領下に置く「ユーフラテスの盾」地域、「オリーブの枝」地域上空を通過し、反体制派の支配下にあるバーリーシャー村（イドリブ県）にあったバグダーディーの潜伏場所を急襲した。追い詰められたバグダーディーは、子供三人を道連れにして、自爆用のベストを爆発させて自殺した。戦闘で民間人七人が巻き添えとなって死亡し、米軍兵士二人も負傷した。バグダーディーの遺体の残骸は海に投棄され、また潜伏していた施設は、過激派の「聖地」になるのを阻止するために爆破された[27]。

暗殺をめぐる謎

トランプ大統領は作戦の成果を明らかにした際、ロシア、トルコ、シリア政府、イラク、シリアのクルド人に謝意を示した[28]。だが、これらの国が果たした役割については謎が多かった。

トルコ国防省は、作戦実施に先立って米軍当局と情報交換と連携を行ったと発表した[29]。また、トルコの匿名消息筋は、バグダーディーがシリア難民に紛れて家族をトルコに密入国させようとしていたとの独自情報を開示し[30]、こうした情報が米国に提供されたと推察できた。だが、トルコが米国に協力することでいかなる見返りを得たのか、より具体的には両国が意見を異にしていたシリア民主軍の処遇をめぐってどのような折り合いがつけられたのかは明らかにされなかった。

なお、トランプ大統領がバグダーディー暗殺を認めた二〇一九年一〇月二七日、米軍とＨＡＴはジャラーブルス市（アレッポ県）近郊でも合同作戦を実施し、イスラーム国のアブー・ハサン・ムハージル報道官を爆撃により殺害した。同地もトルコ占領下の「ユーフラテスの盾」地域内に位置していた。[31]

一方、ロシア国防省は声明で、暗殺作戦を事前に承知していなかったと発表し、協力の事実を否定した。[32]だが、ロシア大統領府報道官は、ロシア軍が制空権を握る作戦地域上空での米軍機の動きを捕捉・監視していたこと、すなわち黙認したことを明らかにした。[33]

トルコとロシアの動き以外にも謎はあった。例えば、バグダーディーの身元特定である。彼の遺体の破片は、イラクのアイン・アサド基地に移送され、遺伝子検査が行われたが、結果が出るまでにたった一日しかかからなかった。しかも、遺体の破片は公開されず、潜伏していた施設も爆破された。

また、不可解なことに、アル＝カーイダ系組織のシャーム解放機構が作戦実行に合わせてバーリーシャー村一帯を封鎖し、住民らの往来を禁じた。[34]シャーム解放機構はこの間、イドリブ県の各所でイスラーム国のスリーパー・セル（潜伏メンバー）の摘発を続けていた。だが、彼らがバーリーシャー村で治安活動を行ったとの情報はなかった。

バグダーディーを失ったイスラーム国の対応も、迅速かつ「素直」だった。

イスラーム国は二〇一九年一〇月三一日に音声声明で、バグダーディーとアブー・ハサンの死亡を早々に認め、アブー・イブラーヒーム・クラシーを新指導者に、アブー・ハムザ・ムハージルを新報道官に任命したと発表した。[35] アブー・イブラーヒーム は本名をアミール・ムハンマド・アブドゥッラフマーン・マウラー・サルビーといい、トルコマン系イラク人で、バグダーディーとともにイスラーム国を創設したイデオローグの一人だが、[36] その人となりは謎に包まれたままだった。

奇妙なシンクロ

ところで、トランプ大統領から作戦成功の謝意を送られていたアサド大統領は、バグダーディーの暗殺について懐疑的、そして批判的な発言を続けた。二〇一九年一〇月末からシリア、ロシアのメディアのインタビューに頻繁に応じるようになった彼は、一一月一一日に次のように述べた。

バグダーディーは米国の監視下で投獄されていた。米国がバグダーディーを釈放した張本人だ。何の役割も与えずに釈放することはないだろう（中略）。テロリストとともに手を入れていた手袋から米国が手を抜くような話だ。記憶を消すためのフィクション映画のようだ（中略）。米国は、アル＝カーイダ、イスラーム国、そしてヌスラ（戦線）といったテロリストと直接つながっているという記憶を世論から消し去りたいのだ（中略）。米国はサッダーム・フセインが処刑されたとき、処刑が行われたことを見せた。ムアンマル・カッザーフィーのときもだ（中略）。なぜ、（ウサーマ・）ビン・ラーディンを我々に見せなかったのか。なぜ、バグダーディーの遺体を見せなかったのか（中略）。米国がテロリストと戦っているというのは作り話に過ぎない（中略）。おそらく彼は賞味期限が切れたから殺されたのだ（中略）。米国はおそらくイスラーム国という名前を別の名前に変えて、イスラーム国を穏健な組織にすることで、シリア政府に対抗させるため市場で利用するのだろう。[37]

こうした反応はロシアとも共通していた。セルゲイ・ラヴロフ外務大臣は「ロシアはバグダーディーが抹殺されたことを確認していない。だが、殺害されたのであれば（中略）、米国は自らが生み出した人物を抹殺したということになる[38]」と述べた。

奇妙なのは、シリア政府とロシアと対決を続けてきたアル＝カーイダも同じような見方をしたことだ。サウジアラビア人説教師で、シャーム解放機構の元幹部アブドゥッラー・ムハイスィニーはビデオ・メッセージのなかでこう述べた。

米国がそもそもバグダーディーの思想を育んだのだ（中略）。彼の死に関する報道の信憑性をめぐっては大いに曖昧な点が残る（中略）。彼が殺されていなかったとしても、結果は同じだ。西側が一〇〇〇人のバグダーディーを今後も創り出すということだ。[39]

ホワイト・ヘルメットは化学兵器疑惑事件の幕引きとともに、その役割を終え、それに合わせてルムジュリアーが謎の死を遂げた（第二章六三～六四頁を参照）。これと同じように、イスラーム国もシリア内戦において果たすべき役割と存在意義を失い、バグダーディーが落命した、そう考えることもできた。

3　ガラパゴス化するアル＝カーイダ

アル＝カーイダの伸張と分裂

イスラーム国に対するトランプ大統領の二度の勝利宣言は、「テロとの戦い」の終結を意味しなかった。米国は、ダイル・ザウル県南東部でイスラーム国の支配地を消滅させた後も、シリア民主軍とともに残党の追跡と摘発を続けた。それだけではなかった。米国は、イスラーム国以外のアル＝カーイダ系組織への攻撃も強化した。

アル＝カーイダ系組織は複雑に展開するシリア内戦のなかで独自の「進化」を遂げた。その起点として位置づけることができるのがヌスラ戦線だ。彼らは、イラクのアル＝カーイダ（イラク・イスラーム国）のシリアにおけるフロント組織として二〇一一年末頃から活動を開始し、二〇一二年半ばまでに各地に勢力を伸ばして、シリアでもっとも有力な反体制派としての地位を揺るぎないものとした。指導者はシリア人のアブー・ムハンマド・ジャウラーニー（本名ムハンマド・フサイン・シャルア）が務めた。

このヌスラ戦線と袂を分かったのがイスラーム国だった。結成の経緯はこうだ――二〇一三年四月、イラク・イスラーム国はヌスラ戦線を傘下組織だと暴露し、イラク・イスラーム国とヌスラ戦線を完全統合してイラク・シャーム・イスラーム国（別名ＩＳＩＳ［Islamic State of Iraq and Syria］、ＩＳＩＬ［Islamic State of Iraq and the Levant］、ダーイシュ［al-Dawla al-Islāmīya fī al-'Irāq wa al-Shām の頭字語］）に改称すると宣言した。だが、ジャウラーニーはこれを拒否し、ヌスラ戦線として独自の活動を続けると表明した。この対立に対して、アル＝カーイダ（総司令部）最高指導者のアイマン・ザワーヒリーは一一月、両者の活動の場をシリアとイラクに分けるとの裁定を下し、その遵守を求めた。だが、イラク・シャーム・イスラーム国はこれを拒否したため、ザワーヒリーは二〇一四年二月に破門を言い渡した。

イラク・シャーム・イスラーム国は、ヌスラ戦線の手中にあったラッカ市を二〇一三年一〇月に制圧するなどして強大化し、イラク国内にも勢力を伸長した。そして二〇一四年六月、イラク第二の都市モスル市を制圧、カリフ制樹立を宣言し、イスラーム国に改称した。[40]

アル＝カーイダ系組織の脱アル＝カーイダ化

その後、イスラーム国が「国際社会最大の脅威」と目されるようになったのは周知の通りだが、「シリアのアル＝カーイダ」であるヌスラ戦線も「進化」を続けた。

その活動は、シリア政府に対する反体制派との共闘というかたちをとり、ファトフ軍を名乗る組織の中核を担った。二〇一五年三月に結成されたこの連合体は、ヌスラ戦線のほか、シャーム自由人イスラーム運動、ジュンド・アクサー機構、シャーム軍団といったイスラーム過激派によって構成された。このうち、シャーム自由人イスラーム運動とジュンド・アクサー機構もアル＝カーイダ系組織だった（図1－1を参照）。

シャーム自由人イスラーム運動は、アフガニスタンやイラクでの戦歴を持つアル＝カーイダのメンバーだったアブー・ハーリド・スーリーや、サイドナーヤー刑務所（ダマスカス郊外県）での収監経験を持つハッサーン・アッブードらが二〇一一年末に結成した組織である。この組織は二〇一五年以降、アル＝カーイダとの関係をことさら否定し、自由シリア軍を自称し、米国が支援する「穏健な反体制派」

として振る舞った。イスラーム国を含むアル＝カーイダ系組織に対する「テロとの戦い」の標的となるのを避けるためだ。

ジュンド・アクサー機構は、ヌスラ戦線を離反した武装集団が二〇一四年一一月に結成した組織である。アル＝カーイダに忠誠を誓っていたが、メンバーのなかにはイスラーム国に共鳴する者が多く、そのことが理由で、ヌスラ戦線やシャーム自由人イスラーム運動とたびたび衝突した。だが、その一方で、これらの組織とイスラーム国の活動を架橋する役割も果たした。▼41

アル＝カーイダとのつながり方を異にするシャーム自由人イスラーム運動とジュンド・アクサー機構が台頭するなかで、ヌスラ戦線も次第に、シャーム自由人イスラーム運動と同じ手法、すなわち自由シリア軍への「なりすまし」を行うようになった。ヌスラ戦線は二〇一六年七月、アル＝カーイダと関係を絶ち、組織名をシャーム・ファトフ戦線（シャーム征服戦線）に改めると発表した。このことが、シャーム・ファトフ戦線とシャーム自由人イスラーム運動との間に「なりすまし」をめぐる主導権争いを誘発した。二〇一七年一月、シャーム・ファトフ戦線は、シャーム自由人イスラーム運動と対立を繰り広げるなかで、「穏健な反体制派」として知られたヌールッディーン・ザンキー運動などとともにシャーム解放機構を結成した。ヌールッディーン・ザンキー運動は七月、シャーム解放機構が「シャリーアの裁定」に従っていないとして脱退した。だが、シャーム解放機構自体は「穏健な反体制派」の自由イドリブ軍、イッザ軍、ナスル軍などとの連携を通じて勢力を拡大した。対するシャーム自由人イスラーム運動は、二〇一八年二月、ヌールッディーン・ザンキー運動とシリア解放戦線を名乗るようになった。同戦線はその後、国民解放戦線に発展解消した（第八章一九五〜一九六頁を参照）。

アル＝カーイダ再興を目指す動き

こうした動きと並行して、イスラーム国との親和性、あるいは「アル＝カーイダらしさ」をめぐる離合集散も繰り返された。最初に中心的な役割を果たしたのはジュンド・アクサー機構（の残党）だった。ジュンド・アクサー機構は、二〇一六年一〇月にシャーム自由人イスラーム運動との対立に敗れ、シャーム・ファトフ戦線に忠誠を誓うことで延命を図った。だが、二〇一七年一月、シャーム・ファトフ戦線とシャーム自由人イスラーム運動の対立を誘発し、シャーム・ファトフ戦線から破門された。そして二月になると、シャーム解放機構やイスラーム国との関係のありようをめぐって内部対立をきたし、三つに分裂した。三つの派閥のうち、第一の派閥はシャーム解放機構に再び忠誠を誓った。第二の派閥は、トルキスタン・イスラーム党（本章九〇～九一頁を参照）に共鳴し、アンサール・トルキスタンを名乗った。第三の派閥は、アクサー旅団の名で活動を開始した。このうち、アクサー旅団はシャーム解放機構との戦闘の末、イドリブ県からの退去を骨子とする停戦に合意し、二月末までにイスラーム国支配下のラッカ県方面に転戦した。

その後、フッラース・ディーン機構を名乗る組織が新たに台頭した。二〇一八年二月に結成されたこの組織を指導したのは、アブー・ハマーム・シャーミーなる人物だった。彼は、アル＝カーイダのメンバーとしてアフガニスタンやイラクでの戦歴を持ち、ヌスラ戦線のメンバーでもあった。だが、シャーム・ファトフ戦線への改称時にアル＝カーイダとの関係を解消したことを不服として離反していた。アル＝カーイダ最高指導者のザワーヒリーが二〇一七年一一月二八日に発表した音声声明で、シャーム・

ファトフ戦線やその後身であるシャーム解放機構のアル＝カーイダへの忠誠解消を無効だと非難すると、[42]アブー・ハマームは、これに呼応するかのように、シリアでのアル＝カーイダの再興を目指したのである。

シャーム解放機構は、イドリブ県内でイスラーム国のスリーパー・セルを摘発すると称して治安活動を強化し、イスラーム国のメンバーだけでなく、アブー・ハマームの仲間たちも拘束した。こうした弾圧を前に、フッラース・ディーン機構に同調する勢力が現れた。ジュンド・アクサー機構の残党である。彼らは二〇一八年二月、アンサール・タウヒードなる武装集団を結成した。フッラース・ディーン機構とアンサール・タウヒードは四月、アル＝カーイダとの絶縁に際して棄てられた「ヌスラ」という呼称を冠した新たな連合体イスラーム・ヌスラ同盟を結成し、「アル＝カーイダらしさ」を誇示した。

多すぎる標的

「ガラパゴス化」とでも呼ぶべき「進化」を通じて離合集散を繰り返すアル＝カーイダ系組織に対する「テロとの戦い」は容易ではなかった。米国はブッシュ政権下の二〇〇四年一二月一七日にイラクのアル＝カーイダをＦＴＯ（外国テロ組織）に指定し、オバマ政権下の二〇一二年一二月一一日にヌスラ戦線をイラクのアル＝カーイダの別名（alias）としてＦＴＯに追加指定した。また二〇一四年五月一五日にはイラクのアル＝カーイダの指定組織名をＩＳＩＬに変更し、ヌスラ戦線をこれとは別組織としてＦＴＯに再指定した。[43]さらに、二〇一六年一月一四日にはホラサン（イスラーム国ホラサーン州）をＦＴＯに、九月二〇日にはジュンド・アクサー機構を特別指定国際テロリスト（ＳＤＧＴ［Specially Designated Global

Terrorist」）に指定した。[44] にもかかわらず、これらの組織に対する有志連合の「テロとの戦い」は、イスラーム国に対するそれ以上に限定的だった。オバマ政権下で行われた攻撃は、ホラサンを標的とした二回（二〇一四年一一月一三日、二〇一五年九月二三日）とシャーム・ファトフ戦線を狙った四回（二〇一六年一〇月三日、一七日、一一月二日、一八日）の六回だけだった。

これに対して、トランプ政権は、イスラーム国以外のアル＝カーイダ系組織に対しても攻撃を激化させた。二〇一七年一月から三月にかけて、有志連合はイドリブ県に対して一〇回（一月四日、九日、一七日、二二日、二六日、二月三日、二〇日、二六日、三月二一日、二七日）の爆撃を実施し、シャーム・ファトフ戦線／シャーム解放機構の外国人司令官、シャーム自由人イスラーム運動のメンバー、ジュンド・アクサー機構の元メンバーを殺害した。また、トランプ政権は、ヌスラ戦線の改称後の組織名（シャーム・ファトフ戦線、シャーム解放機構）のＦＴＯへの指定を躊躇していたオバマ政権の方針を転換し、二〇一八年五月三一日、シャーム解放機構をヌスラ戦線の別名としてＦＴＯに指定した。[45]

アル＝カーイダ系組織への爆撃は、その後二年ほど実施されなかった。だが、イスラーム国に対する勝利宣言が行われて以降、再び頻繁に行われるようになった。二〇一九年半ば以降は、反体制派の支配下にあるイドリブ県とアレッポ県に対して、ドローン（無人航空機）などで一〇回（二〇一九年六月三〇日、八月三一日、一二月三日、七日、二〇二〇年六月一四日、二四日、八月一三日、九月一四日、一〇月一五日、二二日）のミサイル攻撃を実施し、フッラース・ディーン機構、アンサール・タウヒード、シャーム解放機構の外国人司令官、シャーム自由人イスラーム運動に所属していたイスラーム国やシャーム解放機構の元メンバーを殺害した。

持ち込まれる中国封じ込めというパラダイム

しかし、トランプ政権の「テロとの戦い」は、テロ撲滅という点において一貫しておらず、その点ではオバマ政権と変わらなかった。その最たる例がトルキスタン・イスラーム党への対応だった。

トルキスタン・イスラーム党は、中国の新疆ウイグル自治区の分離独立を目指す東トルキスタン・イスラーム運動（ETIM［Eastern Turkistan Islamic Movement］）のメンバーや支持者を中心に構成される武装集団である。アブー・リヤーフを名乗るヌスラ戦線のメンバーの支援を受けて、二〇一三年末頃にトルコ領内に拠点を設置し、戦闘員の募集や教練を開始、二〇一四年末にアブドゥルハック・トゥルキスターニーを指導者（アミール）として正式に結成を宣言した。正式名を「シャームの民救済（ヌスラ）トルキスタン・イスラーム党」といい、「シャームのくにのイスラーム党」を名乗ることもあった。

米国はブッシュ政権下の二〇〇四年にETIMをテロリスト排除リスト（TEL［Terrorist Exclusion List］）に加えていた[46]。だが二〇二〇年一一月六日、トランプ政権はETIMをTELから削除した。国務省報道官は「一〇年以上にわたり、ETIMが存在を続けているという確たる証拠がない[47]」と述べ、指定解除を正当化した。だが、ETIMのメンバーが家族を引き連れて、中国からトルコを経由してシリアに「移住」し、トルキスタン・イスラーム党を名乗り、イドリブ県を中心に活動を続けていることは、周知の事実だった[48]。

アル＝カーイダ系組織に対して攻撃を続ける一方で、トルキスタン・イスラーム党に対する寛容な姿勢は異彩を放っていた。その背景には、中国を牽制する狙いがあることは明らかだった。だが、中国の封じ込めというパラダイムをシリアに持ち込むことは、「テロとの戦い」を行うと主張する一方で、アル＝カーイダ系組織との共闘を躊躇しない「穏健な反体制派」への支援を行っていたオバマ政権のマッチポンプを思い出させた。

こうした二重基準は、アル＝カーイダ系組織への攻撃を約二年もの間猶予していたことにも見てとることができた。この間にトランプ政権がシリアで何をしていたのかについては後述する（第六章一四八〜一五〇頁、第七章一七四〜一七六、一八四〜一八五頁を参照）。

第四章　米国が後ろ盾となった国家内国家——クルド民族主義勢力の趨勢

ワシントンDCで、初の首脳会談に臨んだトルコのエルドアン大統領に握手を求めるトランプ大統領（2017年5月16日、ワシントン）

米国は「イスラーム国」に対する「テロとの戦い」において「協力部隊」を育成した。その筆頭がシリア民主軍だった。トランプ政権は、「テロとの戦い」が終わりに向かうなかで、彼らにどう対処し、それはどのような変化をもたらしたのだろうか。

1　PYDとは？

さまざまな顔

シリア民主軍は、シリア最大のクルド民族主義勢力、ＰＹＤ（民主統一党）によって主導された。この組織は、一九八四年にクルド人の民族自決を掲げてトルコで武装闘争を開始し、同国で「分離主義テロリスト（ayrılıkçılar teröristler）」と目されていたクルディスタン労働者党（ＰＫＫ［Partiya Karkerên Kurdistan］）を母体とし、二〇〇三年九月に元メンバーらによってシリアで結成された。ＰＹＤは「アラブの春」が波及する二〇一一年までは、数ある反体制派の一つに過ぎなかった。だが、シリア内戦が激化するなかで、徐々に頭角を現していった。

PYDは二〇一一年七月、他の反体制派に先立って民兵組織を保有した。YPG（人民防衛隊）である。欧米諸国、アラブ湾岸諸国、トルコからの経済制裁によって疲弊し始めたシリア政府が北東部の辺境地域から軍・治安部隊を撤退させると、これに代わってYPGが展開し、同地を実効支配するようになった。PYDはまた、民主連合運動（TEV-DEM［Tevgera Civaka Demokratîk］）という社会運動体を結成し、YPG支配地の自治を担わせた。

PYDは、体制転換を目指すという点で、他の反体制派と共通していた。だが、政治的手段を通じてこれを実現することを主唱し、武力による体制転換も辞さないとする反体制派と一線を画した。それだけでなく、反体制派の中核をなすアル＝カーイダ系組織、さらにはイスラーム国と鋭く対立し、その限りにおいてシリア政府、そしてそれを支援するロシア、イランと戦略的に共闘した。

このように、紛争当事者間の「バッファー（緩衝材）」として立ち振る舞うことで存在感を増していったPYDに着目したのが他ならぬ米国だった。米国はトルコのクルディスタン労働者党を一九九七年一〇月にFTO（外国テロ組織）に指定していたが、▼1 シリアのPYDやYPGを「テロとの戦い」の「協力部隊」として全面支援した。この米国の肝煎りで、二〇一五年一〇月にYPGを主体として結成されたのがシリア民主軍だった。

米国の後ろ盾を得たPYDは、ハサカ県北東部、アフリーン市（アレッポ県）一帯、アイン・アラブ市およびタッル・リフアト市（いずれもアレッポ県）の支配地で統治制度を整備し、二〇一四年一月、西クルディスタン移行期民政局と呼ばれる暫定自治政体を樹立した。この自治政体は、クルド語で「西」を意味する「ロジャヴァ（rojava）」の名で呼ばれた。シリア民主軍も二〇一五年末に政治部門となるシリア民主評議会を発足させ、自治や諸外国との折衝を担った。

ＹＰＧ、民主連合運動、ロジャヴァ、シリア民主軍、シリア民主評議会は、ＰＹＤが持つさまざまな顔だった。それは、彼らがシリア内戦のなかで発展させていった軍事、自治面の機能を体現する一方、「分離主義テロリスト」という汚名を返上することで、トルコからの攻撃を回避し、米国からの支援を保障するための別名でもあった。

モザイク社会シリア

ところで、シリア内戦をめぐる報道や概説では、ＰＹＤは「クルド（人）勢力」と紹介されることが多い。だが、より厳密に言うと、彼らは「クルド民族主義勢力」である。理由は、シリアにおけるクルド人のありようと関係している。

シリアは、多様な宗教・宗派、民族・エスニック集団からなるモザイク社会である。宗教・宗派に着目するとイスラーム教スンナ派が多数を占めているものの、それ以外に同アラウィー派、ドゥルーズ派、イスマーイーリー派、キリスト教諸派、ユダヤ教徒も暮らしている。一方、民族・エスニック集団は多数派のアラブ人のほか、クルド人、アルメニア人、カフカス（コーカサス）人などがいる（図４−１を参照）。

クルド人は「国を持たない世界最大の民族[▼2]」と評されることもあいまって、分離独立を悲願としていると思われがちである。だが、シリアのクルド人の多くは、自らをクルド人と同定しつつも、シリア国民として社会生活を営んでいる。つまり、クルド人であることは、そのアイデンティティに基づいて政

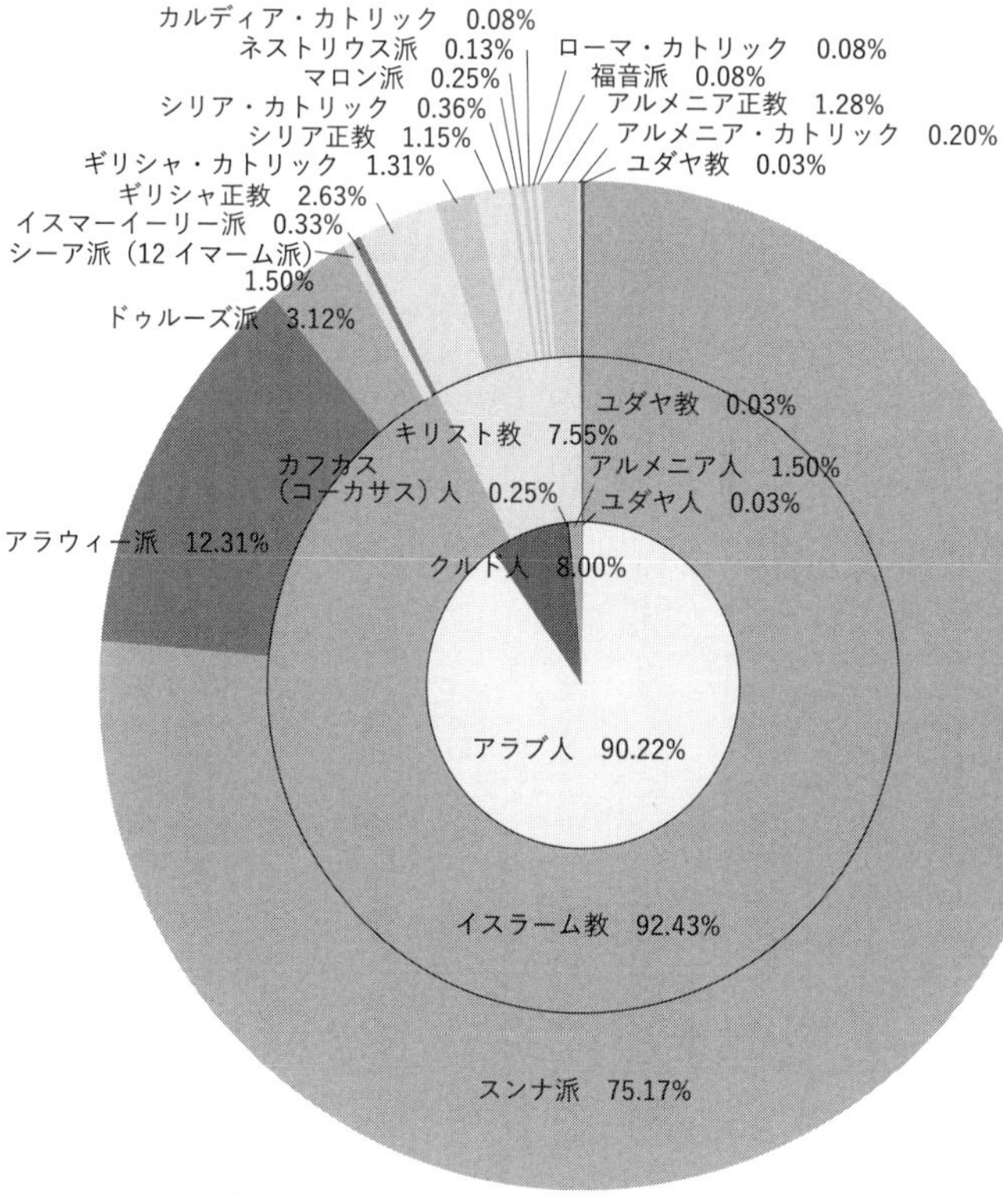
カルディア・カトリック　0.08%
ネストリウス派　0.13%
ローマ・カトリック　0.08%
マロン派　0.25%
福音派　0.08%
シリア・カトリック　0.36%
アルメニア正教　1.28%
シリア正教　1.15%
アルメニア・カトリック　0.20%
ギリシャ・カトリック　1.31%
ユダヤ教　0.03%
ギリシャ正教　2.63%
イスマーイーリー派　0.33%
シーア派（12 イマーム派）
1.50%
ドゥルーズ派　3.12%
ユダヤ教　0.03%
キリスト教　7.55%
アルメニア人　1.50%
カフカス
（コーカサス）人　0.25%
ユダヤ人　0.03%
アラウィー派　12.31%
クルド人　8.00%
アラブ人　90.22%
イスラーム教　92.43%
スンナ派　75.17%

図 4-1　シリアの宗教・宗派、民族・エスニック集団の構成

治的、社会的、あるいは経済的な機会を得ようとすること、つまりクルド民族主義者であることと同義ではない。多くのクルド人はクルド民族主義に立脚していないという現実を踏まえ、筆者が、クルド人をそのイデオロギー的志向のいかんにかかわらず十把一絡げにしてしまう「クルド（人）勢力」という言葉を避けて、PYDを「クルド民族主義勢力」と呼ぶのはそのためである。

岐路に立たされるPYD

PYDは、米国の後ろ盾を得ることで一気に勢力を拡大した。だが、それを快く思わなかったのがトルコだった。トルコは、シリア民主軍が米国主導の有志連合の「協力部隊」として国境地帯で支配地を拡げることを国家安全保障上最大の脅威とみなし、米国と次第に反目するようになった。

トルコは二〇一六年から一七年に実施した「ユーフラテスの盾」作戦で、自らが「安全地帯」と位置づけていたアレッポ県北部の国境地帯を占領下に置いた。だが、米国、ロシア、シリア政府の介入を前に、マンビジュ市一帯からシリア民主軍を排除することには失敗した（第三章六六〜六九頁、地図3-1を参照）。そのため「安全地帯」は、マンビジュ市一帯と、アフリーン市およびタッル・リファアト市一帯に展開するシリア民主軍の挟撃を受ける脅威に晒され続けた。マンビジュ市一帯の処遇をめぐって米国との軋轢が増すなかで、トルコは事態に対処するために困難な舵取りを余儀なくされた。

PYDも岐路に立たされつつあった。シリア民主軍は二〇一七年一〇月、イスラーム国の首都と目されていたラッカ市を完全制圧した（第三章六九〜七一頁を参照）。だが、この勝利はイスラーム国に対する「テロとの戦い」の終わりの始まりを意味した。むろん、シリア民主軍はその後もイスラーム国の牙城であるダイル・ザウル県南東部で戦闘を続けた（第三章七一～七七頁を参照）。だが、クルド人が居住せず、共闘・懐柔すべき反体制派や住民がほとんどいない砂漠地帯への進軍は、彼ら自身のためというよりは、この地域の油田地帯の掌握と、イランの勢力伸長阻止を目指す米国の後ろ盾を維持するための戦いだった。

民意の発揚

ＰＹＤは、その存在を既成事実化する必要に迫られた。そのために行われたのが民意の発揚だった。これは国家内国家とでも言うべき恒久的自治政体を新たに樹立する試みを通じて進められた。自治政体は、当初は「ロジャヴァ北シリア民主連邦」と名づけられた。[3]だが、拡大した支配地の非クルド人に配慮するかのように、その後、「ロジャヴァ」というクルド語が削除され、「北シリア民主連邦」に改称された。[4]二〇一七年七月二八日、北シリア民主連邦の樹立を準備する評議会は、行政区画法[5]を制定し、ハサカ県、アレッポ県北部に加えて、ダイル・ザウル県のユーフラテス川東岸地帯、そしてラッカ県各所の支配地を自らの「領土」と主張、同地で議会選挙を実施すると発表した。[6]

行政区画法は、「テロとの戦い」を通じて大幅に拡大した支配地を、地域、地区、郡、市、区、町、村、農場、コミューンという上意下達の行政単位に再編することで、自治を恒久化しようとするものだった。一方、議会選挙の実施は、二〇一七年九月二二日にコミューン首長、一一月三日に村、町、区、市、郡、地区といった自治体の議会、そして二〇一八年一月一九日に地域の議会、および連邦全体の議会に相当する北シリア民主人民大会を、行政区画法に基づいて下意上達的に選出していくという内容だった。
民意発揚の第一段階であるコミューンの首長選挙は、予定通り実施され、三七三二人の首長が選出された。第二段階である各自治体の議会選挙は、選挙管理委員会、立候補者、そして有権者の準備不足を理由に投票日が二〇一七年一二月一日に延期されたものの、大きな混乱もなく実施され、五〇三二人の議員が選出された。いずれの選挙でも、当選者のほぼ九割はPYDとその共闘組織によって占められた。▼7
これは、アサド大統領が率いるバアス党が人民議会(国会)や地方議会で常に過半数を制し、同党が主導する連立与党の進歩国民戦線が三分の二以上を占めるのに似ていた。

トルコの反発

選挙を通じた民意の発揚は順調だった。選出された各自治体議会では、正副議長が任命されるとともに、議会内で正副知事の選挙も行われ、地域の議会選挙と北シリア民主人民大会の選挙を待つばかりだった。

だが、これにトルコが待ったをかけた。「安全地帯」の東西に位置するPYD支配地への越境砲撃を頻発化させ、圧力を強めていったのだ。

米国はトルコの動きを封じようとした。国防総省は、二〇一七年一二月頃から一八年一月にかけて、イスラーム国の勢力回復を阻止するとの名目で、シリア民主軍を主体とする「国境治安部隊(border security force)」の創設を画策し、トルコ軍に対峙させようとした。国境治安部隊は三万人の兵員を擁し、シリア民主軍の制圧地域を囲い込むかたちで、トルコ、イラクとの国境地帯、そしてユーフラテス川流域に配備されるとされた[8]。

トルコのレジェップ・タイイップ・エルドアン大統領は二〇一八年一月一五日、「米国は国境地帯にテロ部隊を創設することを承認した。我々が行うべき任務は、この部隊を生き埋めにすることだ[9]」と凄んだ。こうした威嚇によっても米国のPYD支援が根本的に変わらないことは、トルコも承知していた。真の狙いは、条件闘争を行うこと、すなわちアフリーン市一帯の割譲を米国に認めさせることにあった。トルコの猛反発を受け、ティラーソン国務長官は一月一七日、国境治安部隊創設の事実を否定し[10]、国務総省報道官も「米国はアフリーンのクルド人部隊を支援しない[11]」と発言した。トルコは米国の言質を引き出すことに成功した。また、トルコに配慮するかのように、CIAは一月二四日、公式サイト内の「ワールド・ファクトブック（The World Factbook）」を更新し、シリアのPYDをクルディスタン労働者党（トルコ）と同一視して、同党と共同党首を務めるサーリフ・ムスリムをテロリストに指定した（ただしこの記載はその後削除された[12]）。

2　繰り返される自治の試み

トルコの「オリーブの枝」作戦

かくして、二〇一八年一月二〇日、トルコ軍は「オリーブの枝」作戦の開始を宣言し、アフリーン市一帯への爆撃・砲撃、地上部隊の侵攻を本格化させた。

シリア民主軍は欧米諸国から集散していた外国人戦闘員や部隊の一部をアフリーン市一帯に転戦させる一方、二〇一八年三月一九日にはダイル・ザウル県東部でのイスラーム国との戦いを中止すると発表し、トルコの侵攻は「テロとの戦い」に支障を与えると訴えた。[13] だが、米国はこうした警告に耳を傾けなかった。

一方、ロシアとシリア政府（そしてイラン）はトルコと結託した。表向きは批判的な態度をとりはしたが、トルコの侵攻を阻止しないことで見返りを得ようとしたのである。その見返りとは、ロシアのイニシアチブによる和平会議開催（第六章一六一〜一六四頁を参照）へのトルコの協力と、シリア軍によるイドリブ県東部（緊張緩和地帯第一ゾーン第一地区）の制圧だった（第七章一六八〜一七〇頁を参照）。ロシアとシリア政府はさらに、PYDに対しても、トルコの侵攻を逆手にとるかたちで、アフリーン市一帯の支配権を政府に移譲するよう求めた。[14] PYDは、アフリーン市一帯の支配権を維持したまま、シリア軍部隊の進駐を認めたものの、要求そのものは拒否し、交渉は決裂した。[15]

トルコのアフリーン市一帯占領

トルコの「オリーブの枝」作戦には、トルコ領内で訓練を受けたシリア国民軍を名乗る反体制派のシリア人戦闘員約二万五〇〇〇人も参加した。[16]

トルコの侵攻作戦に反体制派が参加したのは、これが初めてではなかった。二〇一七年から一八年にかけての「ユーフラテスの盾」作戦でも、自由シリア軍を自称するハムザ師団、スルターン・ムラード師団、シャーム戦線、ナスル軍などが、ハワール・キッリス作戦司令室（二〇一五年初めに発足）、「ユーフラテスの盾」作戦司令室などの名のもとに糾合し、トルコ軍を支援した（第三章六七〜六九頁、地図3-1を参照）。シリア国民軍は、これらの作戦司令室を母体として二〇一七年一二月三〇日に、トルコ占領下のアアザーズ市で反体制派の政治組織であるシリア国民連合が主導する暫定内閣国防省傘下の統合的な武装連合体として結成された。自由や尊厳の実現、体制転換といった「シリア革命」の理念を掲げていたが、その内実は、トルコのシリア侵攻に奉仕するための傭兵だった。そうした性格を踏まえて、欧米のメディアも彼らを「トルコの支援を受ける自由シリア軍（TFSA［Turkish-backed Free Syrian Army］）」と呼んだ。また、シリア国民軍に所属する武装集団の間では、略奪品の分配や支配地をめぐる争いが絶えず、強盗、拉致、殺人、身代金要求、略奪に手を染める戦闘員が後を絶たなかった。さらに、イスラーム国の元戦闘員を多く擁する東部自由人連合（アフラール・シャルキーヤ）も名を連ねていた。[17]

アフリーン市一帯に侵攻したトルコに対し、シリア民主軍は徹底抗戦の構えを示した。だが、トルコ軍の圧倒的な軍事力を前になす術はなかった。一方、シリア政府は、正規軍ではなく「人民部隊（al-qūwāt al-sha'bīya）」の名を冠した民兵をアフリーン市などに展開させ、「オリーブの枝」作戦に抗う姿勢を見せた。だが、対応は付け焼き刃的で、トルコ軍の進軍を食い止めるものではなかった。二〇一八年三月三日、人民部隊の拠点がトルコ軍の爆撃を受け、義勇兵三六人が死亡すると、[18]政府はトルコの占領を許した。ロシア軍もトルコ軍の進軍を阻止する目的でアフリーン市一帯に進駐させていた部隊を撤退させた。

トルコ軍は二〇一八年三月四日までにアフリーン市北の国境地帯全域を制圧し、三月一八日に同市を陥落させた。同市一帯は「オリーブの枝」地域（地図0-2を参照）と呼ばれ、トルコの占領下に置かれた。トルコの侵攻に伴い、一月一九日に予定されていた北シリア民主連邦構成地域の議会選挙と、北シリア民主人民大会の投票の無期延期が決定され、PYDは北シリア民主連邦構想の断念を強いられた。

PYD主導の北・東シリア自治局

ところで、この間、トランプ大統領は、イスラーム国に対する「テロとの戦い」が最終局面を迎えていたことを受けて、駐留部隊を撤退させる意思を示すようになっていた。シリア民主軍を主体とする国境治安部隊設置の試みは、米軍の任務を代行させようとするものだった。また、部隊駐留にかかる負担軽減も試みられ、サウジアラビアなどのアラブ湾岸諸国が資金拠出や部隊派遣を求められた[19]。これに対して、トルコは、アフリーン市一帯以外の地域からもPYDを排除する必要があると主張し、米国をさらに厳しく追及した。

米国とトルコは二〇一八年六月四日、マンビジュ市一帯の処遇にかかる行程表に合意し、歩み寄りを試みた[20]。これは、PYDが擁するYPG（人民防衛隊）のマンビジュ市一帯からの撤退、「ユーフラテスの盾」地域との接触線での合同パトロールの実施、米軍監視所の設置を骨子としていた。だが、最重要項目であるYPGの撤退は一向に履行されなかった。シリア民主軍傘下の民兵の一つであるマンビジュ軍事評議会はYPGの顧問を退去させたと宣言したが[21]、アフリーン解放軍団を名乗る組織が、トルコ軍やその支援を受ける反体制派への攻撃を繰り返した。トルコは米国が合意を遵守していないと批判し、一二月に入ると、新たな侵攻作戦を準備して再び米国に圧力をかけた。

トルコと米国の確執が続くなかで、翻弄されたのはPYDだった。北シリア民主連邦として再編されるはずだった支配地は、その後しばらく、捉えどころのない多重統治の下に置かれた。西クルディスタン移行期民政局の暫定自治は継続される一方で、アラブ人が多いラッカ県、ダイル・ザウル県の各所には民政評議会が設置され、自治を担った。その一方で、シリア民主軍の政治部門であるシリア民主評議会が、シリア政府への接近を試み、米国を牽制する動きを見せた。

シリア政府とシリア民主評議会は二〇一八年七月に代表者会合を行い、シリア民主軍の支配下にあるルマイラーン油田（ハサカ県）やタブカ・ダム（ラッカ県）の共同管理、ハサカ県産原油の政府支配地での精製、ハサカ市とカーミシュリー市での合同検問所の設置など、経済、治安面で関係を強めるようになった。だが、自治や分権制をめぐる協議は難航した。八月に行われた代表者会合において、政府は中央集権体制下での地方自治拡大を提案し、シリア民主評議会に国家の枠内で活動するよう求めた。これに対して、シリア民主評議会は、中央政府を置かない連合制（confederalism）への移行に固執した。両者の協議は、政府支配地での統一地方選挙（九月一六日投票日）の日程を見据えて繰り返され、一時はシリア民主評議会の選挙への参加の可能性も取りざたされた。だが、シリア民主評議会は最終的に選挙をボイコットし、政府の支配を受け入れることを拒否した。

それだけでなく、シリア民主評議会は投票日直前の二〇一八年九月六日、新たな自治政体として北・東シリア自治局の樹立を宣言した。この機関は、西クルディスタン移行期民政局や各地の民政評議会の代表七〇人からなる意思決定機関の総務評議会（議会に相当）と、一六の委員会と局（省に相当）から構成される執行機関の執行評議会（政府に相当）を持ち、一二月に活動を開始した。▼22

北・東シリア自治局の発足を受けて、シリア政府とPYDの関係は一時緊張し、シリア軍とシリア民主軍との間で散発的な衝突も発生した。だが、両者はある国の行動を前にほどなく歩み寄っていった。

トランプ大統領による米軍撤退決定とその撤回

ある国とは米国だった。PYDがトルコとシリア政府の板挟みになるなかで、本来であれば、最大の後援者である米国が支援の手を差し伸べてしかるべきだった。だが、トランプ大統領は真逆の行動をとった。二〇一八年一二月一九日、彼は、政権内の反対意見を押し切るかたちで駐留米軍の即時完全撤退を決定し、一部の部隊の撤退を開始したと発表したのだ[23]。

決定は、何よりもトルコを利するものだった。さらなる侵攻作戦の実施への青信号と理解し得るものだったからだ。事実、トルコ軍は国境地帯に部隊を増派する一方、米軍の撤退完了を合図に侵攻を開始する構えを見せた。

これに対して、シリア民主軍は「背中を刺された[24]」と不快感を露わにした。シリア民主評議会も、「シリア北部情勢を掌握できなくなれば、収監中のイスラーム国の戦闘員を拘置し続けられなくなる[25]」と脅迫した。それだけではなかった。シリア民主軍は「米国がいなくなればシリア国旗を掲げる[26]」と表明し、シリア政府とロシアに歩み寄る姿勢を見せたのだ。

これに応えるかのように、シリア軍は二〇一八年一二月二八日に声明を出し、M4高速道路沿線のマンビジュ市とバーブ市のほぼ中間に位置するアリーマ町（アレッポ県）一帯に展開したと発表した[27]。また、二〇一九年一月になると、ロシア軍憲兵隊も同地に展開し、シリア民主軍傘下の民兵の一つであるバーブ軍事評議会と合同パトロールを実施し、トルコ軍の侵攻を抑えようとした。

マティス国防長官やブレット・マクガーク大統領特使の辞任を招いたトランプ大統領による撤退決定は、撤退の日程や部隊の撤退先をめぐる調整が進められる過程で、徐々に語気が薄められていった。そして二〇一九年二月二二日、トランプ大統領が「方針は覆していない（中略）。だが、我々は、NATOの部隊であれ何であれ、他国の部隊とともに小規模な部隊を残すことはできる」[28]と発言することで、事実上撤回された。

アダナ合意再生の試み

思惑が外れたトルコは、PYDの支配地であるシリア北東部に新たな「安全地帯」を設置するべく、再び米国に働きかけるようになった。そして、米国とトルコの不和の間隙を縫って動いたのがロシアだった。ロシアのプーチン大統領は二〇一九年一月二三日、トルコのエルドアン大統領とモスクワで会談し、米国に先んじて「安全地帯」の設置に賛同した。それには裏があった。アダナ合意に基づいて「安全地帯」を確保するよう提案し、トルコとシリア政府の関係正常化への布石を打とうとしたのだ。

アダナ合意は、クルディスタン労働者党（トルコ）に対するシリア（ハーフィズ・アサド前政権）の支援を阻止するため、トルコが国境地帯に部隊を展開して圧力をかけたのを受けて、一九九八年にエジプトの仲介によりトルコとシリアの間で交わされた合意で、シリア国内でのクルディスタン労働者党の活動を認めないこと、そして、メンバーの身柄をトルコ側に引き渡すことを骨子とした[29]。

トルコはロシアの提案に前向きな姿勢を示し、米国とロシアを天秤にかけながらシリア北東部に介入する機会を窺うようになった。一方、シリア政府もロシアの提案に乗った。かくして、トルコと政府は、

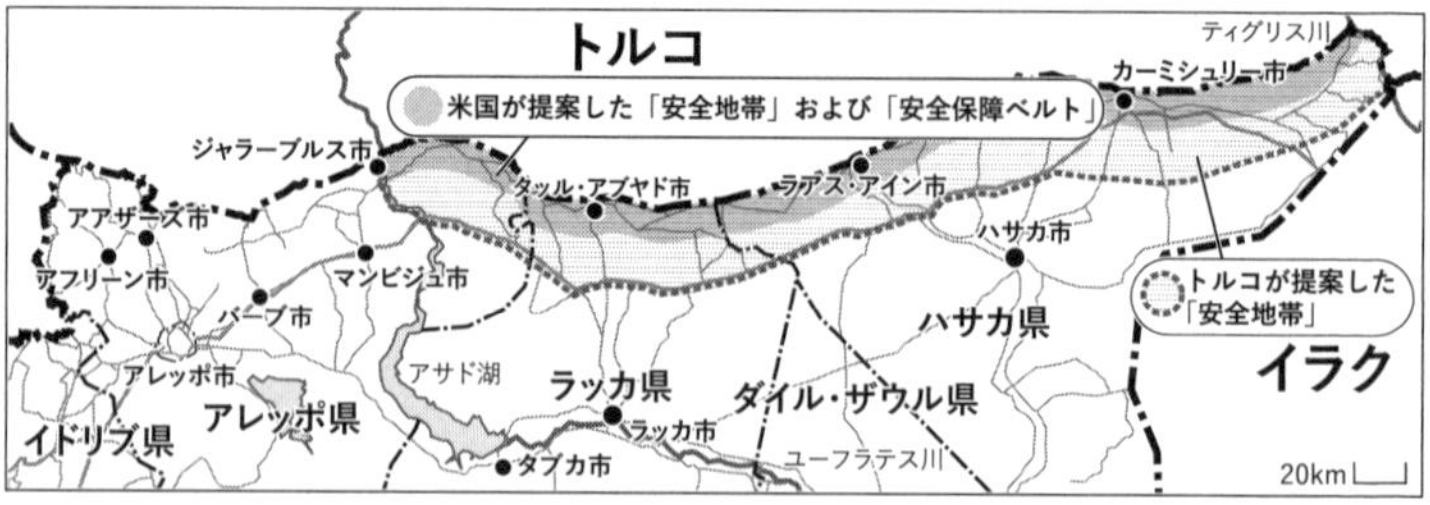

地図 4-1 「平和の泉」作戦における「安全地帯」

ロシアの仲介のもとに間接的折衝、低級レベルの連絡を活発化させ、米国の影響力を削ごうとした。ＰＹＤは、トルコの軍事的脅威と、政府とロシアの懐柔の誘いに晒されるようになった。

「安全地帯」をめぐる齟齬

対する米国は二〇一九年八月七日、駐トルコ米大使館がトルコ国防省との折衝で、「安全地帯」を設置するためトルコ領内に早急に合同作戦センターを立ち上げ、同地帯を「平和の回廊」とすることで、シリア難民を帰国させる努力を行うことを合意したと発表した。▼30 これを受けて、米軍使節団が八月一二日、合同作戦センター開設のため、トルコのシャンルウルファに入った。また、ＰＹＤが主導する北・東シリア自治局と米軍は八月末、タッル・アブヤド市（ラッカ県）一帯とラアス・アイン市（ハサカ県）一帯で、シリア民主軍が拠点や重火器を撤去したと発表し、▼31 九月に入ると米・トルコ両軍による合同パトロールも開始された。

だが、「安全地帯」の内容をめぐってトルコと米国の認識には大きな隔たりがあった。米国が目指した「安全地帯」は、幅五キロの「安全地帯」と幅一三キロの「安全保障ベルト（security belt）」の二層からなっていた。シリア民主軍は「安全地帯」からの撤退を求められていたが、

「安全保障ベルト」においては重火器の配備を禁じられていただけだった。また、トルコは「安全地帯」で米軍との合同パトロールを認められていたが、「安全保障ベルト」への進入・展開は認められなかった。一方、トルコは幅三二キロの「安全地帯」を設置し、そこからシリア民主軍を完全に排除するとともに、同地で開発プロジェクトを推し進め、シリア難民一〇〇万人を帰還させることを目指した（地図4－1を参照）。

シリア民主軍の撤退は依然として部分的で、米軍による彼らへの兵站支援も続いていた。懸念と不満が解消されないトルコは再び軍事侵攻を行うとの強気の姿勢を示すようになった。

3　北東部の再編と続く確執

トランプ大統領の決断とトルコの「平和の泉」作戦

トルコと米国の駆け引きが暗礁に乗り上げるなかで、決断を下したのはトランプ大統領だった。二〇一九年一〇月六日、エルドアン大統領との電話会談で、シリア北東部へのトルコの侵攻に異議を唱えつつも、ホワイト・ハウスが言うところの「隣接地域（immediate area）」[32]から駐留部隊を撤退させることに同意したのである。

二〇一八年一二月の撤退決定とは異なり、米軍は撤退を開始した。二〇一九年一〇月末までにマンビジュ市、ハッラーブ・ウシュク村（アレッポ県）、タブカ市に設置していた基地、スィッリーン町やタッル・バイダル村（ハサカ県）の航空基地を放棄した。

トランプ大統領による二度目の撤退決定からたった三日後の二〇一九年一〇月九日、トルコは北東部への侵攻作戦を開始した。「平和の泉」と名づけられた作戦で、トルコ軍は、タッル・アブヤド市一帯とラアス・アイン市一帯に対して激しい爆撃・砲撃を行い、地上部隊を侵攻させ、作戦開始から五日も経ずして両市を制圧した。作戦には、シリア国民軍も動員され、トルコ軍を支援した。そのなかには、イドリブ県で活動していた反体制派（国民解放戦線）の戦闘員も含まれていた（第八章二一一～二一二頁を参照）。

シリア民主軍は応戦したが、戦力の差は歴然で、トルコ軍は「安全地帯」の南端を走るM４高速道路に向かって、制圧地を拡大していった。トルコ軍の爆撃・砲撃は、ＰＹＤが主導する北・東シリア自治局とシリア政府が共同統治（分割統治）するハサカ県のハサカ市やカーミシュリー市にも及んだ。だが、標的は北・東シリア自治局の支配地に限定された。こうしたなかで、シリア民主軍は二〇一九年一〇月一三日、トルコ軍に対抗するため、ロシアと政府の威を借りることを決断した。ロシアの仲介のもとに政府と協議し、国境地帯へのシリア軍の展開を認めることに合意したのである。[33]

トルコ軍の侵攻に対して、西欧諸国、アラブ湾岸諸国は、シリア民主軍の粉砕はイスラーム国の脅威の再生をもたらす、北・東シリア自治局がイスラーム国の戦闘員や家族を収容する能力を失う、難民の帰還が阻害されると批判した。[34] しかし、エルドアン大統領は「ＥＵがトルコの作戦に反対すれば、難民を送り込んでやる！」[35]と一蹴した。

侵攻のきっかけを作った米国も、同様の批判を繰り返し、大統領令第一三八九四号[36]を施行し、トルコの国防省、エネルギー天然資源省、内務大臣、国防大臣、エネルギー天然資源大臣に対する経済制裁を発動した。だが、それはかたちばかりで、トルコを静止しようとしているようには到底見えなかった。このことは、「クルド人は好きだが、彼らは第二次大戦で米国を助けてはくれなかった」[37]というトランプ大統領の発言からも感じ取れた。

これに対して、ロシアはトルコに親和的な姿勢を示した。プーチン大統領はエルドアン大統領との電話会談で、シリアの主権、領土統一、地域の平和を尊重し、シリア危機の解決の取り組みを阻害しないよう強調しつつも、「トルコが安全保障を確保することの必要性」[38]に理解を示した。

米国とロシアの介入

作戦開始から約一週間後の二〇一九年一〇月一七日、マイク・ペンス米副大統領はトルコの首都アンカラを訪問し、エルドアン大統領と会談、シリア民主軍をタッル・アブヤド市とラアス・アイン市の周辺地域から撤退させるため、一二〇時間（一〇月二二日まで）の停戦を実施することに合意した。シリア民主軍は米国の要請を受けて、戦闘停止を発表し、撤退を開始した。[39]

ロシアも介入した。プーチン大統領は米国とトルコの停戦合意が失効する二〇一九年一〇月二二日、エルドアン大統領とロシアの保養地ソチで会談し、停戦合意を交わした。その内容は、①タッル・アブヤド市からラアス・アイン市に至る幅三二キロの地域の現状（トルコの占領）を維持する、②シリア・ロシア両軍は同地以外の国境地帯に展開し、幅三〇キロ以内の地域からのシリア民主軍の撤退を促す、③国境から幅一〇キロ以内の地域でトルコとロシアは合同パトロールを実施する、④ロシアは現状を踏まえたかたちでのアダナ合意の実施を目指すことを骨子とした。[40]

トルコ国防省は二〇一九年一〇月二三日、ロシア、さらには米国との合意に基づき「平和の泉」作戦の終了を発表した。[41]「平和の泉」地域（地図0‐2を参照）と呼ばれることになる新たな占領地を得たトルコは、「ユーフラテスの盾」地域や「オリーブの枝」地域と同様に、大学や病院を建設し、生活・社会インフラを整備するとともに、トルコ・リラを流通させるなどして、政治的、経済的に従属させていった。また、「ユーフラテスの盾」作戦や「オリーブの枝」作戦の時と同じく、「平和の泉」作戦に参加したシリア国民軍の戦闘員に治安維持活動をアウトソーシングしていった。トルコはさらに、この地域をPYDやクルディスタン労働者党（トルコ）に対する安全保障上の盾として利用するだけでなく、トルコに流入した三五〇万人以上[42]とされるシリア難民の一部を押し返すための緩衝地帯とするべく整備を進めた。エルドアン大統領は一一月一〇日、「オリーブの枝」地域、「ユーフラテスの盾」地域に加えて、「平和の泉」地域に帰国したシリア難民は三六万五〇〇〇人に達していると発表した。[43]

一方、トルコの占領を免れた国境地帯では、シリア民主軍がロシアとトルコの停戦合意に従い、部隊を撤退させ、代わって二〇一九年一一月末までにシリア・ロシア両軍が展開した。そのなかには、米軍が撤退した都市や村も含まれていた。シリア軍はまた、停戦合意に含まれていなかったラッカ市、タブカ市にも進駐し、北・東シリア自治局の支配下にあったサウラ油田（ラッカ県）を掌握した。シリア軍とシリア民主軍はさらに一一月一六日、M4高速道路沿線全域からのシリア民主軍の撤退と同地へのシリア・ロシア両軍の展開にも合意し、二〇二〇年一月までにM4高速道路のアレッポ市からハサカ市に至る区間が再開通された。両者はまた、五月にロシアの仲介で、M4高速道路のハサカ市からイラク国境のヤアルビーヤ町（ハサカ県）に至る区間を再開通することに合意し、実施に移した。[44]

油田防衛を口実とする米国の駐留継続決定

だが、こうした動きは、これらの地域でシリア政府が排他的支配を回復したことを意味しなかった。そこでは、北・東シリア自治局やその傘下の民政評議会の自治が維持され、シリア民主軍やアサーイシュ（Asayiş）」（クルド語で「治安」の意）と呼ばれる治安部隊も残留し、ハサカ市やカーミシュリー市と同様の共同統治（分割統治）が行われるようになった。

「平和の泉」作戦が終了した翌日、シリア民主軍報道官は「政治的関係が正常化した後にシリア軍に加わる用意がある」[45]と述べ、シリア政府に歩み寄る姿勢を示した。政府側の国防省と内務省もこれに応えるかたちで二〇一九年一〇月三〇日に声明を出し、シリア民主軍とアサーイシュにシリア軍・治安部隊への合流を呼びかけた。[46]

だが、米国がこの動きに待ったをかけた。トランプ大統領は二〇一九年一〇月二一日、「一定数の米軍部隊を、これまでとはまったく異なった場所、ヨルダンやイスラエルの国境近くに展開させることになる（中略）。また、別の部隊も駐留させ、石油の防衛にあたる」[47]と述べていたのだ。シリアの石油は、南東部の油田地帯を掌握していたイスラーム国にとっての主要な資金源とされた。それゆえ、油田地帯への部隊駐留は、イスラーム国の再台頭を阻止することが目的とされた。だが、イスラーム国の弱体化が顕著ななかで、それはこじつけにしか聞こえなかった。

いずれにせよ、トランプ大統領の発言に沿って、米軍は南東部のＣＯＮＯＣＯガス田、ウマル油田

（いずれもダイル・ザウル県）、ルマイラーン油田（ハサカ県）などに再展開した。シリアに残留・再展開した米軍部隊の規模は定かではない。マーク・エスパー国防長官は六〇〇人が駐留していると発表した。[48]だが、米国務省シリア問題担当特使を務めてきたジェームズ・ジェフリーは二〇二〇年一一月一二日、トランプ政権に対してシリアに駐留する米軍部隊の数を実際よりも少なく報告していたと暴露した。[49]

トランプ大統領によるこの二度目の撤退撤回によって米国の軍事的な後ろ盾をつなぎ止めたと判断したPYDは、シリア政府とロシアへの態度を硬化させていった。シリア民主軍総司令部は二〇一九年一〇月三〇日に「政治的関係の正常化と、シリア民主軍の特性と組織構造の維持が起点とならねばならない」[50]と表明し、シリア軍への合流を拒否した。また、シリア民主軍のマズルーム・アブディー総司令官は一一月六日、「有志連合との一連の会合を経て、我々は有志連合との合同プログラムの再開を宣言する」[51]と正式に発表し、米軍を支援し続ける姿勢を示した。

シリア政府とPYDは接触を続けたが、両者の溝が埋まることはなかった。北・東シリア自治局は二〇一九年一一月一五日に声明を出し、政府との間で、軍事・治安面に限って折衝を続けていることを認めつつ、「このプロセスの成否は二つの基本的な側面、すなわちアサド政権側に欠けている真剣さ、そしてシリアで活動するロシアを筆頭とする勢力の役割にかかっている」[52]と述べた。また、一二月半ばには、シリア民主軍のアブディー総司令官が、カーミシュリー市を訪問したシリアの諜報部門のトップであるアリー・マムルーク国民安全保障会議議長と会談した。ロシアが仲介したこの会談で、アブディー総司令官はシリア民主軍を「未来のシリア軍[53]」として維持するよう求めた。

続く小競り合い

米国がシリア国内に部隊を残留させたことで、米国とシリア政府、ロシアとの間に新たな軋轢が生じた。有志連合の駐留を政府の許可を得ていない非合法な占領だと主張してきたシリア政府とロシアは、油田地帯への部隊残留決定を受けて、米国がシリアから石油を略奪していると非難するようになった。▼54

これに対して、米軍は二〇二〇年一月頃から、ハサカ県内の油田地帯に加えて、マーリキーヤ市近郊、ハイムー村、アームーダー市近郊、ヤアルビーヤ町近郊、ティグリス川河畔で北・東シリア自治局が運営するスィーマルカー国境通行所（いずれもハサカ県）一帯などに基地を設置し、同地一帯の街道やM4高速道路でパトロールを行うロシア軍部隊の移動を阻止した。

当初は米軍の妨害を前に、ロシア軍部隊が現場を立ち去ることで事なきを得ていた。だが、ほどなく、シリア政府支配地の住民やシリア軍が米軍に抵抗するようになった。二〇二〇年二月一二日、M4高速道路沿線のヒルバト・アンムー村とハームー村（いずれもハサカ県）に設置されたシリア軍検問所前に住民数百人が集まり、米軍の車列の通過を阻止したのである。米軍は実弾や発煙弾を発射し、対抗した。だが、これにより一人が死亡すると、住民は軽火器などで応戦し、車輛四輌を破壊した。米軍は戦闘機を派遣し、ヒルバト・アンムー村の農地を三回にわたって爆撃した。▼55 同様の抵抗は三月にも発生した。

二〇二〇年五月に入ると、ロシア軍が加わり、米軍展開地域でパトロールを活発化させた。米軍は自らのパトロール部隊を護衛するためにヘリコプターを投入し、ロシア軍を牽制した。また、PYDの影響力が強いマーリキーヤ市やマアバダ町（ハサカ県）近郊では、住民がロシア軍部隊に対峙し、車列の通行や基地建設に反対した。

ロシア軍部隊と米軍部隊は合同パトロールの実施を模索することで緊張緩和を試みた。だが、対立は解消しなかった。二〇二〇年七月二二日、タッル・タムル町（ハサカ県）近郊でパトロール任務に就いていた米軍装甲車一輌がロシア軍のパトロール部隊を排除しようとしてカーチェイスとなり横転、米軍兵士一人が死亡した。[56] また八月一七日には、タッル・ザハブ村（ハサカ県）の検問所に進駐するシリア軍部隊が米軍パトロール部隊の通行を阻止し、口論となったことを受け、米軍戦闘機が検問所を爆撃してシリア軍兵士一人が死亡、二人が負傷した。[57] さらに、八月二五日にもマーリキーヤ市近郊の農地で、ヘリコプターの支援を受けたロシア軍部隊が米軍検問所を突破し、米軍車輌を追い立て、米軍兵士に負傷者が出た。[58]

二〇二〇年九月になると、ロシア軍と米軍の小競り合いは空中へとその場を拡げた。九月一六日、米軍ヘリコプター二機が、ハサカ県北東部の油田地帯に進入したロシア軍憲兵隊のパトロール部隊を低空で威嚇したが、ロシア軍ヘリコプター三機が介入し、米軍ヘリコプターを排除した。[59] 一〇月三日にもルマイラーン町近郊でロシア軍と米軍の部隊を護衛するヘリコプターどうしが対峙した。[60]

米軍、ロシア軍、シリア軍の小競り合いは、米軍が二〇二〇年一〇月にM2ブラッドレー歩兵戦闘車を配備し、パトロールに参加させることで収束した。だが、北東部の治安は、これらの軍が混在することで依然として不安定な状態が続いた。

トルコの圧力

一方、シリア北部の「平和の泉」地域を占領下に置いたトルコではあったが、安全保障上の脅威が完全に払拭されたとは見ていなかった。トルコの占領を免れた国境地帯にはシリア軍、ロシア軍、そして米軍が展開していたが、PYDが主導するシリア民主軍は依然として同地で活動を続けることができたからだ。とりわけ、「平和の泉」地域に隣接し、北・東シリア自治局の本部（執行評議会議長府）が置かれているアイン・イーサー市（ラッカ県）とその東西に延びるM４高速道路沿線は、シリア軍だけでなく、シリア民主軍が随所に拠点を維持していたこともあり、緊張状態が続いた。

トルコは、二〇一九年一一月二六日、タッル・リファアト市とマンビジュ市からテロリストが排除されるまで「平和の泉」作戦を継続すると表明し、主に二つの策で、シリア民主軍に圧力をかけ続けた。

第一は、ハサカ市およびその周辺の農村地帯への飲料水供給の停止である。同地は、ラアス・アイン市近郊に位置するトルコ占領下のアルーク村（ハサカ県）の揚水所からの水道供給に多くを依存していた。トルコ軍とシリア国民軍は、二〇一九年一〇月から二〇年末までに一七回にわたって揚水施設の稼働を停止したほか、管水路や送電線を破壊し、嫌がらせを行った。[61]

第二は、アイン・イーサー市一帯、タッル・タムル町一帯、マンビジュ市一帯のM４高速道路沿線やタッル・リファアト市一帯のシリア民主軍の拠点を狙った砲撃やドローンによる爆撃である。攻撃では、シリア軍の将兵が犠牲になることもあったが、シリア政府が報復に訴えることはなかった。また、二〇二〇年七月一六日には、ロシア軍の兵士がダルバースィーヤ市（ハサカ県）とハサカ市を結ぶ街道でトルコ軍のドローンの攻撃を受けて負傷し、八月一五日と一七日にはロシア軍がアームーダー市とアイン・アラブ市の上空に飛来したトルコ軍ドローンを撃破するという事件が発生した。だが、ロシア軍は、トルコ軍ではなくシリア民主軍に対応を迫った。ロシア軍は一二月、アイン・イーサー市近郊にシリア軍との合同監視所を設置させるとともに、シリア民主軍に対して同市からの撤退を迫るようになったのである。[62]

米国、ロシア、トルコといった国々がせめぎ合い、シリア政府、ＰＹＤが交錯するこの地域で、損な役回りをさせられるのは、常にもっとも弱いＰＹＤだった。

第五章　イランの封じ込め——イスラエルへのアウトソーシング

UNHCR（国連難民高等弁務官事務所）などの支援を受けて設営されたルクバーン・キャンプには、5万人を超す国内避難民が身を寄せた（2017年2月14日、ヒムス県）

トランプ政権は、イスラーム国の撲滅に次いで、イランの影響力拡大阻止を中東政策における第二の優先課題とした。この方針はシリアではどのように作用したのだろうか。

1　五五キロ地帯をめぐる攻防

「イランの民兵」とは

イランの影響力拡大阻止は、強硬かつ好戦的な政策を通じて推し進められた。トランプ大統領は、オバマ政権時代のイランに対する融和的な姿勢を改め、二〇一八年五月にイラン核合意から離脱、二〇一九年五月にイラン産原油輸出禁止の適用除外を撤廃し、経済制裁を再開した。二〇一九年四月には米国務省がイラン・イスラーム革命防衛隊をFTO（外国テロ組織）に指定した。六月から七月には、ホルムズ海峡での日本のタンカーへの攻撃、英国籍船の拿捕、および米海軍によるイランのドローン撃墜が発生し、九月にはイランの支援を受けるイエメンのアンサール・アッラー（フーシー派という「蔑称」で知られる）がサウジアラビア東部の国営石油会社サウジアラムコの施設をドローンで攻撃、トランプ政権はいずれもその背後にイランがいると断じた。そして二〇二〇年一月には、米軍はイラクのバグダード国際空港でイラン・イスラーム革命防衛隊ゴドス軍団のガーセム・ソレイマーニー司令官と、イランが支援するイラク人民動員隊のアブー・マフディー・ムハンディス副司令官を暗殺した。

　こうした強硬策は、シリアでは「イランの民兵」との対峙というかたちをとった。「イランの民兵」とは、シーア派宗徒と聖地を防衛するとして、イランの支援を受けてシリアに集結し、シリア・ロシア両軍と共闘した外国人（非シリア人）民兵の総称である。イラン・イスラーム革命防衛隊、その精鋭部隊であるゴドス軍団、イランが支援するレバノンのヒズブッラー、イラク人民動員隊、アフガニスタン人民兵組織のファーティミーユーン旅団、パキスタン人民兵組織のザイナビーユーン旅団などを指す。「シーア派民兵（al-milīshiyāt al-shīʿīya）」と称されることもあるが、「イランの民兵」という呼称とともに、反体制派、欧米諸国、アラブ湾岸諸国、トルコによる蔑称である。▼1「イランの民兵」、「シーア派民兵」は、シリア政府側においては、「同盟部隊」（あるいは「同盟者部隊」）と呼ばれた。これらの組織のうち、対イスラエル武装闘争を長らく主導してきたヒズブッラーは、シリア、そしてイランとともに「抵抗枢軸（反イスラエル陣営）」を自称している。つまり、「イランの民兵」の存在は、米国の最大の同盟国であるイスラエルの安全保障に直結していた。

　なお、「イランの民兵」のほかにも、シリア軍を支援する民兵組織は多く存在する。イラン・イスラーム革命防衛隊が設立時の教練を支援した国防隊に代表されるシリア人民兵組織、ロシアのイニシアチブのもと、この国防隊やシリア政府との和解に応じた反体制派の戦闘員を主体に結成されたシリア軍第五軍団、ロシア軍の支援を受けるパレスチナ人民兵組織のクドス旅団（第七章一七八～一七九頁を参照）などである。

イラン版一帯一路の阻止

トランプ政権のイラン封じ込め策がもっとも端的に表れたのが、シリア南部のタンフ国境通行所とその周辺地域からなるいわゆる五五キロ地帯への対応だった。この通行所は、米国が自由シリア軍を自称する諸派を支援して二〇一六年三月に掌握し、英国、フランスとともにシリア領内に最初に基地を設置した場所だった。▼2

タンフ国境通行所は、米国の同盟国であるヨルダンへのイスラーム国の勢力伸張を回避するだけでなく、イランの勢力拡大を阻止するうえで重要な戦略的要衝だった。なぜなら、シリアの首都ダマスカスとイラクの首都バグダードを最短で結ぶ国道二号線上に位置するこの通行所がシリア政府によって奪還されれば、レバノンの首都ベイルート、ダマスカス、バグダード、そしてイランの首都テヘランが陸路で結びつき、イラン版の「一帯一路」（あるいはヨルダンのアブドゥッラー二世国王が二〇〇四年に述べた「シーア派三日月」［al-halāl al-shīʻī］）▼3の成立を許すことになるからである。

タンフ国境通行所を掌握した米国だったが、当初、その前途は多難だった。全土奪還を目指すシリア・ロシア両軍と「イランの民兵」が同地を虎視眈々と狙っていたからである。そこで米国は、英国やヨルダンとともに、タンフ国境通行所の制圧に参加した自由シリア軍を自称する諸派をイスラーム国に対する「テロとの戦い」における「協力部隊」とみなして、支援した。支援を受けたのは、東部獅子軍、殉教者アフマド・アブドゥー軍団、カルヤタイン殉教者、革命特殊任務軍などだった（図1－1を参照）。彼らは二〇一七年三月、ダマスカス郊外県南東部からヒムス県南東部にかけて拡がるハマード砂漠からイスラーム国を掃討するとして、「ハマード浄化のために我らは馬具を備えし」作戦司令室を結成した（五月に「土地は我らのものだ」作戦司令室に再編）。だが、真の目的がタンフ国境通行所の防衛にあったことは言うまでもなかった。

「ハマード浄化のために我らは馬具を備えし」作戦司令室は、東カラムーン地方（ダマスカス郊外県）のイスラーム国の支配地を順調に制圧し、支配地を拡大していった。これに対抗したのが、シリア軍と「イランの民兵」だった。二〇一七年五月下旬、両部隊は、スワイダー県とダマスカス郊外県中部から東進し、イスラーム国だけでなく、「ハマード浄化のために我らは馬具を備えし」作戦司令室も放逐し、タンフ国境通行所に迫ったのである。

これに対して米軍が直接介入した。二〇一七年六月六日、「自衛権を行使する」[4]として、シリア軍と「イランの民兵」の車列や拠点を空爆、六月八日と二〇日にも「イランの民兵」のドローンを撃墜し、同地に接近しないよう警告した。シリア軍と「イランの民兵」は、タンフ国境通行所の掌握を断念した。だが、六月一〇日、タンフ国境通行所を迂回して国境に到達し、一八日に国境に到達したイラク軍とイラク人民動員隊の合同部隊と対面した。これにより、イラン版「一帯一路」の橋頭堡を確保するとともに、ユーフラテス川以西のイスラーム国支配地と「ハマード浄化のために我らは馬具を備えし」作戦司令室の支配地を引き離すことで、同地でのイスラーム国に対する「テロとの戦い」から米国主導の有志連合を締め出した。

シリア軍と「イランの民兵」はその後、二〇一七年一〇月までに「ハマード浄化のために我らは馬具を備えし」作戦司令室の支配下にあったヨルダン国境のすべての国境監視所を制圧し、同作戦司令室の支配地を縮小させていった。だが、米国は、タンフ国境通行所から半径約五五キロの地域が、領空でのロシアとの偶発的衝突を回避するために二〇一五年一〇月に交わした合意に基づいて設定された「非紛争地帯（de-confliction zone）」[5]に含まれると主張するようになり、同地へのシリア軍、「イランの民兵」の接近を阻止する姿勢を堅持した。二〇一七年末頃から、この地域は五五キロ地帯と呼ばれるようになった（地図5－1を参照）。

ルクバーン・キャンプをめぐる争い

五五キロ地帯は、二〇一七年六月までにシリア政府支配地によって包囲され、孤立した。だが、そこには米軍にとって利用価値のあるカードが存在した。国内避難民である。

イスラーム国が二〇一四年に勢力を伸張し、多くのシリア軍との激しい戦闘の末、ヒムス県東部、ラッカ県、そしてダイル・ザウル県を支配下に置くと、多くの住民がヨルダンに向けて避難した。だが、このときすでに六〇万人以上[6]のシリア難民を受け入れていたヨルダンは、難民に対する門戸を閉ざした。越境を断念した避難民は、ヨルダン北東部のルクバーン地方に面する両国国境の緩衝地帯に留め置かれることになった。UNHCR（国連難民高等弁務官事務所）などの支援を受けてここに設営されたのがルクバーン・キャンプだった。

キャンプには、国内避難民五万人（あるいは一〇万人とも言われる）[7]が身を寄せるとともに、米国の「協

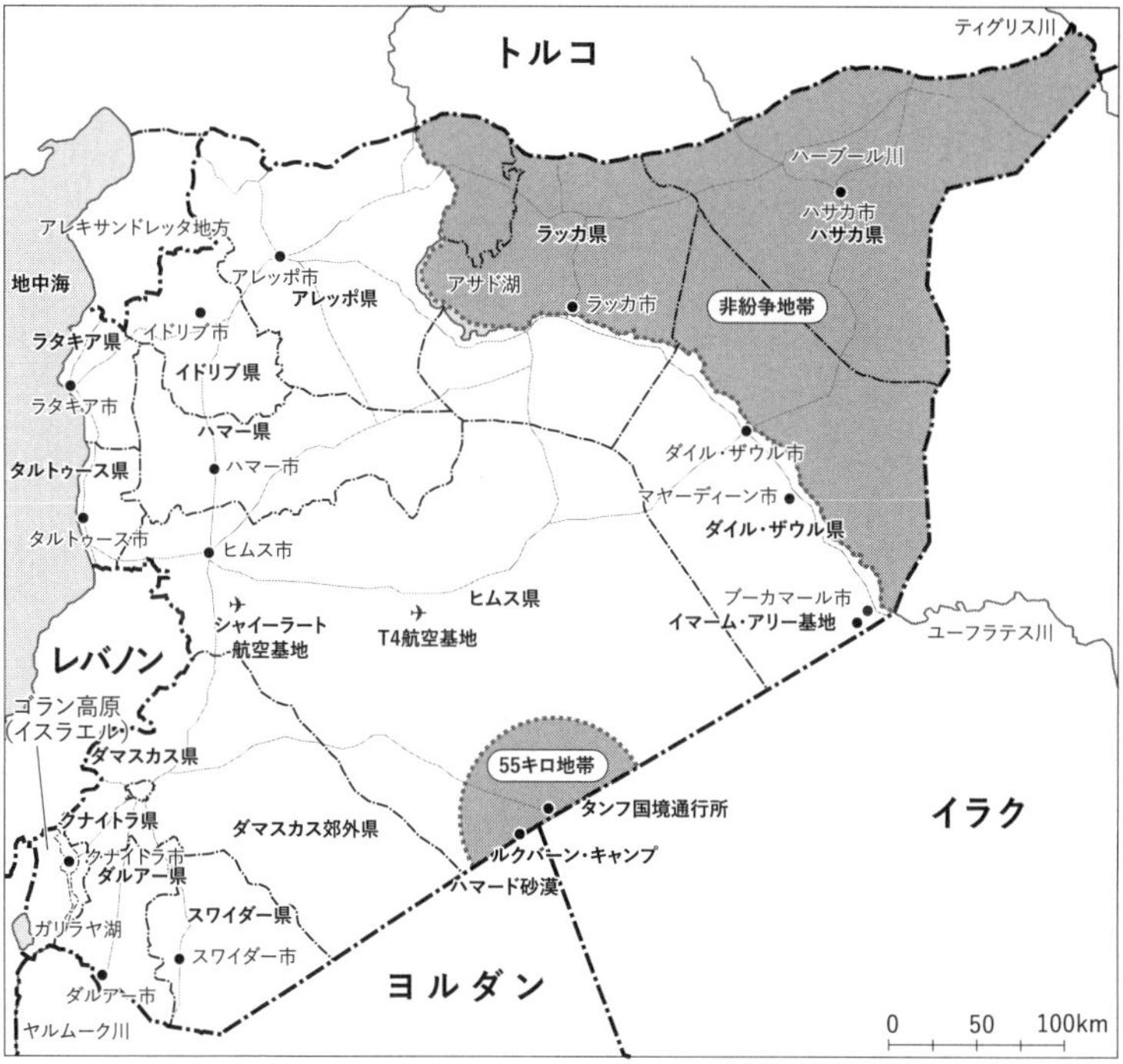

地図 5-1　米国とロシアが設定した非紛争地帯

力部隊」となった革命特殊任務軍や殉教者アフマド・アブドゥー軍団が拠点を置いた。ヨルダンは、同地にイスラーム国のスリーパー・セルが浸透していると主張し[8]、キャンプへの支援に否定的な姿勢を示した。欧米諸国も支援には消極的だった。シリア政府支配地からの支援も届かず、国内避難民は深刻な人道危機に苦しむことになった。

シリア軍が反体制派支配地を包囲し、人道支援を妨害し、人々を飢餓に追い込んでいるように見えた。だが、事実は逆だった。シリア政府とロシアは、UNHCRとともに、人道支援に向けた努力を重ねたが、キャンプへの接近を禁じる米国と反体制派がこうした試みをことごとく阻止した。米国が、五五キロ地帯を経由したUNHCRとシリア赤新月社によるキャンプへの物資搬入や医療支援を許可したのは二〇一八年を通じてたった一度（一一月）だけだった[9]。

シリア政府とロシアは、反体制派によって国内避難民が人間の盾として利用されていると非難し[10]、国内避難民の脱出を促すことで、米国に揺さぶりをかけた。政府は二〇一九年二月一六日、ロシアとともにルクバーン・キャンプに至る「人道回廊」を設置し、三月一日には国内避難民を移送するための人道移送団を結成、政府支配地への国内避難民の移送を開始した。ロシアの難民受入移送居住センターによると、同年末までに一万九〇四五人が移送された[11]。

だが、約二万八〇〇〇人はキャンプを支配する反体制派とともにとどまった。政府とロシアは、反体制派が帰還を希望する国内避難民に多額の金銭を要求するなどして「軟禁状態」に置き、キャンプを「ゲットー化」していると非難した[13]。これに対し反体制派は、シリア政府とロシアが国内避難民を連行しようとしていると反論、UNHCRとシリア赤新月社の支援の受け入れすら拒否するようになった[12]。

人道、「テロとの戦い」、油田防衛よりも重要なもの

シリア政府とロシアが人道を盾に、人権陣営である欧米諸国や反体制派に対峙するというのは、「シリア内戦」のパラダイムからすると妙だった。なぜなら、シリアとロシアこそが人権侵害者で、欧米諸国の介入は人道によって正当化される正義であるはずだったからだ。とはいえ、人道アプローチに、米国が動じるわけもなかった。そのようなパラダイムはもはや何の意味もなさなかった。

重要だったのは、あくまでもイランの封じ込めだった。ロバート・フォード前駐シリア米大使は、躊躇なく「タンフ国境通行所地域に駐留する米軍は、ルクバーン・キャンプの難民の深刻な苦しみを軽減するために支援を行うことはない（中略）。駐留はイランがそこに街道を作ることを阻止するのが目的だからだ[14]」と言い切った。

トランプ大統領が二〇一八年一二月と二〇一九年一〇月の二度にわたってシリアに駐留する米軍部隊の撤退を決定し、ほどなくこれを撤回した際にも（第四章一〇六～一一四頁を参照）、部隊残留が早々に決定されたのは五五キロ地帯だった。一度目の撤退決定では、それが撤回される一ヵ月以上前の二〇一九年一月九日、ジョン・ボルトン大統領補佐官（国家安全保障問題担当）が五五キロ地帯から「現段階で撤退する計画はない[15]」とトルコ政府高官に伝えた。二度目の決定でも、約一週間後の一〇月一四日に、国防総省の匿名高官が約一五〇人の兵士を残留させることを決定したと明かした[16]。

とはいえ、トランプ大統領（そして政権）が、シリアをめぐってイランの影響力拡大阻止の必要性をことさら強調することはなかった。むろん、厳しい対応をとることもあった。有志連合（ないしは有志連合

所属と思われる航空機）は、トランプ大統領が二〇一九年三月にイスラーム国に対する二度目の勝利宣言を行って以降、「イランの民兵」やシリア軍の拠点に対する爆撃を頻発化させ、その動きを牽制した。[17]二〇二〇年一月の米軍によるイラン・イスラーム革命防衛隊ゴドス軍団のソレイマーニー司令官らの暗殺も、こうした軍事行動の一環で、シリアからイラクに移動するのを狙って行われた。七月二三日には、米軍戦闘機が、イランの民間航空会社マーハーン航空のテヘラン発ベイルート行きの旅客機を威嚇し、ベイルート国際空港に緊急着陸するために急降下した機内で複数の乗組員が軽傷を負うという事件も発生した。[18]だが、米国にも増して、シリアでのイランの脅威に本腰で対峙したのはイスラエルだった。

2　独自の力学で動くイスラエル

増加する侵犯行為

シリアはイスラエルが建国を宣言した一九四八年五月以来、同国と戦争状態にあり、第一次（一九四八年五月～四九年七月）、第三次（一九六七年六月）、第四次（一九七三年一〇月）中東戦争、そしてレバノン内戦（一九七五～九〇年）において戦火を交えてきた。両国の関係は、一九九〇年代以降、「戦争なし、平和なし（lā ḥarb, lā silm）」[19]と称される秩序を特徴とし、シリアは、ヒズブッラーやパレスチナ諸派を後援して対イスラエル抵抗闘争をアウトソーシングする一方、これらの組織への支援を適度に制御することで、国家の存亡に関わるような全面衝突を回避し、軍事的劣勢に対処してきた。[20]

両国の主戦場は、長らくレバノンやパレスチナに置かれ、それによってシリア国内の安全は確保されてきた。だが、シリア内戦が激化するなかで、イスラエルは領土領空侵犯、越境攻撃など、シリアへの侵犯行為を頻繁に繰り返すようになった。アサド政権が成立した二〇〇〇年から一一年にかけて、イスラエルの侵犯行為は四件だった。だが、二〇一一年から一六年までの六年間でその数は一五回に増加し、二〇一七年になると二二回、二〇一八年には二四回、二〇一九年には四三回、そして二〇二〇年には五九回（二〇一九年と二〇年はイスラエルか有志連合か特定できなかった爆撃も含む）と急増した。[21]

盾としての反体制派

イスラエルは、人権、主権、化学兵器使用阻止、「テロとの戦い」が交錯するシリア内戦の渦中に身を投じず、独自の力学に基づいて行動してきた。その力学とは、シリア国内の混乱、あるいはその結果として生じる当事者間のパワー・バランスの変化を利用し、自国の安全保障に及ぼす悪影響を最小限に抑えるというものだった。そのためには、シリア政府が圧倒的優位を回復せずに適度に劣勢であること、そしてそれによって、「抵抗枢軸（反イスラエル陣営）」が反体制派との戦いに注力し続けることが理想だった。「抵抗枢軸」が勝利することで政治的威信を高め、イスラエルへの軍事的圧力を強めることが最悪のシナリオだった。

オバマ政権の「燃えるがままにせよ」戦略がもたらした混乱は、イスラエルにとって好ましいものだった。シリア政府が存続することで、最低限の秩序が保たれる一方、反体制派が二〇一二年半ばまでにゴラン高原の兵力引き離し地域（ＡＯＳ［Area of Separation］）のほぼ全域を掌握し、「抵抗枢軸」からの

（不意の）攻撃をかわす盾のような役割を果たしたからだ。ＡＯＳとは、第四次中東戦争の翌年の一九七四年に採択された国連安保理決議第三五〇号[22]に基づいて画定された分離領域のことである。

ＡＯＳにおける反体制派の優位は、反体制派の離合集散によっても変わることはなかった。二〇一七年初めにおいて、同地は、アル＝カーイダ系のシャーム解放機構やシャーム自由人イスラーム運動、そして自由シリア軍を自称する諸派からなる武装連合体（ヘルモン軍、ムハンマド軍、シャイフ山部族連合など）の支配下にあった。またＡＯＳの東に位置するヤルムーク川河畔地域（ダルアー県）は、イスラーム国に忠誠を誓うハーリド・ブン・ワリード軍を名乗る武装集団が支配していた（第七章一八二〜一九二頁を参照）。これに対し、シリア政府は、ＡＯＳ内のバアス市、ハーン・アルナバ市、ハドル村（いずれもクナイトラ県）などを維持するのみだった。

反体制派は二〇一五年半ば以降、ＡＯＳ全域を制圧すべく、シリア軍に対する攻撃を繰り返してきた。なぜなら、同地を制圧できれば、ダルアー県とバイト・ジン村（ダマスカス郊外県）一帯とに分断されていた支配地がつながり、首都ダマスカスへの攻勢をかけることができたからだ。このことは、イスラエルにとっても、反体制派の盾が強化されることを意味しており、好ましかった。

利害が一致した反体制派とイスラエルは陰に陽に連携し、互いを利用した。シリア軍の包囲を受けるダマスカス郊外県南西部への軍需品は、シリア領内の密輸ルートだけでなく、イスラエル占領下のゴラン高原を経由して反体制派に提供された。また、負傷した戦闘員は、イスラエルに搬送され、治療を受けた。

シリア軍と「イランの民兵」の反転攻勢

だが、トランプ政権が登場すると、こうした状態に変化が現れた。きっかけを作ったのは「抵抗枢軸」の一翼を担う「イランの民兵」の一つ、レバノンのヒズブッラーだった。ヒズブッラーのハサン・ナスルッラー書記長は二〇一七年五月、東部戦線、すなわちレバノン・シリア国境地帯での「テロとの戦い」の終了を宣言したうえで、本来の敵であるイスラエルへの抵抗闘争に専心する意思を示した。[23] 二〇〇六年のレバノン紛争でイスラエルの侵攻を持ちこたえ、同国へのロケット弾攻撃を成功させたヒズブッラーだが、政治面（外交面）は言うに及ばず、軍事面でもイスラエルを凌駕することは不可能だった。だからこそ、威嚇を続け、イスラエルに心理戦を挑むことで、イスラエルに攻撃を躊躇させる必要があった。「抵抗枢軸」がシリア国内で存在を誇示することは、この目的に適っていた。

ゴラン高原でのシリア軍と反体制派の攻防戦は、ロシア、トルコ、イランによる両者の停戦プロセスであるアスタナ会議（第六章一四四～一四八、一五九～一六三頁を参照）が進展を見せるなかでも続いた。反体制派は二〇一七年六月にバアス市一帯に激しい攻撃を加えたが、シリア軍は反撃に転じ、一二月に停戦・和解合意を交わし、AOS北部とバイト・ジン村一帯を奪還した。この合意は、投降希望者の免罪と社会復帰の保証、投降を拒否するアル＝カーイダ系組織の戦闘員のイドリブ県への退去、投降を拒否するそれ以外の戦闘員のダルアー県への退去を骨子とした。

対抗するイスラエル

AOSでの反体制派の勢力が弱まるなかで、イスラエルは二つの施策を通じて対処しようとした。

第一の施策は、シリア軍の前線拠点への爆撃・砲撃である。イスラエルが占領するゴラン高原にシリア軍の迫撃砲弾が着弾したことへの報復として繰り返された攻撃は、あからさまな反体制派支援だった。二〇一七年六月下旬から七月上旬にかけて、イスラエル軍は、バアス市の市街地や周辺の農場地帯を爆撃・砲撃し、シリア軍やヒズブッラーの陣地や砲台を破壊した。

第二の施策は「イランの民兵」を標的とした大規模な攻撃である。イスラエル軍は二〇一七年四月二七日、ダマスカス国際空港南西部のシリア軍とヒズブッラーの施設を爆撃した。また九月七日には、ミスヤーフ市（ハマー県）東部にある軍事基地（ガドバーン野営キャンプ）を爆撃した。イスラエル側の発表によると、この基地には、過去に化学兵器やミサイルなどを製造していた施設があり、イランやヒズブッラーがこれに関与していたとされた。[24] 同様の爆撃は、ハスヤー町（ヒムス県）の工業地区（一一月一日）、キスワ市（ダマスカス郊外県）郊外の軍事拠点（一二月二日）に対しても行われた。

こうした攻撃と合わせて、イスラエルは、米国とロシアに働きかけ、シリア南部に「安全地帯（Safe Zone）」（地図5－2を参照）を設置しようとした。二〇一七年七月のトランプ大統領とプーチン大統領の初の首脳会談（第六章一四八～一五〇頁を参照）において設置が合意された「安全地帯」は、シリア側の停戦ライン（Bライン）以西の約四〇キロの地域から「イランの民兵」を撤退させ、以降その進駐を認めないとするものだった。

「イランの民兵」は、ロシアの要請を受けて「安全地帯」の設置に応じる姿勢を示した。だが、撤退したとされたのは停戦ラインから二〇キロ以内の地域だけだった。[25] しかも「イランの民兵」はそもそも捉えどころのない存在で、撤退の有無を確認することなどできなかった。それゆえ、「抵抗枢軸」は、「イ

地図 5-2　イスラエルが設置しようとした「安全地帯」

ランの民兵」の撤退の有無にかかわらず、その存在をちらつかせて、イスラエルに心理戦を挑み続けることができた。

イスラエル軍戦闘機撃墜

二〇一八年に入ると、「イランの民兵」は再び増長し、イスラエルとの緊張が増した。二月一〇日、シリア中部のT４航空基地から飛来したとされるイランのドローンがイスラエルが占領するゴラン高原に進入した。イスラエル軍はドローンを撃墜するとともに、報復としてT４航空基地一帯の「イランの拠点」を爆撃した。だが、シリア軍がこれに反撃し、イスラエル軍のF－16戦闘機一機を撃墜した。

イスラエル軍戦闘機が撃墜されたのは一九八二年以来、実に三六年ぶりだった。シリアは、イスラエルとの全面戦争に発展しかねない大胆な軍事行動をとらない安心できる敵のはずだった。だが、そんなシリア政府の背中を押したのはロシアだった。ロシアは、シリア軍、「イランの民兵」だけでなく、ロシア軍部隊も進駐していたT４航空基地を爆撃したイスラエル軍に対し、S－２００防空システムでの迎撃を政府に許可したのである。

イスラエルの攻撃は、シリアでのイランの影響力拡大阻止を目指す点でトランプ政権と共通していた。だが、トランプ政権が、二〇一七年四月のシリア政府支配地へのミサイル攻撃に際してロシアに事前通告したのとは対照的に、イスラエルは、シリアの「キング・メーカー」となったロシアへの配慮を欠いていた。シリア内戦だけでなく、アラブ・イスラエル紛争（パレスチナ問題）におけるもっとも困難な局面であるイスラエルと「抵抗枢軸」との対立においても、ロシアは圧倒的な存在感を示すようになっていた。

「ロケットの夜」

イスラエルはこれ以降、しばらく侵犯行為を控えるようになった。だが、ほどなく「イランの民兵」への攻撃を再開した。二〇一八年四月九日、T4航空基地が再び爆撃を受け、シリア軍がミサイル五発を撃破したものの、イラン人など一四人が死亡した。[26] また二九日には、タクスィース村（ハマー県）近郊のシリア軍第四七師団基地と、アレッポ市東部のナイラブ航空基地（アレッポ県）がミサイル攻撃を受け、イラン人戦闘員一八人を含む四〇人が死亡、六〇人が負傷した。[27] 標的となった基地には「イランの民兵」の徴募センター、司令拠点、武器弾薬庫などがあった。また、この攻撃でM二・六の地震に相当する衝撃が発生した。

イスラエルは攻撃への関与を公式に認めなかった。だが、標的の性格からイスラエル軍の攻撃であることは明らかだった。F-16戦闘機を撃墜されても、なお怯んでおらず、「抵抗枢軸」をいつでも攻撃し得ることを示す必要があったからだ。

「イランの民兵」も引かなかった。ヒズブッラーのナスルッラー書記長が言うところの「ロケットの夜(layla al-ṣawārīkh)」[28] によって対抗したのである。二〇一八年五月一〇日、ゴドス軍団が、占領下のゴラン高原にあるイスラエル軍前哨地に向けてロケット弾約二〇発を発射した。イスラエルはただちに応戦し、キスワ市近郊やダマスカス国際空港内のゴドス軍団拠点、武器弾薬庫数十カ所を爆撃した。また、迎撃するシリア軍の地対空ミサイルも撃破した。報復は続いた。イスラエル軍戦闘機は五月二九日、ガッサーニーヤ村（ヒムス県）近郊にあるヒズブッラーの武器弾薬庫複数カ所を爆撃し、炎上させた。

3 繰り返される威嚇と取引

「安全地帯」の処遇をめぐる攻防

二〇一八年六月に入ると、シリア軍は、ダルアー県を中心とする南部への攻勢を本格化させた（第七章一八四〜一八五頁を参照）。反体制派の盾が崩壊を始めるなかで、イスラエルは「イランの民兵」が南部を跋扈すること、そしてシリア内戦以前は非武装地帯だったゴラン高原のＡＯＳ（兵力引き離し地域）にシリア軍が進駐することにこれまで以上に警戒を強め、南部の前線とシリア領内奥深くに執拗な攻撃を繰り返した。

二〇一八年六月二四日、七月一一日、そして一三日、イスラエル軍はシリア軍のドローンが領空を侵犯したとして、パトリオット・ミサイルでこれを撃破した。イスラエルはまた、七月一二日と一三日に、対抗措置としてクナイトラ県内のシリア軍拠点複数カ所を爆撃した。さらに七月二三日には、イスラーム国に忠誠を誓うハーリド・ブン・ワリード軍の支配下にあったヤルムーク川河畔地域への砲撃を激化させたシリア軍の侵犯を抑止するとして、地対空ミサイル防衛システム「ダビデの投石器」を初めて作動させ、ミサイル二発を発射した（第七章一八九〜一九一頁を参照）。

その一方で、イスラエル軍は二〇一八年七月八日、Ｔ４航空基地をまたもや爆撃し、一五日にはナイラブ航空基地近郊にあるイラン・イスラーム革命防衛隊の拠点をミサイル攻撃した。さらに二二日には、ミスヤーフ市近郊のシリア軍施設を爆撃した。この施設は、化学兵器の弾頭の開発に関わる科学調査研究センターで、イラン人の監督のもとで地対地ミサイルが製造され、ヒズブッラーをはじめとする「イランの民兵」が駐留していたと見られた。[29]

こうした攻撃と並行して、イスラエルは、AOSの地位に関する懸念を払拭する保証をロシアからとりつけた。二〇一八年七月一一日にモスクワで行われたプーチン大統領との会談で、ベンジャミン・ネタニヤフ首相は、シリア領内での「イランの民兵」を標的とした軍事作戦を続けることと、AOSを内戦以前の状態に原状復帰させること（シリア軍を進駐させないこと）の確約を得た。これを受けて、ネタニヤフ首相は、南部での反体制派に対するシリア軍の攻勢をようやく認め、AOSは二〇一八年七月二六日までに全域がシリア政府の支配下に復帰した。また、ロシア軍憲兵隊の護衛を受けた国連兵力引き離し監視軍（UNDOF［United Nations Disengagement Obeserver Force］）は八月二日、AOSでの停戦監視活動を開始し、シリア軍（そして「イランの民兵」）の展開は阻止された（第七章一八五～一八七頁を参照）。

ロシア軍機の撃墜

イスラエルによる「イランの民兵」への挑発はその後、再びエスカレートした。二〇一八年九月一日深夜から二日未明にかけて、マッザ航空基地、クドスィーヤー市（ダマスカス郊外県）郊外がイスラエル軍によると思われるミサイル攻撃を受け、基地内の弾薬庫複数棟が完全に破壊され、シリア軍とイラン・イスラーム革命防衛隊の兵士三五人が死亡した。[30] また九月一五日には、ダマスカス国際空港がミサイル攻撃を受けた。

さらに二〇一八年九月一七日、イスラエル軍戦闘機が地中海沖からラタキア市に対してミサイル攻撃を行い、同市近郊のサクービーン村（ラタキア県）にある変電所が被害を受けた。この攻撃に際して、一触即発の事件が発生した。同日晩、シリア軍防空部隊が、偵察任務を終えてフマイミーム航空基地に帰還しようとしていたロシア空軍のＩＬ‐20航空機を地中海上で誤って撃破し、乗っていたロシア軍将兵一五人が死亡したのだ。

イスラエルは二〇一八年九月一八日、ネタニヤフ首相がプーチン大統領との電話会談で、事件に遺憾の意を示した。だが「イスラエルはシリアにおけるイランの軍事拠点化を阻止することを決意している。イランはイスラエルの破壊を主唱しており、ヒズブッラーに最終兵器を供与しようとしている」[▼31]と述べ、事件の責任は「イランの民兵」にあると主張した。

これに対し、ロシア国防省報道官は、ＩＬ‐20が消息を絶つ直前、イスラエル軍戦闘機がロシア軍機を装ってラタキア市に接近して爆撃を行ったことが事件の原因だったと指摘し、イスラエル軍の偽装行為を厳しく非難するとともに、「相応の報復措置を行う権利を持つ」[▼32]と表明した。

ロシアは強硬な姿勢で応じた。プーチン大統領は二〇一八年九月二四日のアサド大統領との電話会談で、シリア軍にＳ‐３００防空システムを供与し、その防空能力を向上させると伝えたのである。この言葉の通り、ロシアは一〇月二日までにシリアにＳ‐３００防空システムを供与し、Ｔ４航空基地、ミスヤーフ市近郊などに配備されたと伝えられた。[▼33]

これによって、イスラエルの侵犯行為は再び影を潜めた。だが、懲りるイスラエルではなかった。

イスラエルの攻撃の激化

「イランの民兵」は、イスラエルに近いシリア南西部のダマスカス国際空港、サイイダ・ザイナブ町（ダマスカス郊外県）、中部のT4航空基地、そして米軍が駐留するユーフラテス川東岸地域に属するブーカマール市やマヤーディーン市を拠点として、存在を誇示し続けた。それだけでなく、五五キロ地帯の東側の砂漠地帯に新たな巨大軍事基地を建設しているとの情報が流れるようになった。米フォックス・ニュースは、イスラエルの情報企業イメージ・サット・インターナショナル社（ISI［Image Sat International］）が二〇一九年八月二三日に公開した画像を解析し、要塞化された倉庫、ミサイル・ロケット弾格納庫、護岸などからなる複合施設が複数カ所にわたって建設されていると伝えた[34]――いわゆるイマーム・アリー基地、ないしはイマーム・アリー・コンパウンドである（地図5－1を参照）。

これに対して行動に訴えたのも、米国ではなく、イスラエルで、再び「イランの民兵」とシリア軍への攻撃を急増させた。地対空ミサイルや地対地ミサイルによる攻撃では、これまで通り、ダマスカス国際空港、ジャルマーナー市一帯、キスワ市一帯、アクラバー町（ダマスカス郊外県）一帯、マッザ航空基地一帯、シャイフ・ナッジャール市（アレッポ県）、ミスヤーフ市近郊の軍事拠点が標的となり、イラン・イスラーム革命防衛隊やヒズブッラーの戦闘員、そしてシリア軍兵士多数が犠牲となった[35]。二〇一九年八月二四日のアクラバー町一帯に対するイスラエル軍戦闘機のミサイル攻撃では、イランでドローン操作の教練を受けていたとされるヒズブッラーのメンバー二人が殺害された[36]。二〇二〇年に入っても攻撃は止まず、T4航空基地、シャイーラート航空基地、サフィーラ市（アレッポ県）の科学研究センターや防衛工場機構が爆撃とミサイル攻撃を受け、「イランの民兵」の多数の死亡が報告された。[37]

二〇一九年半ばになると、南東部、とりわけ、「イランの民兵」の影響力が強いとされるブーカマール市一帯、イマーム・アリー基地が、戦闘機やドローンのミサイル攻撃に頻繁に晒され、ファーティミーユーン旅団、イラク人民動員隊の戦闘員の死亡が多数報告されるようになった。攻撃を行った戦闘機やドローンの所属が特定されることも、攻撃実施に関する正式な発表がなされることもなかったが、イスラエルが有志連合の支援や情報提供を受けてその多くを敢行していることは容易に想像できた。このことは、トランプ政権の任期終了を間近に控えた二〇二一年一月一三日に、ダイル・ザウル市一帯、マヤーディーン市一帯、ブーカマール市一帯に対して行われた大規模爆撃によって裏づけられた。シリア軍兵士・治安機関職員、「イランの民兵」五〇人以上[38]が犠牲となったとされるこの爆撃に関して、米国の諜報機関の匿名高官はイスラエルが米国との連携のもとに行ったことを認めたのである。[39]

選挙を見据えた連携

イランの影響力拡大を阻止するため、イスラエルと米国がどのように連携してきたのか、その詳細を知る術はない。だが、この間、トランプ政権とネタニヤフ内閣がきわめて良好な関係を保ってきたことは付記に値するだろう。

トランプ大統領は二〇一七年一二月、エルサレムをイスラエルの首都として正式に認定し、二〇一八年五月に米国大使館を同地に移転させた。二〇一九年三月二一日には、ツイッターで「米国がゴラン高原に対するイスラエルの主権を完全に承認する時が来た」[40]と綴った。そして二五日、この言葉を実行に移すかたちで、訪米中のネタニヤフ首相立ち会いのもと、トランプ大統領はイスラエルの主権を認める宣言に署名した。[41]

エルサレムの首都認定の時と同じく、シリア政府は、イスラエルによるゴラン高原の併合（一九八一年一二月）を無効とした国連安保理決議第四九七号[42]を含む国連での一連の決議と国連憲章に違反しているとして猛反発し、[43]ロシア、中国、イランだけでなく、西欧諸国、トルコ、アラブ諸国、国連、シリアの反体制派もトランプ政権を非難した。[44]

唐突なトランプ大統領の言動は、二つの選挙を見据えたものだったとされる。第一は、イスラエルで二〇一九年四月に実施されたクネセト（国会）選挙である。ネタニヤフ首相は、ゴラン高原の帰属承認、そして「イランの民兵」に対する軍事攻勢を外交上の成果としてアピールし、自らが率いるリクードを勝利に導こうとした。その結果、リクードは第一党としての地位を維持したが、ネタニヤフ首相は組閣に失敗、クネセトを再び解散し、同年九月の再選挙に挑むことになった。

第二の選挙は、言うまでもなく二〇二〇年一一月の米大統領選挙だった。エルサレムの首都認定とゴラン高原の帰属承認は、米国内のユダヤ票の獲得を見据えたものだった。この動きは、大統領選挙を直前に控えた八月から一〇月にかけてのアラブ首長国連邦、バーレーン（そして選挙後の一二月のモロッコ）とイスラエルの国交正常化の仲介へと続いた。

イスラエルをめぐるトランプ大統領の決定は、いずれも数十年にわたるアラブ・イスラエル紛争（パレスチナ問題）を通じて既成事実化した現状を追認する形ばかりのものに過ぎなかった。だが、こうした派手なパフォーマンスを通じて、イスラエルにイランの影響力拡大阻止を肩代わりさせていたのだとしたら、それはそれで賢い戦術だと言うことができよう。シリアは安全保障上の脅威を払拭しようとするイスラエルや米国の介入だけでなく、外交成果をもって集票効果を高めようとする両国首脳の内政的な思惑によっても翻弄されていたのである。

第六章

結託を強めるロシアとトルコ

アサド大統領がソチを電撃訪問、プーチン大統領と会談した。シリア政府はロシア・トルコ・イランの三カ国首脳会談の決定に歓迎の意を表明（2017 年 11 月 20 日、ソチ）

トランプ政権は、イスラーム国に対する「テロとの戦い」とイランの影響力拡大阻止を対シリア政策の基本に据える一方で、シリア内政への干渉、とりわけ体制転換については消極的、ないしは無関心だった。オバマ政権がとってきた「燃えるがままにせよ」戦略に代わるこの新たな姿勢は、シリア政府と反体制派の対立にも影を落としていった。

1　停戦への側方支援

ジュネーブ会議からアスタナ会議へ

米国は、オバマ政権がジュネーブ会議（第一章四一～四二頁を参照）への関与を停止した二〇一六年半ば以降、シリアでの紛争の解決を目的とする和平プロセスを主導することはなくなった。トランプ政権もまた、この方針を踏襲した。

トランプ政権が発足して以降、ジュネーブ会議は、二〇一七年には五ラウンド（ジュネーブ四、五、六、

七、八会議）、二〇一八年に一ラウンド（ジュネーブ九会議）が開催された。このうち、二〇一七年一一月二八日から一二月一四日にかけて開催されたジュネーブ八会議では、サウジアラビアの仲介により、反体制派がシリア交渉委員会（二〇一五年一二月の結成当初の名称は最高交渉委員会）の名で初めて統一代表団を結成し、参加した。だが、移行期や紛争の政治的解決をめぐる協議に進展はなかった。二〇一八年一月二五日から二六日に開催されたジュネーブ九会議を最後に、ジュネーブ会議が開催されることはなくなった。

こうしたなかで影響力を増したのは、シリア政府を支援してきたロシアとイラン、そして反体制派を後押ししてきたトルコだった。反体制派の最大の拠点とされたアレッポ市東部地区での戦闘終結に向けた取り組みを通じて結託を強めるようになっていた三カ国は、二〇一六年末頃から、ジュネーブ会議を補完するとして、政府と「反体制武装集団」（政治組織・活動家ではない）の停戦の実現とその維持に注力した。この停戦プロセスは、カザフスタンの首都アスタナ（二〇一九年三月にヌルスルタンに改称）で折衝が行われたことからアスタナ会議と呼ばれた。

アスタナ会議の発足を可能としたのは、シリア内戦に干渉する国々の均衡の変化だった。二〇一一年に「アラブの春」が波及して以降、諸外国は、欧米諸国、サウジアラビア、カタール、トルコからなる人権陣営と、ロシアとイランからなる主権陣営に二極化していた。だが、米国がシリア内政への干渉を弱めると、西欧諸国、サウジアラビア、カタールもこれに同調した。これにより、シリア内戦にもっとも深く関与していたトルコは、梯子を外された反体制派との心中を回避するため、シリア政策の見直しを迫られた。

トルコはまた、欧米諸国との関係を悪化させていった。米国とはすでにクルド民族主義勢力のPYD（民主統一党）の処遇をめぐって確執が生じていたが（第三章六七～六九頁を参照）、二〇一六年七月にトルコでクーデタ未遂事件が発生し、エルドアン政権が容疑者や反体制派の徹底弾圧に踏み切ると、欧米諸国の厳しい批判に晒されるようになった。これに対して、トルコは米国に滞在するフェトフッラー・ギュレンをクーデタ未遂の首謀者と断じ、身柄引き渡しを求めたが、米国がこれを拒否したことでさらに反発を強めた。

さらにトルコは、サウジアラビアとの関係も悪化させた。サウジアラビアをはじめとするアラブ湾岸諸国が二〇一七年六月にイランへの接近やムスリム同胞団への過度の支援を主な理由としてカタールと断交すると、トルコはカタールを後援して対抗した。両国の対立は、トルコがカタールとともに国連の主導のもとに発足したリビアの国民合意政府（GNA［Government of National Accord］）を、サウジアラビアがアラブ首長国連邦やエジプトとともにハリーファ・ハフタル司令官率いるリビア国民軍をそれぞれ支援することで先鋭化した。二〇一八年一〇月にイスタンブールのサウジアラビア総領事館内でサウジアラビア人反体制派ジャーナリストのジャマール・カーシュクジー（カショギ）が暗殺されると、対立関係にさらに拍車がかかった。

これとは逆に、トルコ軍戦闘機がシリア北西部の国境地帯でロシア軍戦闘機を撃墜した二〇一五年一一月以降冷え切っていたロシアとの関係は改善していった。クーデタ未遂事件直前の二〇一六年六月下旬、エルドアン大統領はプーチン大統領に撃墜事件について正式に謝罪し、九月から激化したアレッポ市東部地区での戦闘において、トルコはシリア軍の包囲を受けていた反体制派の戦闘員と家族をイドリブ県に退去させることで、シリア・ロシア両軍による同地の制圧を認めた。ロシアが「ユーフラテスの盾」作戦を遂行していたトルコ軍によるバーブ市（アレッポ県）の制圧を黙認したのは（第三章六七〜六九頁を参照）、これに対する見返りだった。

ロシアへの接近により、トルコは、シリア国内の利権の喪失を最小化することを選び、それがアスタナ会議にかたちを与えた。

緊張緩和地帯の設置

アスタナ一会議と呼ばれる最初のラウンドは、二〇一七年一月二三日から二四日にかけて開催された。参加したのは、保証国であるロシア、トルコ、イランの代表団、シリア政府の代表団、そしてイスラーム国、シャーム解放機構、シャーム自由人イスラーム運動といったアル＝カーイダ系組織を除く反体制武装集団の代表からなるシリア軍事革命諸勢力代表団だった。会議では、国連安保理決議第二二五四号とジュネーブ会議の原則に従い、反体制派を「合法的な反体制派」とテロ組織に峻別し、前者と政府を停戦させることが確認された。[1]
大きな進展を見せたのは、二〇一七年五月三日から四日にかけて開催されたアスタナ四会議だった。このラウンドでは、ロシア、トルコ、イランが、反体制派の支配地に緊張緩和地帯（de-escalation zones）を設置すること、イスラーム国とシャーム解放機構に対する（シリア軍の）「テロとの戦い」を是認する一方で、それ以外の反体制派とシリア軍を停戦させ、三カ国がその監視にあたること、人道支援物資の搬入、インフラ復興、経済活動支援、難民・国内避難民の帰還を促すことに合意した。[2]緊張緩和地帯に指定されたのは、以下の四つの地域だった（地図6‐1を参照）。

第一ゾーン　イドリブ県、ラタキア県北東部、アレッポ県西部、ハマー県北部からなる北西部
第二ゾーン　ヒムス県北西部のラスタン市、タルビーサ市一帯
第三ゾーン　ダマスカス郊外県の東グータ地方
第四ゾーン　ダルアー県、クナイトラ県からなる南西部

シリア政府の代表団は合意を受諾した。だが、シリア軍事革命諸勢力代表団は緊張緩和地帯の設置を拒否し、アル＝カーイダ系組織とともに戦闘を継続した。

反体制派を切り捨てるトランプ政権

アスタナ会議の進展にもかかわらず、緊張緩和地帯では戦闘が続いた。とりわけ、第四ゾーンでは、自由シリア軍を自称する諸派からなる南部戦線が、イスラーム軍、シャーム解放機構、シャーム自由人イスラーム運動とともに、シリア軍への抵抗を続けた。これらの組織は二〇一七年二月、シャーム解放機構のイニシアチブのもと、「堅固な建造物」作戦司令室を結成し、シリア政府の支配下にとどまっていたダルアー市マンシヤ地区への攻勢を強めていた。

オバマ政権下であれば、米国は、西欧諸国、アラブ湾岸諸国、トルコとともにこうした戦闘に対するシリア政府の責任を追及した。だが、トランプ政権はそうはしなかった。二〇一七年七月七日、トラン

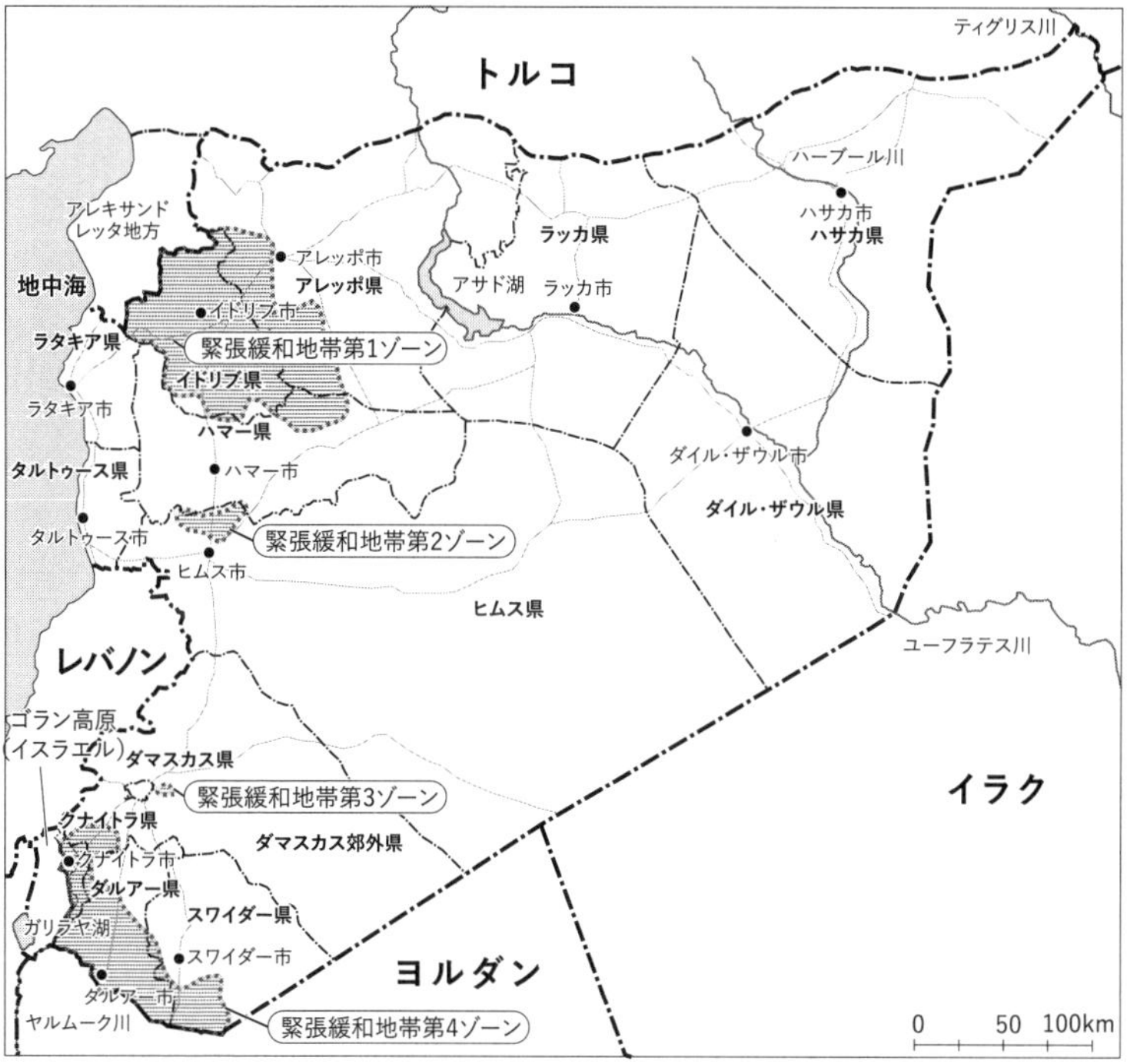
トルコ
ティグリス川
ハーブール川
ハサカ市
ハサカ県
アレキサンド
レッタ地方
アレッポ市
アレッポ県
ラッカ県
地中海
アサド湖
ラッカ市
イドリブ市
ラタキア県
緊張緩和地帯第1ゾーン
イドリブ県
ラタキア市
ハマー県
ダイル・ザウル市
タルトゥース県
ハマー市
ダイル・ザウル県
タルトゥース市
緊張緩和地帯第2ゾーン
ヒムス市
ヒムス県
ユーフラテス川
レバノン
ゴラン高原
(イスラエル)
ダマスカス県
イラク
緊張緩和地帯第3ゾーン
クナイトラ県
ダマスカス郊外県
クナイトラ市
ダルアー県
スワイダー県
ガリラヤ湖
スワイダー市
ヨルダン
ダルアー市
ヤルムーク川
緊張緩和地帯第4ゾーン
0 50 100km

地図 6-1　緊張緩和地帯

プ大統領は、G20（主要二〇ヵ国・地域首脳会議）が開催されていたドイツのハンブルクでのプーチン大統領との初会談で、ロシア・ゲート疑惑、サイバー・セキュリティ問題などと合わせて、シリア情勢について意見を交わし、以下三点に合意したのである——①緊張緩和地帯第四ゾーンの停戦に向けて協力する、②シリア政府を退陣させない、③AOS（兵力引き離し地域）のシリア領側に幅四〇キロの「安全地帯」を設置し、同地から「イランの民兵」を退去させる[3]（第五章一三二〜一三四頁を参照）。この合意は、シリア政府だけでなく、イスラエル、ヨルダンにも受け入れられ、七月九日正午に緊張緩和地帯第四ゾーンで停戦が発効した。

停戦発効の背景には、トランプ政権の反体制派への消極姿勢があった。トランプ大統領は、人道に基づいてテロ支援を行ってきたオバマ政権の「燃えるがままにせよ」戦略を破棄し、オバマ政権によって「穏健な反体制派」とみなされていた自由シリア軍を自称する諸派に、支援継続の条件としてイスラーム過激派、とりわけシャーム解放機構との共闘を停止するよう求めた[4]。

「穏健な反体制派」が武装闘争を継続するには、アル＝カーイダ系組織との連携が不可欠で、共闘停止は彼らの存亡に関わるものだった。「堅固な建造物」作戦司令室は、憤りを露わにしたが、シリア・ロシア両軍の攻撃を回避するため、二〇一七年七月一九日に緊張緩和地帯第四ゾーンでの停戦に応じる姿勢を見せ、米国の支援をつなぎ止めようとした。しかし、反体制派の切り捨ては止まらなかった。

反体制派への圧力

トランプ大統領は、二〇一三年からCIAが国防総省とは別途に続けてきた反体制派への支援プログラムを廃止すると発表した。[5] また、このプログラムに沿って、CIAの主導のもと、ヨルダン、サウジアラビアも参与するかたちで運営されてきた軍事作戦司令部（MOC［Military Operations Command］）も、二〇一七年八月、米国にとっての要衝である五五キロ地帯の設置に協力した反体制派の「土地は我らのものだ」作戦司令室（第五章一二二〜一二四頁を参照）に対して、シリア軍との戦闘を停止してイスラーム国との戦いに専念するか、武器弾薬を返還してヨルダンに退去するかを迫った。[6]「土地は我らのものだ」作戦司令室は、ルクバーン・キャンプに身を寄せる国内避難民を保護すると主張し、[7] 米国の指示を無視してシリア軍との戦闘を続けた。彼らは二〇一七年八月一五日にはシリア軍戦闘機を撃墜し、パイロットを捕捉するなどの戦果を挙げた。だが、反抗もそれまでだった。ヨルダンが介入し、「土地は我らのものだ」作戦司令室は九月一日、捕捉したパイロットを捕虜交換で手放すことを余儀なくされた。

ヨルダンはまた、ナスィーブ国境通行所（ダルアー県、ヨルダン側はジャービル国境通行所）の処遇をめぐって反体制派に圧力をかけた。二〇一七年一〇月、同通行所をシリア政府に割譲するよう反体制派に要請し、これを拒否すれば、同通行所、反体制派が管理していたタッル・シハーブ通行所、ダルアー旧通行所（いずれも正規の通行所でない違法な通行所）を封鎖し、ダルアー県南部への人道支援物資の搬入を停止するとの強圧的な姿勢を示した。[8]

トルコ、レバノンに次いで多くのシリア難民を受け入れてきたヨルダンは、シリア内戦に伴う負担を軽減するために欧米諸国、アラブ湾岸諸国からの支援を誘致する一方、負担そのものを軽減しようとしてきた。ここでいう負担とは、難民を収容し続けることによる経済的・社会的負担と、領内に反体制派を抱えることによる安全保障上の不安である。ナスィーブ国境通行所がシリア政府の支配下で再開されるのは二〇一八年一〇月のことだが、ヨルダンは、トランプ政権発足後の米国の対シリア政策の変化に同調するかたちで舵を切ったのである。

米国とヨルダンに見捨てられた「土地は我らのものだ」作戦司令室の活動は、下火となっていった。

2 アレッポ・モデルの適用

アレッポ・モデルとは?

緊張緩和地帯第四ゾーンでの停戦に続いて、ロシアと米国は、二〇一七年七月二二日に第三ゾーン、八月二日に第二ゾーンで停戦合意を交わした。これを受けて、ロシアは第一ゾーン以外の各所に検問所や監視所を設置し、憲兵隊を駐留させた。だが、戦闘は停止しなかった。緊張緩和地帯の設置は停戦を求めるものではあったが、それによって反体制派は存続と活動の余地を与えられたからである。

一方、緊張緩和地帯に指定されていない反体制派支配地では、アスタナ会議の仕組みとは異なった「和解（al-muṣālaḥa）」と呼ばれるプロセスが推し進められていた。

和解は、シリア政府と反体制派の対等な和解ではなく、二〇一六年一二月半ばのアレッポ市東部地区での戦闘の決着を模したもので、シリア軍による包囲・攻勢と諸外国の仲介を通じて、反体制派に武装解除と投降、ないしは退去を促し、政府の支配を回復することが目指された。筆者が「アレッポ・モデル」と呼ぶプロセスである。反体制派は退去を「強制移住（tahjīr）」[9]と表現し、その非道を非難した。だが、すべての戦闘員、さらには住民が退去を強要されたわけではなかった。アレッポ市東部地区では、退去した戦闘員とその家族は約三万五〇〇〇人に達したが、二七万人[10]とされた住民のほとんどは政府の支配を受け入れた。投降した戦闘員は、二〇一六年政令第一五号（二〇一六年七月二八日施行）に従い、恩赦の対象となり、社会復帰を目指した。彼ら全員のその後の消息を把握することはできないが、一部はシリア軍や治安機関に従軍・勤務した。

バラダー渓谷

アレッポ・モデルは五カ所の地域で適用された。最初に適用されたのは、シリア軍が包囲を続けていたバラダー渓谷（ダマスカス郊外県）だった。

同地での最終戦は、ダマスカス県で使用される水道水の七〇パーセントあまりを供給してきたバラダー渓谷にあるアイン・フィージャ町（ダマスカス郊外県）の水道施設が二〇一六年一二月二二日に稼働停止となったことが発端だった。その理由について、シリア政府側は、反体制派が汚染物質（灯油）を貯水槽や水路に流し込んだために水門を閉鎖したが、その後の戦闘で反体制派が施設を占拠、破壊したと主張した[11]。対する反体制派は、バラダー渓谷に対するシリア軍の攻撃によって施設が破壊されたと反論した[12]。

真相は闇のなかだ。だが、事実として確認し得るのは、水源奪還を目指すシリア軍やヒズブッラーが攻勢をかけるなかで、施設を占拠する反体制派が復旧作業チーム受け入れの条件として、攻撃停止を要求したことだ。だが戦闘は収束せず、バラダー渓谷の住民が戦火に巻き込まれただけでなく、ダマスカス県で暮らす約五五〇万人が深刻な水不足に見舞われた。

こうしたなかで、トルコは、反体制派にシリア軍と停戦するよう圧力を強めた。だが、反体制派を主導するアル＝カーイダ系組織はこれを拒否した。それだけではなかった。ホワイト・ヘルメットを筆頭とする市民団体も同調し、徹底抗戦を呼びかけた。彼らは、二〇一六年一二月三〇日の声明で、国際社会がアイン・フィージャ町へのシリア軍の攻撃を停止させれば、「復旧作業チームを受け入れるために行動する」[13]と発表し、水道施設を政治的・軍事的な盾として利用する構えを示した。また、二〇一七年一月一五日の声明では、アスタナ会議に参加する反体制派に停戦を破棄するよう呼びかけた[14]。

とはいえ、シリア軍の包囲を受けていた同地での籠城戦が長く続くはずもなかった。二〇一七年一月一九日、シリア政府と現地の反体制派は、ドイツの仲介により[15]、次の通り合意した——①バラダー渓谷への残留を希望する戦闘員は武装解除し、投降する、②これを拒否する戦闘員と家族は反体制派最大の支配地であるイドリブ県に退去する。一月二八日にこの停戦合意が発効されることで戦いは決着した。

欧米諸国や日本のメディアではほとんど注目を浴びなかったこの戦いは、反体制派が生活インフラを盾としてあからさまに利用した点、欧米で英雄視されていたホワイト・ヘルメットなどの市民団体が戦闘継続を主唱した点で、シリア内戦をめぐる勧善懲悪の図式では説明不能だった。だが、それはシリア内戦を規定してきたさまざまなパラダイムが、意味をなさなくなっていたことの証だった。

「革命の首都」ヒムス市

続いてアレッポ・モデルが適用されたのは、ヒムス市のワアル地区だった。

ワアル地区は、かつて「革命の首都（'āṣima al-thawra）」と呼ばれたヒムス市内最後の反体制派支配地だった。ヒムス市の他の街区は、二〇一三年五月までにシリア政府の支配下に復帰したが、ワアル地区だけはシリア軍の包囲を受け、孤立していた。

人口七万五〇〇〇人（シリア内戦以前は三〇万人）[16]とされたワアル地区での停戦を仲介したのは、ロシアだった。二〇一七年三月一二日にシリア政府と反体制派が交わした合意は、以下四点を骨子とした――①投降を拒否する反体制派戦闘員を家族とともにイドリブ県、ないしはトルコ占領下のジャラーブルス市に退去させる、②ワアル地区に対するシリア軍の包囲を解除し、人道通商回廊を設置する、③ロシア軍憲兵隊が、警察・治安機関とともに治安活動にあたる、④反体制派が包囲を続けるフーア市とカファルヤー町（いずれもイドリブ県）の住民の一部を政府支配地に避難させる。[17]

この合意に従い、二〇一七年三月下旬から五月下旬にかけて、戦闘員とその家族約一万一五〇〇人が一四回に分けて退去し、六月までに二七〇〇人が投降し、免罪となった。[18]なお、ジャラーブルス市郊外にあるザウガラ収容キャンプに退去した住民のうち約五〇〇世帯は、劣悪な生活環境を避けて七月にヒムス市に帰還した。[19]

フーア市、カファルヤー町とマダーヤー町、ザバダーニー市、ブルーダーン村

続いて二〇一七年三月二八日、反体制派が長らく（二〇一五年三月〜）包囲を続けてきたフーア市とカファルヤー町の住民の退避と、シリア軍と「イランの民兵」が包囲を続けるマダーヤー町、ザバダーニー市、ブルーダーン村（いずれもダマスカス郊外県）の反体制派戦闘員の退去に向けた停戦合意が交わされた。

仲介したのは、トルコとともに反体制派の支援を続けてきたカタールで、停戦を交わしたのはイラン・イスラーム革命防衛隊、ヒズブッラー、そしてアル＝カーイダ系組織を中核とするファトフ軍だった。

停戦合意は以下四点を骨子とした――①フーア市とカファルヤー町の住民の退避を完了する、②マダーヤー町、ザバダーニー市、ブルーダーン村で活動を続ける戦闘員を彼らが希望する場所（イドリブ県）に退去させる、③シリア政府側の治安機関は拘束中の逮捕者のうち約一五〇〇人（その多くが女性）を釈放する、④二〇一五年一二月にイラク領内のサウジアラビア国境近くでシーア派と思われる一団によって拉致されたカタール人狩猟家二六人を釈放させる。[20]

これに従い、まず二〇一七年四月半ば、フーア市とカファルヤー町から住民約三〇〇〇人がアレッポ市に退避した。住民を乗せた車列が移動中に自爆テロに遭うという事態が起きたものの、合意はその後も順調に履行され、マダーヤー町、ザバダーニー市、ブルーダーン村の戦闘員と家族約七〇〇人がイドリブ県に退去し、同地にはシリア軍が進駐した。また治安機関は逮捕者五〇〇人を釈放し、イラクでもカタール人二六人が釈放された。

西カラムーン地方

ところで、バラダー渓谷での戦いや、フーア市とカファルヤー町の住民とマダーヤー町、ザバダーニー市、ブルーダーン村の戦闘員の交換に関与してきたヒズブッラーは、その後、シリア・レバノン国境に位置する西カラムーン地方（ダマスカス郊外県）とレバノンのベカーア県バアルベック郡の無人地帯からの反体制派の完全掃討を目指した。この地域は、イスラーム国とシャーム解放機構が共存（棲み分け）する希有な場所だった。

ヒズブッラーはまず、シリア軍とともに西カラムーン地方のフライタ村とアルサール村郊外の無人地帯で、シャーム解放機構（および連携組織のシャームの民中隊）への攻勢を強め、レバノン政府（総合情報総局）の仲介のもと、二〇一七年七月二七日に彼らに停戦を受諾させた。その内容は、①シリア政府の治安機関が拘置していた逮捕者一〇四人（うち女性二四人）を解放する、②シャーム解放機構の戦闘員約四〇〇人と家族約二六〇〇人をイドリブ県に退去させる、という二点を骨子とした。[21] これに基づき、シリア当局は八月一三日に逮捕者を釈放し、またアルサール村郊外の無人地帯で活動を続けてきた戦闘員と家族が八月一四日に、政府が用意した大型旅客バスとシリア赤新月社の車輌に分乗し、フライタ村を経由してイドリブ県に移送された。

ヒズブッラーは続いて、シリア・レバノン両軍とともにイスラーム国に狙いを定めた。ヒズブッラーとシリア軍は二〇一七年八月一九日、西カラムーン地方のカーラ市とジャラージール町の無人地帯で、またレバノン軍は自国領内のベカーア県バアルベック郡ラアス・バアルベック村、ファーキハ村、カーア村一帯で攻撃を開始した。そして八月二七日に同地の戦闘員と家族約三〇〇人をシリアのダイル・ザウル県方面に退去させることをイスラーム国に受け入れさせた。[22]

イスラーム国の戦闘員と家族は、二〇一七年八月二八日にシリア政府が用意した大型旅客バスで移動を始めた。だが八月三〇日、米国主導の有志連合がスフナ市東部の砂漠地帯からダイル・ザウル県に入ろうとした車列を爆撃し、イスラーム国支配地への進入を阻止した。戦闘員と家族は、徒歩でダイル・ザウル県に移動することを余儀なくされた。

ダマスカス県東部

アレッポ・モデルが採用された五つ目の地域は、ダマスカス県の東部を構成するジャウバル区、カーブーン区、バルザ区だった。同地では二〇一七年三月半ば、シャーム解放機構、シャーム自由人イスラーム運動、イスラーム軍、そして自由シリア軍を自称するラフマーン軍団、第一旅団、ウンマの暁旅団などが「アッラーの僕たちよ、しっかとせよ」と銘打った作戦を開始し、数千人の戦闘員を動員して、東グータ地方に隣接するこれら三地区のシリア軍拠点への攻撃を激化させた。この作戦で、反体制派は「インギマースィー（inghimāsī）」と呼ばれる戦闘員による自爆攻撃を繰り返し、三地区内で制圧地を拡げ、そこから首都ダマスカス各所に向けて砲撃を開始した。これに対し、シリア・ロシア両軍は爆撃・砲撃を激化させ、喪失した街区の奪還を目指した。

自爆攻撃には大きく分けて二つある。一つは「イスティシュハーディー（istishhādī）」と呼ばれる戦闘員による攻撃、もう一つは前述の「インギマースィー」による攻撃だ。前者は、爆弾ベルト、爆弾を仕掛けた車輌を自爆させる「単純な」攻撃であるのに対して、後者は、武器弾薬を携え、敵と交戦した後に自爆を行う「複合的な」攻撃を指す。「インギマースィー」は、イスラーム国の「専売特許」として広く知られるようになったが、シリアの反体制派も同様の戦術を採用していた。

シリア軍は、反体制派の奇襲により一時後退を余儀なくされたが、二〇一七年三月下旬までに優勢を回復し、最終的には、五月八日にロシアの仲介によって停戦が合意された。これを受け、戦闘員と家族約二五〇〇人が五月半ばまでに、シリア政府によって用意された大型旅客バスに乗ってイドリブ県に退去した。[23]

3 和平プロセスの矮小化

緊張緩和地帯第一ゾーンの三分割

緊張緩和地帯では戦闘が続いた。とりわけイドリブ県を含む第一ゾーンには、アレッポ・モデルの結果として各地から退去した主戦派が集結し、反体制派にとっての「最後の牙城（ākhir ma'qil）」と位置づけられるようになった。

事態の打開に向けて動いたのは、ロシアとトルコだった。第一ゾーンの停戦に向けて、両国が重ねた折衝（取引）は、二〇一七年九月一四日から一五日にかけてのアスタナ六会議で結実した。このラウンドで、両国（そしてイラン）は、第一ゾーンを以下の三つに分割し、停戦と「テロとの戦い」を推し進めることに合意した[24]（地図6‐2を参照）。

第一地区　アレッポ市、アブー・ズフール町、ハマー市を結ぶ鉄道線路以東の地域。ロシア主導の

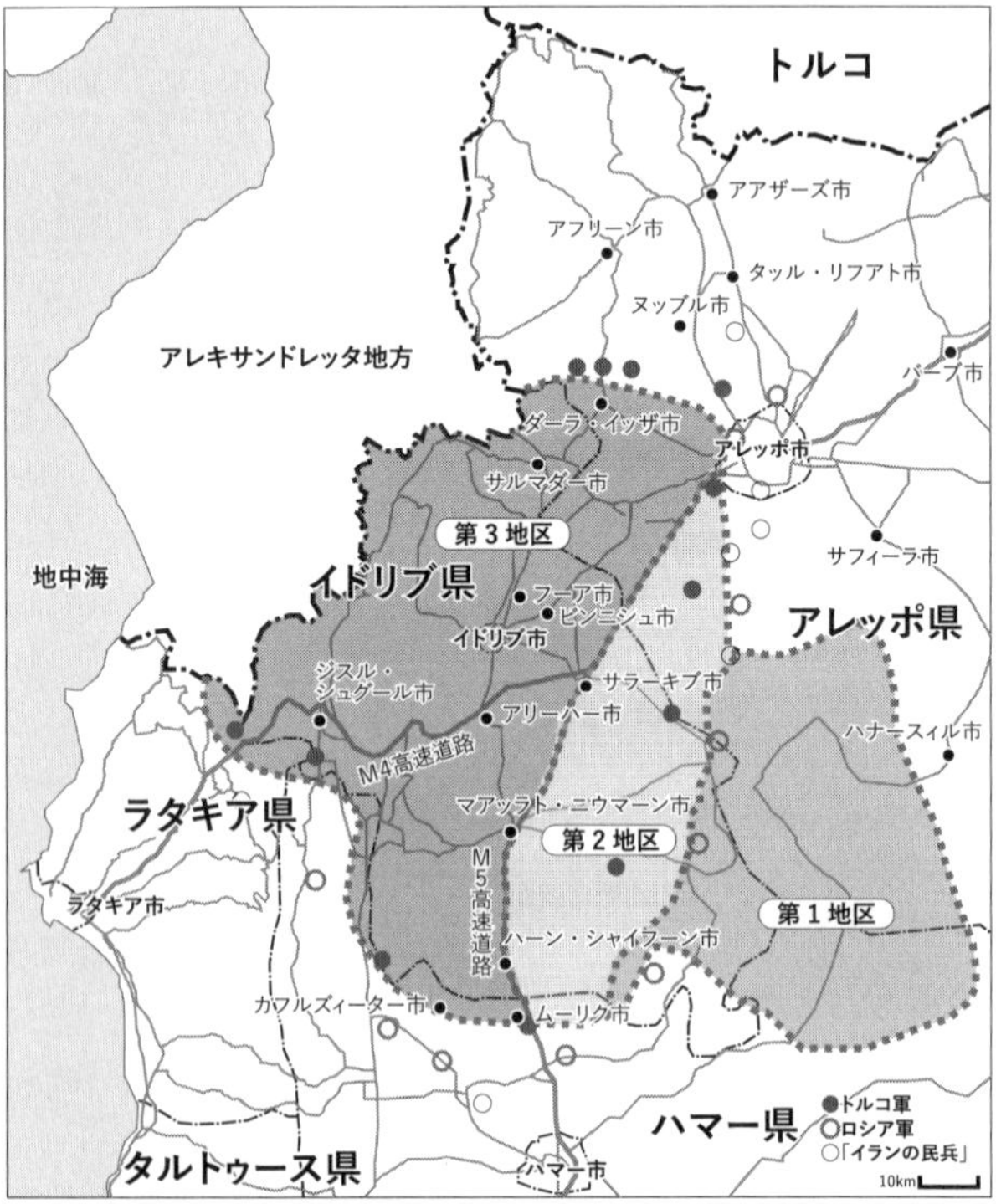

地図 6-2　緊張緩和地帯第一ゾーン三分割

2018 年 5 月までに、トルコ、ロシア、イランは、それぞれ 12 カ所、10 カ所、7 カ所の監視所を設置した。

もとで、シリア政府と「合法的な反体制派」の停戦と「テロとの戦い」を目指す
第二地区　鉄道線路とアレッポ市、サラーキブ市、マアッラト・ヌウマーン市、ハマー市を結ぶM5高速道路に挟まれた地域。ロシアとトルコが連携して停戦とテロ組織の撲滅を目指す
第三地区　M5高速道路以西の地域。トルコ軍の監督下で、反体制派が「テロとの戦い」を行う

続いて、二〇一七年一〇月三〇日から三一日にかけて開催されたアスタナ七会議では、ロシア、トルコ、イランがそれぞれ第一ゾーン内に一二カ所ずつ、合計三六カ所の監視所を設置し、部隊を進駐させることを合意した。[25] これを受けて、三カ国は監視所を設置していった。

第一ゾーンの三分割は、ロシアとトルコが、アル＝カーイダとのつながりの有無ではなく、それぞれの論理に基づいて「合法的な反体制派」とテロ組織を峻別し、停戦と「テロとの戦い」を行うことを認め合ったことを意味した。すなわち、第一地区では（そして事実上第二地区でも）ロシアやシリア政府にとって好ましくない武装集団が、第三地区ではトルコの思惑に沿わない者たちがテロ組織とみなされ、攻撃と排除の対象となったのである。

プーチン大統領の新たなイニシアチブ

アスタナ七会議ではまた、緊張緩和地帯第三ゾーンにダマスカス県ジャウバル区を、第四ゾーンにバイト・ジン村一帯を含めることも定められた。これと合わせて、もう一つ、その後の和平プロセスを規定する重要な決定がなされた。プーチン大統領が二〇一七年一〇月一九日に「シリア国民大会」[26] の名で

提唱した、シリア政府、親政府派、反体制派、無党派が一同に会する和平会議の開催である。この決定は、一一月二二日にソチで開かれたプーチン大統領、トルコのエルドアン大統領、イランのハサン・ロウハーニー大統領の首脳会談で再確認された。これにより、ロシアは休止状態にあったジュネーブ会議にとって代わる新たな和平会議を作り出すことの了承を、トルコとイランから得たのである。

これに先立って二〇一七年一一月二一日には、アサド大統領がソチを電撃訪問してプーチン大統領と会談し、二二日、シリア政府は三ヵ国首脳会談の決定に歓迎の意を表明した。[27] トランプ大統領も一一月二一日、プーチン大統領との電話会談で、大会に向けた取り組みを了承した。[28] こうした根回しを経て、一二月二一日から二二日にかけて開催されたアスタナ八会議では、二〇一八年一月二九日と三〇日の二日間、ソチで大会を開催することが合意された。[29]

だが、シリア政府や米国とは対照的に、反体制派の意見は割れた。ジュネーブ会議において反体制派を代表してきたシリア交渉委員会は組織としてのボイコットを決定したが、一部のメンバーが個人資格での参加を表明した。[30] トルコの占領地で活動する反体制派は当初は参加に難色を示したが、トルコの圧力に屈して代表の派遣を決定した。[31] 一方、クルド民族主義勢力のPYD（民主統一党）は参加に意欲を見せたが、トルコの強い反発を受け、不参加を余儀なくされた。[32] ジュネーブ会議、アスタナ会議から一貫して排除されてきたシャーム解放機構、シャーム自由人イスラーム運動は言うまでもなく、大会そのものを認めない立場をとり、反体制派に参加を見合わせるよう迫った。[33]

オブザーバーとして招待された諸外国のなかでは、ヨルダン、エジプト、サウジアラビア、イラク、レバノン、カザフスタン、中国、英国が参加を表明する一方、米国とフランスはボイコットした。理由として、両国は、東グータ地方での停戦合意をロシアが遵守していないためと主張した[34]（第七章一七一〜一七二頁を参照）。国連は、スタファン・デミストゥラ・シリア問題担当国連特別代表の派遣を決定し、和平会議に国連のお墨付きを与えた。

シリア国民対話大会

二〇一八年一月、シリア国民対話大会と名づけられた和平会議は、シリア社会のさまざまな階層を代表する一二九二人、国外の反体制派一〇一人、外国からの招待者三四人、国連からの招待者一九人が出席し、予定通り開催された。

だが、大会は終始波乱含みの展開となった。反体制派のうち、トルコ政府がチャーターした専用機で二〇一八年一月二九日にソチの国際空港に到着した七八人は、シリア国旗があしらわれた空港内の施設や掲示物を見て、空港当局や大会関係者にその削除・撤去を要請し、これが聞き入れられないと知るや、ロシアへの入国を拒否した。彼らは一四時間空港に滞在し、三〇日にソチをあとにした。

こうした混乱にもかかわらず、シリア国民対話大会は「シリアの主権、独立、平和、統合の尊重」、「諸外国の内政不干渉」、「国際社会におけるシリアの地位の回復」、「民主的な選挙を通じたシリアの未来の確定」、「政治的多元主義、市民の平等の原則に基づく、宗教的、人種的、民族的な帰属を超えた非宗派主義的民主国家としてのシリア（の樹立）」を確認する閉幕声明を採択した。また、内戦終結後の国のありようの基礎となる新憲法の起草（ないしは現行憲法の再検討）を目的とする制憲委員会（あるいは憲法制定委員会、憲法委員会）の設置を圧倒的多数で可決した[35]。

この合意をかたちにすることが容易でないことは、誰の目にも明らかだった。だが、シリア政府とロシアは、和平プロセスの停滞を反体制派への軍事攻勢の口実とすることができるようになった。これに対して、トルコは、反体制派を会議に参加させ、ロシアに花を持たせることで見返りを得ようとした。その見返りが「オリーブの枝」作戦だった（第四章一〇一～一〇四頁を参照）。

米国排斥をめぐる利害の一致

シリア国民対話大会開催という成果を生んだアスタナ会議はその後も続けられた。二〇一八年には三ラウンド（アスタナ九、一〇、一一会議）、二〇一九年にも三ラウンド（アスタナ一二、一三、一四会議）が開催された。このうち二〇一八年七月三〇日から三一日に開催されたアスタナ一〇会議は、アスタナではなく、ソチで開催された（なお、二〇二一年二月一六日から一七日にはアスタナ一五会議がソチで、七月七日から八日にはアスタナ一六会議がアスタナで開催された）。

これらのラウンドでは、緊張緩和地帯の維持・強化を通じた停戦の維持、「テロとの戦い」の継続、シリア政府、反体制派の双方が拘束している逮捕者・捕虜の釈放・解放、失踪者・行方不明者の捜索など、人道支援、難民帰還、そして制憲委員会の設置に向けた国連との連携や紛争解決への取り組み支援などについて意見が交わされた。だが、こうした審議事項と並んで、二つの事項が新たに強調されるようになった。

第一は「分離主義的アジェンダ（al-ajandāt al-infiṣālīya）」への拒否の姿勢である。ロシア、トルコ、イランは二〇一八年一一月二八日から二九日に開催されたアスタナ一一会議以降のラウンドの閉幕声明に

「「テロとの戦い」を口実として新たな現実を創り出そうとするあらゆる試み」と「シリアの主権と国土統一を反故にしようとする分離主義的アジェンダ」を拒否するといった文言を盛り込むようになった。[36]「分離主義的アジェンダ」とは、トルコが「分離主義テロリスト」とみなすPYDへの米国の支援を指していた。これは、PYDが実効支配するシリア北東部各所に駐留する米軍部隊を撤退させる意思を示していたトランプ大統領への念押しのメッセージのように見えた。また、二〇一九年一二月一〇日から一一日に開催されたアスタナ一四会議では、米国による石油の略奪やシリアへの一方的な経済制裁が非難された。[37]米軍のシリア駐留に手をこまねいていたロシアの不快感を示唆していた。

第二は、イスラエルによるゴラン高原占領とシリア領内への攻撃に対する拒否の姿勢である。イスラエルが攻撃において主要な標的としていたのは「イランの民兵」であり(第五章一二八～一四〇頁を参照)、攻撃の拒否は、シリアにおける影響力を維持するだけでなく、トランプ政権がイラン核合意から離脱した二〇一八年五月以降、激しさを増していた米国からのバッシングに抗おうとするイランの意思の表れでもあった。

こうした意思表明が行動を伴うことはなかった。だが、ロシア、トルコ、イランは、アスタナ会議を、米国排斥をめぐる利害一致を確認する場としていったのである。

第七章　世紀の取引

東グータ地方の反体制派とその家族約６万人は反体制派の支配地に退去したが、それ以外の住民はとどまった（2018 年 3 月 24 日、東グータ地方）

トランプ政権のシリア内政への消極的関与とアスタナ会議におけるロシアとトルコ（そしてイラン）の結託によって、反体制派支配地は、緊張緩和地帯に指定されて停戦が目指されるか、シリア政府主導の和解（アレッポ・モデル）によって消滅した。だが、各地でシリア軍と反体制派の戦闘は収束せずに続いた。事態の打開に向けて、ロシア、米国、トルコ、イスラエル、イラン、そして政府やクルド民族主義勢力のＰＹＤ（民主統一党）は、二〇一八年になると大がかりな取引を行っていった。アラブ世界のメディアで「世紀の取引（ṣafqa al-qarn）」と呼ばれたものである。

1　前哨戦

トルコとシリア政府による第一ゾーンと「オリーブの枝」地域の領土交換

起点は、二〇一八年初頭のトルコの「オリーブの枝」作戦と、ロシア主導によるシリア国民対話大会の開催だった。この二つをめぐって、シリア政府とロシアはトルコによるシリア北西部のアフリーン市一帯の占領を認め、その見返りとしてトルコは自らが支援する反体制派をシリア国民対話大会に参加させた（第四章一〇一～一〇四頁、第六章一六一～一六四頁を参照）。だが、この取引は、ロシアとシリア政府にとっては不十分だった。なぜなら、シリア国民対話大会に非協力的な姿勢をとれば軍事的攻勢を強めるとしてトルコや反体制派を威嚇できるようになったものの、実質的な成果を得ていなかったからである。とりわけ、政府にとっては、アフリーン市一帯の主権を回復する機会を逸したことは損失だった。

それゆえ、取引は続いた。それは、イランやＰＹＤを巻き込んだかたちで三度にわたって行われ、領土交換の様相を帯びた。

最初の取引は、緊張緩和地帯第一ゾーン第一地区の処遇をめぐるものだった。

二〇一七年末にダイル・ザウル県のユーフラテス川以西地域からイスラーム国を事実上掃討したシリア軍は、緊張緩和地帯第一ゾーン南東部のハマー県北東部、アレッポ県南西部、イドリブ県南東部への攻勢を強め、シャーム解放機構の一大拠点であるアブー・ズフール航空基地（イドリブ県）に迫った。

シリア軍の攻勢に対して、反体制派は共闘した。トルキスタン・イスラーム党は、戦車や重火器からなる大規模な増援部隊を派遣し、二〇一八年一月一一日には「アッラーには彼らを助ける力がある」作戦の開始を宣言し、シャーム解放機構を支援した。同じ日、シャーム軍団や「穏健な反体制派」のナスル軍、自由イドリブ軍なども「暴君への抗戦」作戦を開始し、シャーム解放機構とトルキスタン・イスラーム党に同調した。さらに「穏健な反体制派」のヌールッディーン・ザンキー運動、シャーム自由人イスラーム運動も戦闘に加わった。

事態が緊迫化するなかで、トルコのフルシ・アカル参謀総長とハカン・フィダン国家諜報機構（Ｍｉ

T〔Millî İstihbarat Teşkilatı〕）長官が二〇一八年一月一八日にモスクワを突如訪問し、セルゲイ・ショイグ国防大臣らと会談した。[1] この会談の二日後、すなわち、「オリーブの枝」作戦が開始された一月二〇日、反体制派は突如としてシリア軍に対する抵抗の手を緩めた。これを受けて、シリア軍は一月二一日、アブー・ズフール航空基地と周辺の三〇〇町村を解放し、緊張緩和地帯第一ゾーン第一地区を制圧した。[2] 会談では、「オリーブの枝」作戦でのトルコ軍の航空作戦の実施の是非や、アフリーン市一帯に進駐していたロシア軍部隊の処遇が話し合われたとされている。だが、これと合わせて、緊張緩和地帯第一ゾーンと「オリーブの枝」地域の支配権をめぐる何らかの取引が行われたことは容易に想像できた。

なお、第一地区ではシリア軍と反体制派の戦闘激化に乗じるかたちで、イスラーム国が活発な動きを見せるようになった。これに対し、シリア軍はイスラーム国の掃討に注力し、二〇一八年二月九日までにフワイン村（イドリブ県）一帯に追い込むことに成功した。敗色が濃厚となるなかで、イスラーム国は、シリア政府への投降（和解）ではなく、反体制派に合流する道を選んだ。

シリア政府とPYDの共同統治

第二の取引は、アレッポ県北部のPYDの支配地をめぐるものだった。この取引は、ロシアの仲介のもと、シリア政府とPYDの間で行われた。両者は、アフリーン市の処遇をめぐる交渉で決裂し（第四章一〇一～一〇四頁を参照）、二〇一八年三月一八日に同市をトルコに奪われることになった。だが、攻撃の矛先をタッル・リファアト市一帯のPYD支配地にも向けようとしていたトルコの進軍を回避するため、PYDは二月二二日、クルド人が多く居住し、二〇一二年半ば以降実効支配を続けてきたアレッポ市シャイフ・マクスード地区の支配に政府が参画することを認めた。また三月一二日には、タッル・リファアト市や同地の軍事拠点であるマンナグ航空基地へのシリア軍の進駐を許した。タッル・リファアト市一帯が政府とPYDの共同統治下に入ることで、トルコの侵攻は回避された。

実は、このタッル・リファアト市一帯はイランにとっても重要だった。同地は、シーア派（一二イマーム派）宗徒が暮らすヌッブル市、ザフラー町（いずれもアレッポ県）の北西に位置し、トルコ軍や反体制派の侵攻を防ぐ盾の役割も果たしてきたからだ。タッル・リファアト市一帯の支配がPYDによって独占されてしまえば、両地への侵攻の口実にもなりかねなかった。それゆえ、シリア軍の進駐によって、イランの懸念は解消されたのである。

東グータ地方への攻撃を黙認するトルコ

第三の取引は、緊張緩和地帯第三ゾーン、すなわち首都ダマスカス近郊の東グータ地方の処遇をめぐるものだった。

シリア・ロシア両軍は二〇一八年一月一八日、同地の完全制圧に向けて爆撃・砲撃を激化させ、シリア軍地上部隊が、親政権民兵や「イランの民兵」とともに進攻した。反体制派との戦闘により、多くの住民に犠牲が出るなかで、シリア軍による塩素ガス使用疑惑が幾度となく浮上し、トランプ政権は、化学兵器が再び使用されたら軍事介入も辞さないとの姿勢をちらつかせるようになった（第二章五二〜五三頁を参照）。また、欧米諸国やサウジアラビアはロシアに攻撃停止を迫り、人道停戦の設置を定めた国連安保理決議第二四〇一号[▼3]の採択（二月二四日）を主導した。しかし、トルコは、東グータ地方での戦闘を黙認し、シリア・ロシア両軍が爆撃・砲撃を激化させた二日後の一月二〇日、「オリーブの枝」作戦を開始したのである。

東グータ地方は、「アラブの春」がシリアに波及した二〇一一年三月から、ダルアー市、ヒムス市とともに反体制抗議運動がもっとも激しく展開し、シリア軍が執拗に攻撃を続けてきた。ドゥーマー市、ハラスター市、アルバイン市、ハムーリーヤ市、サクバー市、ザマルカー町、カフルバトナー町、アイン・タルマー村といった衛星都市と農村地帯からなる同地は、シリア内戦以前には一二〇万人の人口を擁していた。戦闘の激化を受けて、同地にとどまったのは四〇万人ほどだった。[▼4] だが、この人口規模は、二〇一六年一二月半ばにシリア政府によって奪還された時のアレッポ市東部地区よりも多く、戦闘で多くの犠牲者が出ることが懸念された。

シリア軍は二〇一二年一二月に東グータ地方一帯への締め付けを強化し、二〇一三年九月に完全包囲した。以降、この地域は孤立状態に置かれ、生活必需品（そして軍需品）は周辺からの密輸に依存し、深刻な人道危機に見舞われた。緊張緩和地帯第三ゾーンに指定されて以降は、ロシアが中心となって停戦に向けた努力を重ねてきた。だが、こうした努力は奏功せず、戦闘は続いた。

利用される子供を尻目に対立し合う反体制派

シリア軍による完全包囲は「飢餓作戦（'amalīya al-tajwī'）」と呼ばれ、欧米諸国や反体制派からの非難を浴びた。[▼5] そして、その最大の犠牲者として注目されたのが子供だった。

「アラブの春」のシリアへの波及は、ダルアー市で政権退陣を求める落書きをした子供たちが、当局に拘束され、厳しい処分を受けたことに端を発していた。[6] それゆえ、反体制派は当初から、シリア政府の非道さを伝えるアイコンとして子供を利用した。これに対し、政府側は、反体制派の主張が捏造だと反論し、これに反駁することに力を注いだ。二〇一六年一二月半ばに決着したアレッポ市東部地区での攻防戦では、流ちょうな英語でツイッター[7]から窮状を訴え続けた少女バナー・アブドちゃん（当時七歳）、シリア軍の爆撃によって倒壊した建物から血まみれになって救出された少年ウムラーン・ダクニーシュくん（当時五歳）らが、アイコンとして注目を集めた。このうち、バナーちゃんは同地区の陥落直前に戦闘員や家族とともにイドリブ県に脱出し、その後トルコに移り、エルドアン大統領に抱擁される様子が広く報じられた。[8] 一方、ウムラーンくんは、シリア軍に保護され、二〇一七年六月に国営のシリア・テレビに出演し、喧伝映像撮影のために反体制派に利用されていたと父親だという人物が暴露した。[9]

東グータ地方も例外ではなかった。二〇一七年一〇月、シリア軍の飢餓作戦のなかで餓死した体重二〇〇〇グラムに満たないサフル・ダフダアちゃんの写真が拡散された。[10] 一二月には、ハムーリーヤ市に対する二度にわたるシリア軍の爆撃で頭蓋骨損傷を負い、左目を失明、母親を亡くした生後二カ月の赤ちゃん、カリーム・アブドゥッラフマーンくんの映像がインターネット上で拡散された。[11] 反体制派はシリア軍の攻撃に抗議するため、片手で左目を覆った自身の写真を合わせて拡散し、国連英国代表大使、トルコの閣僚、レバノンのサアド・ハリーリー首相らが同様の写真を公開することで、連帯を表明した。アイコンとして利用された子供たちが欧米諸国で注目されているのを尻目に、東グータ地方の反体制派は勢力争いに終始した。

対立し合ったのは、同地最大の武装集団であるイスラーム軍を中心とする陣営と、自由シリア軍を自称するラフマーン軍団、アル＝カーイダ系のシャーム解放機構とシャーム自由人イスラーム運動からなる陣営だった。いずれも二〇一七年五月にダマスカス県ジャウバル区、カーブーン区、バルザ区からの撤退を余儀なくされると（第六章一五八～一五九頁を参照）、これらの組織は責任を押しつけ合うかたちで対立した。二〇一七年一一月半ば、シャーム自由人イスラーム運動が「彼らが不正を働いた」の戦いと銘打ってハラスター市一帯でシリア軍に対する戦闘を本格化させると、ラフマーン軍団、シャーム解放機構はこれに参加した。だがイスラーム軍はこうした動きとは一線を画し、共闘しようとはしなかった。

こうした状況は、シリア・ロシア両軍の攻撃が激化しても変わらなかった。それが弱点となった。シリア軍は、イスラーム軍とラフマーン軍団の支配地の境界に沿って進軍し、彼らを放逐していった。反体制派の支配地は、イスラーム軍の支配下にあるドゥーマー市一帯と、ラフマーン軍団、シャーム解放機構、シャーム自由人イスラーム運動などが活動を続けるそれ以外の市町村に分断され、シリア軍は包囲網を狭めていった。

欧米諸国の癇癪《かんしゃく》

東グータ地方では、「シリア革命」の成就に向けて反体制派と連帯していたはずの住民も、大挙してシリア政府支配地に避難していった。シリア・ロシア両軍は、住民に「人道回廊」を通じた脱出を呼びかける一方、反体制派には、武器を棄てて投降するか、北部の反体制派支配地に退去するよう迫った。その結果、二〇一八年三月二二日までにラフマーン軍団、シャーム解放機構、シャーム自由人イスラーム運動が退去を受諾し、戦闘員と家族四万五〇〇〇人以上が[▼12]、イドリブ県やトルコ占領下のアフリーン市一帯、ジャラーブルス市一帯に移送された。

最後まで抵抗したイスラーム軍も二〇一八年四月一日、ドゥーマー市からジャラーブルス市一帯への戦闘員および家族の退去、捕虜・人質の解放、重火器・中火器の放棄を骨子とする停戦を受け入れた。だが、合意の履行はその後も紆余曲折を経た。イスラーム軍の戦闘員らの退去は、四月四日までに四度にわたって行われ、約四〇〇〇人がドゥーマー市を後にした。[13] だが五日になると、退去を拒否する戦闘員の妨害で移送作業は中止を余儀なくされ、六日には戦闘が再開した。

イスラーム軍は首都ダマスカス各所を砲撃し、住民二〇人以上が死傷した。[14] これに対してシリア軍（そしてロシア軍）は、四月七日に総攻撃を開始した。そしてその日の午後、ドゥーマー市でシリア軍によるとされる化学兵器使用疑惑事件が発生したのである（第二章五二～五三頁を参照）。

戦闘は、イスラーム軍が四月八日にあらためて停戦に応じたことで収束し、戦闘員とその家族は四月一二日までにドゥーマー市から退去し、同市はシリア軍によって完全制圧された。その二日後となる四月一四日、米国、英国、フランスは、東グータ地方の趨勢を打開できないことに癇癪を起こすかのようにミサイル攻撃に踏み切った（第二章五七～五八頁を参照）。

一連の戦闘での民間人の死者数は一六〇〇人を超えた。[15] また、東グータ地方を退去した反体制派の戦闘員の家族の数は六万七七二八人に達した。[16] この数字は、欧米諸国や反体制派から無差別殺戮、虐殺といった非難を浴びた。だが、アレッポ市東部地区制圧の時と同じく、ほとんどの住民はシリア政府の支配下にとどまることを選択した。

自由と尊厳を実現するため、革命家と住民が一致団結して独裁に挑む――そうした「シリア革命」の虚像を東グータ地方に見出すことはできなかった。そこにあったのは、屈服を拒み、住民を見捨てることを選んだ反体制派、彼らと行動をともにすることを決意したその家族、そしてシリア政府のもとで回復した安定を受け入れた住民の姿だった。

2 縮小を続ける反体制派支配地

緊張緩和地帯第二ゾーンと東カラムーン地方

シリア軍がダマスカス郊外県東グータ地方を完全制圧し、反体制派に対する優勢を揺るぎないものにすると、各地に点在していた反体制派の孤立地域もシリア政府の支配に服していった。その多くはアレッポ・モデルを踏襲した。

東グータ地方に続いてシリア政府が支配を回復したのは、緊張緩和地帯第二ゾーンだった。同地では、東グータ地方での戦闘終結と前後して、地元の名士らからなる交渉委員会が設置され、ロシアの仲介のもとに政府との協議を本格化させた。その結果、二〇一八年五月一日に、反体制派の武装解除と投降（そして免罪）と、これを拒否する戦闘員と家族の退去を骨子とする停戦合意が交わされた。五月三日の停戦発効とともに、戦闘員と家族三万五〇〇〇人あまりが、ジャラーブルス市一帯と緊張緩和地帯第一ゾーンに退去した。また、合意そのものを拒否したシャーム解放機構、シャーム軍団、イッザ軍などは、シリア軍との散発的な衝突を繰り返しつつ、ハマー県北部に転戦した。これにより、緊張緩和地帯第二

ゾーンは五月一五日に政府の支配下に復帰した。▼17

一方、緊張緩和地帯には設定されていなかったが、東カラムーン地方のドゥマイル市、ルハイバ市、ジャイルード市（いずれもダマスカス郊外県）などからなる反体制派支配地は消滅していった。同地では、東グータ地方で対立していたイスラーム軍と、ラフマーン軍団、シャーム解放機構、シャーム自由人イスラーム運動に加えて、五五キロ地帯の設置に協力した自由シリア軍を名乗る諸派が抵抗を試みていた。だが、二〇一八年四月一八日に停戦を受け入れた。和解を拒否したのは、シャーム解放機構、シャーム自由人イスラーム運動、殉教者アフマド・アブドゥー軍団で、その戦闘員と家族約六〇〇〇人は二四日までにアフリーン市一帯やジャラーブルス市一帯、そして緊張緩和地帯第一ゾーンに移送された。▼18

首都ダマスカス南部

より複雑なかたちで事態が決着したのが、首都ダマスカス南部だった。ダマスカス県カダム区、タダームン区、ヤルムーク区、ヤルムーク・パレスチナ難民キャンプ、ダマスカス郊外県ハジャル・アスワド市、ヤルダー市、バッビーラー町、バイト・サフム市からなるこの地域は、「アラブの春」が波及した当初から抗議デモが発生し、二〇一二年半ばまでにシリア政府の支配を脱していた。東グータ地方、東カラムーン地方が政府の支配下に復帰するなかで、同地は首都近郊における最後の反体制派支配地だった。

この地域でアレッポ・モデルの適用が困難を極めた理由は三つあった。

第一の理由は、反体制派の構成だ。この地域では（それ以外の地域と同じく）、シャーム解放機構が反体制派を主導していたが、イスラーム国も支配地を温存していた。イスラーム国は二〇一五年四月頃から徐々に勢力を拡大し、タダームン区、ハジャル・アスワド市を手中に収めていた。シャーム解放機構（当時の名称はヌスラ戦線）は、シリア軍と激しく戦うイスラーム国の動きを当初は黙認し、ヤルムーク区やヤルムーク・パレスチナ難民キャンプを分有した。だが、二〇一六年四月、イスラーム国が増長し、キャンプ内での支配を拡げると対立が絶えなくなった。同地では、シリア軍、シャーム解放機構が主導する反体制派、イスラーム国が三つ巴となって抗争を繰り広げることになった。

第二の理由は、シリア軍への抵抗を停止していた反体制派がいたことだ。この地域は二〇一二年半ば以降、シリア軍の砲撃や包囲に苦しんでいたが、うちヤルダー市、バッビーラー町、バイト・サフム市の反体制派は、二〇一四年二月にシリア政府との和解に応じることで困難を打開しようとした。これにより、この三市町では、戦闘は回避され、住民は政府支配地との往来や物資の搬出入を許可されていた。

そして第三の理由はヤルムーク・キャンプの存在だ。シリアには、パレスチナ難民キャンプが一五あり、その人口は「アラブの春」の波及以前は約四九万人に達していた。[19] そのなかで最大のキャンプが一六万人を擁するヤルムーク・キャンプだった。これらのキャンプはシリア内戦によって被害を受け、一一万人以上が国外に避難した。破壊がもっとも激しかったヤルムーク・キャンプでは、街は瓦礫と化し、八万人が死亡、人口も一万八〇〇〇人にまで減少していた。[20]

シリア版キャンプ戦争

シリア内戦のなかで、キャンプを拠点に活動を続けていたパレスチナ諸派は、シリア政府との関係を維持するか、反体制派に与するかの岐路に立たされた。ハマースは政府との絶縁を選び、ヤルムーク・キャンプに置いていた本部を撤収、反体制派を支援していたカタールに移転した。一方、ハマースに近い民兵組織のアクナーフ・バイト・マクディス大隊は、キャンプにとどまり、シャーム解放機構、イスラーム軍などと連携してシリア軍に対峙した。

これに対して、パレスチナ解放人民戦線・総司令部派（ＰＦＬＰ－ＧＣ［Popular Front for the Liberation of Palestine – General Command］）、ファタハ・インティファーダ、パレスチナ人民闘争戦線（ＰＰＳＦ［Palestine Popular Struggle Front］）、サーイカ（人民解放戦争前衛）、パレスチナ解放機構（ＰＬＯ［Palestine Liberation Organization］）の軍事部門であるパレスチナ解放軍は、「イランの民兵」とともにシリア軍と共闘した。

新たなパレスチナ人民兵組織も誕生した。もっとも有力なのは、アレッポ市郊外のナイラブ・キャンプなどで暮らすパレスチナ人が二〇一三年一〇月に結成したクドス旅団で、アレッポ市東部地区での反体制派との戦闘だけでなく、イスラーム国との戦闘にも参加した。このほかにも、イスラーム・ジハード運動の離反者が二〇一四年に結成したサービリーン運動、ヒズブッラーの教練を受けて二〇一二年に結成されたジャリール部隊なども反体制派と戦った。▼21

パレスチナ難民キャンプ、なかでもヤルムーク・キャンプでは、シリア人どうしが軍と反体制派に分かれて戦うだけでなく、パレスチナ人どうしも血を流し合い、シリア版キャンプ戦争とでも呼ぶべき惨状が生じた。

反体制派による和解受け入れ

こうした凄惨な事態に終止符が打たれるきっかけを(期せずして)与えたのは、イスラーム国だった。前述の通り、イスラーム国が二〇一五年四月にヤルムーク区とヤルムーク・キャンプで勢力を増すと、アクナーフ・バイト・マクディス大隊は、ほかのパレスチナ諸派との対立を解消し、キャンプ奪還に向けてシリア軍と共闘するようになったのである。

ただし、シリア政府にとっての軍事的優先事項は、アレッポ市東部地区の奪還と、シリア東部でのイスラーム国支配地の奪還だった。そのため、これらが達成されるまで、首都ダマスカス南部での戦闘は限定的なものにとどまった。

二〇一八年三月になると、シリア政府はアレッポ・モデルの適用を本格的に試みるようになった。交渉相手には、抵抗を続ける反体制派だけでなく、イスラーム国も含まれた。交渉は難航した。シリア軍はイスラーム国への攻勢を強めることで、反体制派に力を誇示し、三月一一日に戦闘員と家族の退去を認めさせることについに成功した。三月一三日、カダム区で活動を続けてきた戦闘員と家族約一〇〇〇人がバスで緊張緩和地帯第一ゾーンとジャラーブルス市一帯に移送された[22]。だが、これが裏目に出た。イスラーム国は三月一五日に政府との停戦に合意しておきながら、反体制派の退去に乗じて二〇日にカダム区に侵攻し、これを制圧したのである。

シリア軍が最終決着に向けて攻勢を強めたのは、東グータ地方と東カラムーン地方での戦闘が終結した直後の二〇一八年四月半ばだった。シリア軍はイスラーム国とシャーム解放機構が分割支配するヤルムーク・キャンプ、そしてイスラーム国が掌握していたハジャル・アスワド市への砲撃と爆撃を強化し、パレスチナ諸派とともに地上部隊を進攻させたのである。

シャーム解放機構は二〇一八年四月二九日、以下三点を骨子とする停戦を受け入れた——①ヤルムーク・キャンプで活動を続けてきた戦闘員と家族を緊張緩和地帯第一ゾーンに退去させる、②反体制派が包囲を続けてきたフーア市とカファルヤー町の住民約一五〇〇人をシリア政府支配地に退去させる、③反体制派は拉致してきたイシュタブリク村（イドリブ県）の住民の一部（八五人）を、政府側は拘束してきた反体制派の捕虜を、それぞれ釈放する。[23] この合意に従い、四月三〇日、フーア市とカファルヤー町の住民の一部がアレッポ市に移送され、シャーム解放機構の戦闘員と家族が退去した。また、五月一日には捕虜交換が行われた。

イスラーム国放逐

シリア軍とパレスチナ人民兵は、その後もイスラーム国に対して攻撃を続けた。最終的に、イスラーム国は二〇一八年五月一九日、戦闘員と家族の退去を受け入れた。[24] 彼らは二一日から二二日にかけて東部の砂漠地帯に移送され、首都ダマスカス南部のイスラーム国の支配地はシリア政府の支配下に復帰した。

こうした動きと並行して、シリア政府は、ロシアを仲介者として二〇一四年二月に和解に応じていた反体制派にもアレッポ・モデルを迫った。ロシアは二〇一八年四月二四日、ヤルダー市、バッビーラー町、バイト・サフム市にとどまっていた反体制派に、イスラーム国とシャーム解放機構との戦闘にシリア軍やパレスチナ人民兵とともに参戦すること、そしてこれと合わせて政府と完全に和解し、支配地を引き渡すこと、これが受け入れられない場合は同地から退去することを求めた。

反体制派は二〇一八年四月二九日にこれを受諾し、シリア政府との完全和解を拒否する戦闘員とその家族は五月一〇日までにジャラーブルス市一帯に退去した。[25] 五月一一日、ヤルダー市、バッビーラー町、バイト・サフム市に治安部隊と警察が展開し、政府がその支配を回復した。

3 革命発祥の地をめぐる戦い

複雑な様相を帯びる緊張緩和地帯第四ゾーン

二〇一八年五月までに首都ダマスカス一帯の反体制派の支配地をすべて奪還したシリア政府は、南西部に位置する緊張緩和地帯第四ゾーンに狙いを定めた。

「シリア革命発祥の地」と称されたダルアー市を含むこの地域は、二〇一二年夏頃までにダルアー市の北半分と、首都ダマスカスとダルアー市を結ぶM5高速道路の沿線を除いて、全域が反体制派の支配下に入っていた。シリア軍は同地の奪還を目指して攻撃を続けたが、反体制派の激しい抵抗に遭った。シャーム解放機構は、南部戦線、イスラーム軍、シャーム自由人イスラーム運動とともに「堅固な建造物」作戦司令室（二〇一七年二月結成）として糾合し、ダルアー市北部一帯で反転攻勢を強めていた（第六章一四八〜一五〇頁を参照）。また、「一致団結」、「隊列統合」、「侵略者撃退」、「死の三角地帯」、「決勝」、「抑圧者撃退」を名乗る六つの作戦司令室も抵抗を続けた。

イスラーム国も、緊張緩和地帯第四ゾーンの東に位置するスワイダー県東部の砂漠地帯、そしてそれに隣接するサファー丘（ダマスカス郊外県）に支配地を温存していた。さらに、AOS（兵力引き離し地域）の東に位置するヤルムーク川河畔地域は、このイスラーム国に忠誠を誓うハーリド・ブン・ワリード軍が手中に収めていた（第五章一二九～一三〇、一三六～一三七頁を参照）。ハーリド・ブン・ワリード軍は、自由シリア軍を自称するヤルムーク殉教者旅団が「進化」して、二〇一六年に五月に結成した組織だ。ヤルムーク殉教者旅団は二〇一三年三月にUNDOF（国連兵力引き離し監視軍）のフィリピン軍二一人を身代金目当てに拉致したことで知られる。[26] 彼らは、シャーム解放機構（当時の名称はヌスラ戦線）との対立を激化させ、二〇一五年四月にイスラーム国に忠誠を誓った。その後、二〇一六年五月に、イスラーム国とつながりがあるとされるジハード軍やイスラーム・ムサンナー運動と統合し、ハーリド・ブン・ワリード軍を名乗るようになった。

かくして緊張緩和地帯第四ゾーンでは、シリア政府、アル＝カーイダ系組織が主導する反体制派、イスラーム国（そしてその系譜を汲む組織）による三つ巴の戦いが続いてきたが、事態は同地が中東における最大の政治紛争であるアラブ・イスラエル紛争（パレスチナ問題）の主戦場の一つ、ゴラン高原と隣接していたことでさらに複雑化した。その戦況は、ゴラン高原を挟んで対峙を続けるイスラエルとシリア、そしてシリアを支援するヒズブッラーなどの「イランの民兵」の勢力均衡や安全保障に直結し、それらの国の背後にいる米国、ロシアにとっても大きな問題だった。

米国とヨルダンに梯子を外された反体制派

シリア軍は、首都ダマスカス一帯の反体制派支配地のすべてを回復してから一カ月が経った二〇一八年六月一九日、この緊張緩和地帯第四ゾーンにおいて大規模な掃討作戦を開始し、ロシア軍も二二日深夜から二三日未明にかけて、約一年ぶりに同地への爆撃を再開した。反体制派は徹底抗戦を試みた。「堅固な建造物」作戦司令室をはじめとする七つの作戦司令室は六月二〇日、南部中央作戦室の名で統合し、戦闘を継続した。

この動きは、アレッポ市東部地区で抵抗を続けてきた反体制派が同地陥落直前にアレッポ軍を結成し、糾合したのに似ていた。いずれも反体制派のスペクトラが混濁し、「テロとの戦い」を主唱するシリア軍の攻撃に正当性を付与するだけだった。

しかし、シリア政府によるこの第四ゾーンの奪還を可能とした最大の要因は、シリア・ロシア両軍の攻勢ではなかった。政府、反体制派、イスラーム国、ロシア、イラン、米国、ヨルダン、そしてイスラエルによる入り組んだ取引、すなわち「世紀の取引」が事態を決着へと導いていったのである。

トランプ政権発足以降、シリア情勢への関心を低下させ、アル＝カーイダと共闘する反体制派との関係を解消した米国は、二〇一八年五月三一日、シャーム解放機構をヌスラ戦線の別名としてＦＴＯ（外国テロ組織）に追加登録した。[27] そして、六月二四日、反体制派に「あなた方は我々の軍事介入を想定、期待して決定を下すべきではない」[28]と文書で通達し、反体制派をシャーム解放機構とともに切り捨てた。米国の対応は徹底しており、支援停止はホワイト・ヘルメットにも及んだ。[29]

ヨルダンも動いた。緊張緩和地帯第四ゾーンで戦闘が激化すると、国境を封鎖し、避難してきた住民と反体制派の入国を阻止した。国境に殺到した住民は、三二万人にのぼるとされたが、[30]欧米メディアがそのことを大々的に報じることはなかった。

シリア軍がダルアー県東部の戦略的要衝ブスル・ハリール市やフラーク市などを次々と制圧するなかで、なす術を失った反体制派は、ロシアとヨルダンの仲介のもと、シリア政府との停戦に応じ、二〇一八年七月六日にはUNESCO世界文化遺産のローマ劇場を擁するブスラー・シャーム市（ダルアー県）、七日にはナスィーブ国境通行所、九日にはダルアー県のヨルダン国境全域、そして一二日にはダルアー市中心街をシリア軍に明け渡した。また、一部の戦闘員は武器を棄てて投降し、和解を拒否した者たちは家族とともに緊張緩和地帯第一ゾーンに去っていった。また、国境に押し寄せていた住民らは、戦闘が終わると、政府が支配するところとなった自らの町や村に帰っていった。

大義を成就するイラン

米国とヨルダンが、反体制派切り捨ての見返りとして求めたのが「イランの民兵」の排除だった。これはシリア政府によるAOSの支配回復に伴って、同地への「イランの民兵」の浸透を警戒していたイスラエルの意向に沿ったものだった（第五章一三一〜一三四頁を参照）。

イスラエルの懸念を払拭したのはロシアだった。モスクワで二〇一八年七月一一日に行われたネタニヤフ首相との会談で、プーチン大統領は、シリア領内での「イランの民兵」を主たる標的としたイスラエルの軍事作戦を黙認するとともに、AOSを内戦以前の状態に原状復帰させることを確約した[31]（第五章一三六〜一三七頁を参照）。ネタニヤフ首相は、これに応えるかたちでAOS一帯でのシリア軍の反体制派に対する攻勢に青信号を出した。また、ロシアによるイスラエル（そして米国、ヨルダン）懐柔の過程で、アスタナ会議の保証国であるトルコも一役買った。エルドアン大統領は五月二九日のプーチン大統領との会談で、「シリアをイランとイスラエルの戦場とすることを阻止する」[32]ことを確認し、ロシアの調整を側面支援していた。

ロシア、イスラエル、米国、ヨルダン、トルコが結託し、イスラエル軍が「イランの民兵」への攻撃を激化させるなかで、「イランの民兵」はシリア南部から撤退（ないしは規模縮小、あるいは潜伏）したと報じられた[33]。イラン一国だけが損をしたように見えたが、同国は目に見える見返りを得た。フーア市とカファルヤー町のシーア派住民の処遇である。

同地の住民は、シリア政府と反体制派の間で合意された、二〇一七年三月のヒムス県ワアル地区での和解とマダーヤー町、ザバダーニー市、ブルーダーン村での和解、二〇一八年四月の首都ダマスカス南部での和解により、その一部がすでにシリア政府支配地に退避していた（第六章一五四〜一五六頁、本章一八〇〜一八一頁を参照）。イランは残された住民を救出するため、シャーム解放機構と水面下で交渉し、七月一七日に以下四点を骨子とする合意を交わしたのである——①両地に残る住民全員（六九〇〇人）を政府支配地に退避させる、②反体制派は拉致していたイシュタブリク村の住民全員（三三人）を解放する、③政府は拘束してきた反体制派一五〇〇人を釈放する、④ヒズブッラーは拘束してきた反体制派三六人を解放する[34]。

この合意は二〇一八年七月二〇日までに履行された。これにより、イランは、シーア派（一二イマーム派）宗徒とその居留地や聖地を防衛するというシリアへの「イランの民兵」派遣の大義を成就した。以降、「イランの民兵」は、イマーム・アリー基地の建設などを通じてダイル・ザウル県南東部でプレゼンスを示すことで、一方ではイラン版「一帯一路」の実現を試み、他方ではイスラエルや米国への心理戦を挑むようになっていった（第五章一三九〜一四〇頁を参照）。

AOSの原状復帰

イスラエルとロシアがAOSの原状復帰に合意したことを受けて、シリア軍はゴラン高原に向けて西進を続け、反体制派の支配地を次々と制圧していった。

イスラエル軍はクナイトラ県でシリア軍拠点や「イランの民兵」への攻撃を続けた（第五章一三六〜一三七頁を参照）。だが、その行動様式には明らかな変化が見てとれた。負傷した戦闘員の国内への搬送や治療、武器弾薬の供与を通じて反体制派を支援していたイスラエルが、シリアからの難民（そして反体制派）流入を拒否するとの姿勢を示したのである。[35] シリア軍の進攻を受けて、三〇〇〇人を数える避難民がAOSに殺到し、イスラエルへの入国を求めているとの情報が流れていた。[36] だが、欧米諸国の政府やメディアはまたしてもこの事実を大きく取り上げようとはしなかった。

退路を断たれたクナイトラ県の反体制派は、二〇一八年七月一九日にクナイトラ市で、二三日にジャバーター・ハシャブ村でシリア政府との停戦に応じ、和解を拒否する戦闘員は家族とともに二六日までに緊張緩和地帯第一ゾーンに退去、クナイトラ市は政府の支配下に復帰した。

こうして緊張緩和地帯第四ゾーン内の反体制派支配地のすべてを奪還したシリア政府は、各地に軍・治安部隊を展開させ、インフラの復旧作業を進めていった。だが、クナイトラ市を含むAOSに部隊を進駐させることはなかった。その代わりに、ロシア軍憲兵隊の護衛を受けたUNDOFが二〇一八年八月二日、AOSでの停戦監視活動を再開し、停戦秩序は「アラブの春」以前の原状へと復帰された。

シンクロするホワイト・ヘルメットとアル＝カーイダ系組織

こうしたなかで、奇妙な美談が注目を浴びた。イスラエルが二〇一八年七月二二日、欧米諸国の要請を受けて、緊張緩和地帯第四ゾーンで活動を続けていたホワイト・ヘルメットのメンバーとその家族約四〇〇人をAOSから救出し、ヨルダンに引き渡したのである。この救出作戦に先立って、ホワイト・ヘルメットは、シリア政府の報復に怯え、差し迫った危機に直面しているなどとして、にわかに注目を浴びるようになっていた[37]。だが、死を恐れずに住民の救出活動にあたっていたはずのホワイト・ヘルメットが、住民を差し置いて命乞いをし、戦火を逃れて避難してきた住民の入国を阻止していたイスラエル（そしてヨルダン）に欧米諸国が彼らを救出するよう要請するというのは異様だった。人道という価値観に真に依拠するのであれば、救いの手を差し伸べられるべきは、ホワイト・ヘルメットではなく、国境に避難していた住民であるはずだった。

救出されたメンバーらは、二〇一八年一〇月に約三七〇人が西欧諸国、約一二〇人がカナダに移送され、これまでの働きへの論功行賞を得るかのように、そこで市民権を付与された[38]。

ホワイト・ヘルメットは、これまで各地でシリア政府と反体制派の停戦が成立する度に忽然と姿を消していた。政府との和解に応じてその地域に残った反体制派の元戦闘員や兵役忌避者のなかに、ホワイト・ヘルメットのメンバーだったと告白する者はいなかった。和解を拒否して退去した戦闘員や家族は、退去に先立って政府当局が氏名などを記録したが、ホワイト・ヘルメットのメンバーがいたと伝えられたことはなかったし、ホワイト・ヘルメットのメンバーで自分は退去したと証言した者もいなかった。だが、AOSでの停戦に限って、ホワイト・ヘルメットは姿を消さず、その存在は報復の恐怖に怯える人々としてクローズアップされた。

AOSでの停戦には、これまでと異なる点がもう一つあった。それは、シリア政府との和解に応じた反体制派にも、和解を拒否して退去した反体制派にも、アル＝カーイダ系組織のシャーム解放機構のメンバーが含まれないとされた点だ。[39] シャーム解放機構は二〇一八年七月二二日、停戦に応じた反体制派が放棄した地域からAOSに退却し、その際にクナイトラ通行所を破壊したが、その後忽然と姿をくらました。そして、これと時を同じくして、イスラエルの占領地域とシリア政府支配地に挟まれて孤立したとされるシャーム解放機構の残留地域から、ホワイト・ヘルメットが救出された。こうしたシンクロこそが、ホワイト・ヘルメットを「テロの仮面（qināʻ al-irhāb）」と断じる主張をサポートしてきたのだ。

ハーリド・ブン・ワリード軍、イスラーム国の掃討

緊張緩和地帯第四ゾーン内の反体制派支配地の消失と並行して、シリア・ロシア両軍は、イスラーム国に忠誠を誓うハーリド・ブン・ワリード軍に対する攻勢を強め、シリア南西部において二〇一八年七月二四日には二一の村を、二五日には一四の村を、そして二六日には主要拠点のサフム・ジャウラーン村、タスィール町など九町村を順調に制圧した。

この戦闘には、革命軍、スンナ青年旅団、クナイトラ軍事評議会など、自由シリア軍を名乗る諸派の

一部がシリア軍の側に転じて参加した。このうちスンナ青年旅団は「ダルアーのカエル（dafḍaʻ darʻā）」の異名で知られるアフマド・アウダが率いる武装集団で、二〇一八年七月一日にブスラー・シャーム市でシリア軍との停戦を受諾した際、シリア軍第五軍団に従軍する旨に合意していた。同軍団はロシアの支援を受けて、シリア軍が二〇一六年一月に新設した部隊で、志願者により構成され、既存の部隊、国防隊をはじめとするシリア人民兵、そして「イランの民兵」とともにシリア全土において治安と安定の回復を目指すため、テロを掃討することを任務とした。

　ゴラン高原東部におけるハーリド・ブン・ワリード軍の掃討戦に注力するようになったのは、シリア・ロシア両軍だけではなかった。イスラエルも二〇一八年七月二五日、攻撃に踏み切った。イスラエル軍の声明によると、占領下ゴラン高原に迫撃砲二発が撃ち込まれたことへの対抗措置として、砲弾が発射されたハーリド・ブン・ワリード軍の砲台一カ所を爆撃・砲撃した。

　実はこの前日の二〇一八年七月二四日、イスラエルはシリア軍戦闘機を撃墜し、パイロット一人が死亡、掃討戦の行方に暗雲が立ちこめたかに見えた。その前日にもシリア軍の侵攻を阻止するとして、対ミサイル防空システム「ダビデの投石器」を作動させていたイスラエル軍は（第五章一三六～一三七頁を参照）、声明でT4航空基地を離陸した直後からシリア軍戦闘機をレーダーで捕捉し、「領空（占領下のゴラン高原上空）」に二キロ侵入したために、ミサイル二発を発射したと発表した。[40]一方、シリア軍はこれを否定し、イスラエルの攻撃を厳しく非難した。軍消息筋は「戦闘機はシリア領であるゴラン高原上空にすら進入しておらず、シリア領空（ヤルムーク川河畔地帯）で狙われた[41]」と反論した。

　だが、この不意の出来事によって、ロシア、シリア、イスラエルの連携は逆に促された。シリア・ロシア両軍の攻勢にイスラエルも同調したのである。ハーリド・ブン・ワリード軍はイスラエル軍を挑発し、シリア軍部隊を攻撃させようと試みた。だが、イスラエル軍は空爆と砲撃で応じ、戦闘員複数人を殲滅、砲台陣地数カ所を破壊した。シリア政府は、イスラエル軍が領空を侵犯し、ハーリド・ブン・ワリード軍を越境攻撃したことを非難しなかった。ロシアがとった対応はより大胆だった。ロシア軍戦闘機は七月二五日、イスラエル占領下のゴラン高原上空に進入し、爆撃を実施したのだ。シリア軍による「侵犯」とは対象的に、イスラエルはこの行為を黙認した。[42] なお、戦闘の激化を受けて、住民約一万人がゴラン高原に向かって避難を試みた。[43] だが、イスラエルは彼らが停戦ラインを越えることを認めなかった。

最後の抵抗

イスラーム国も黙ってはいなかった。二〇一八年七月二五日、シリア南西部のスワイダー市で連続自爆テロを敢行し、民間人一三五人を含む二四六人が死亡した。[44] さらに、イスラーム国はテロ実行の直後にスワイダー県東部に侵攻し、シブキー村およびその近郊に位置する村々を一時占拠し、多数の住民を殺害、女性や子供ら三六人を人質として拉致・連行した。

ハーリド・ブン・ワリード軍は、連続自爆テロや住民拉致事件後もシリア軍の攻勢に晒され続けた。彼らは二〇一八年八月一日、ロシアの仲介により、スワイダー県東部の砂漠地帯とサファー丘にあるイスラーム国の支配地に戦闘員と家族約四〇〇人を退去させることをシリア政府と非公式に合意した。[45] これによりヤルムーク川河畔地域のハーリド・ブン・ワリード軍の支配地は消滅し、政府がダルアー県全域を回復した。

シリア軍はまた、和解に応じた反体制派とともに、イスラーム国支配地への攻撃も本格化させ、二〇一八年八月一二日にスワイダー県東部の砂漠地帯を完全に制圧した。だが、同地に隣接するサファー丘での掃討戦は、岩石砂漠によって進軍を阻まれたために難航した。人質解放交渉も、イスラーム国が一〇月二日に女性一人を処刑するなどして徹底抗戦の構えを示したことで滞った。交渉にあたったロシアは、シリア政府だけでなく、米国とシリア民主軍にも協力を仰いだ。その結果、一〇月一六日、イスラーム国が人質一〇人を解放する見返りとして、政府が拘束中のイスラーム国の戦闘員の家族二五人を、またシリア民主軍が拘束していた戦闘員の家族二九人を釈放することで合意が成立し、二〇日に身柄の引き渡しが行われた。

残りの人質は、シリア軍が二〇一八年一一月二日、ヒムス県南東部のハミーマ砂漠地帯にあるイスラーム軍の潜伏先を急襲し、救出した。

人質全員の解放を受けて、シリア軍はサファー丘への総攻撃を開始し、二〇一八年一一月一九日に同地を完全制圧した。これにより、南部のイスラーム国支配地も完全に消滅した。

かくして「世紀の取引」と呼ばれた当事者間の大がかりな取引、そして戦闘は収束し、緊張緩和地帯第四ゾーンを含む南部全域はシリア政府の支配下に復帰した。

第八章 「シリア革命」最後の牙城をめぐる攻防

シリア北西部のイドリブ県M4高速道路で、ロシア・トルコ両軍が合同パトロールを行う（2020年6月4日、イドリブ県）

「世紀の取引」を経て南部全域がシリア政府の手に落ちたことで、反体制派支配地はイドリブ県を中心とする北西部の緊張緩和地帯第一ゾーンだけとなった。シリア軍はこれまでと同じく、アレッポ・モデルを通じて同地の支配を回復し、国内での戦闘の収束を狙うかに思えた。だが、事態はそう簡単には進まなかった。

1　回避されたイドリブ総攻撃

「シリア革命」最後の牙城

緊張緩和地帯第一ゾーンは、二〇一五年三月にイドリブ県の全域を掌握したファトフ軍を構成していたシャーム解放機構（当時の名称はヌスラ戦線）、シャーム自由人イスラーム運動、ジュンド・アクサー機構、シャーム軍団の本拠地であり、「穏健な反体制派」と呼ばれた自由シリア軍を名乗る諸派も数多く存在した。また二〇一六年末以降、各地の反体制派支配地がシリア軍によって制圧される過程で、和解を拒んだ戦闘員が家族とともに逃れてきた場所でもあった。「アラブの春」波及以前に一五〇万人だったイドリブ県の人口は、反体制派に加えて、国内避難民が流入したことで三〇〇万人に膨れあがっていた▼1。この数は、シリア軍が武力で制圧したアレッポ市東部地区や東グータ地方の人口の比ではなかった。緊張緩和地帯第一ゾーンは、名実ともに「シリア革命」にとって最後の牙城だった。

しかし、同地の反体制派は一枚岩ではなかった。二〇一七年に入ると、反体制派の間では、アスタナ会議やトランプ政権発足に伴う欧米諸国からの支援減少への対応をめぐって対立が深まっていった。その結果、反体制派の離合集散が加速し、反体制派のスペクトラはこれまで以上に混濁した。

混濁を極める反体制派のスペクトラ

離合集散を主導したのは二つの陣営だった。

第一の陣営は主戦派とでも言うべき勢力で、シャーム解放機構、イッザ軍などからなっていた。これらの組織は、アスタナ会議における合意の一切を拒否し、自らを「シリア革命」の本流と位置づけて、シリア軍との徹底抗戦を主唱し、これに応じない反体制派を力で抑え込んでいった。また、トルキスタン・イスラーム党、ムハージリーン・ワ・アンサール、アジュナード・カウカーズ、ウズベキスタン人からなるイマーム・ブハーリー大隊といった外国人戦闘員との連携を強めた。

第二の陣営は慎重派とでも呼ぶべき勢力で、シャーム自由人イスラーム運動とシャーム軍団が主導した。主戦派と同じく、シリア政府への敵意をむき出しにしてはいたが、シリア軍との大規模な戦闘については、これを回避しようとした。シャーム自由人イスラーム運動は、シャーム解放機構の強引な拡張主義に対抗するかたちで、弱小組織を次々と傘下に収めていった。また、二〇一八年二月には、シャーム解放機構と袂を分かった「穏健な反体制派」のヌールッディーン・ザンキー運動と統合し、シリア解放戦線を名乗った。一方、シャーム軍団は五月、「穏健な反体制派」として知られた自由イドリブ軍、ナスル軍など一〇組織と糾合し、国民解放戦線を結成した。そして八月にはこの国民解放戦線に、シリア解放戦線など一五あまりの組織が加わり、一大勢力となった。

国民解放戦線への糾合は、反体制派の自助努力ではなく、トルコがイニシアチブを発揮することで実現した。その狙いは、「合法的な反体制派」（第一章四一〜四二頁を参照）を作り出すことにあった。とはいえ、峻別の基準が、国連安保理決議第二二五四号が定めるようなアル＝カーイダとのつながりの有無ではなかったことは、国民解放戦線の構成を見れば一目瞭然である。トルコにとって重要なのは、シリア・ロシア両軍に一方的な攻撃の口実を与えない反体制派を作り出し、その大敗を回避することだった。

その一方で、トルコは二〇一八年八月三一日、シャーム解放機構をテロ組織とみなす政令を施行した[2]。トルコはそれまでシャーム解放機構を水面下で懐柔し、幹部に組織の解体を宣言させたうえで、これに同意する戦闘員を国民解放戦線に合流させ、拒否する幹部の国外への逃亡を保証しようとしていたとされる[3]。だが、テロ組織への指定は、この工作が失敗したことを意味していた。トルコは自らの意を汲まなければ、シリア軍の攻撃に晒されるというメッセージを反体制派に発したのである。

激しさを増す戦闘

二〇一八年半ばに緊張緩和地帯第四ゾーンでの戦闘が最終局面に入ると、緊張緩和地帯第一ゾーンでの戦闘は次第に激しさを増していった。反体制派がフマイミーム航空基地に駐留するロシア軍に対してドローンでの攻撃を頻繁に試みる一方、シリア軍も二〇一八年九月、ロシア軍とともに第一ゾーンへの爆撃を再開し、地上部隊を進攻させる準備を本格化させた。総攻撃には、第四ゾーンでシリア政府との和解に応じた反体制派が新たに加入したシリア軍第五軍団が動員されると伝えられた。[4]

これに対して、反体制派がとった策は粛清だった。シリア軍の圧力を前に、和解に応じようとする地元名士や住民が現れると、主戦派と慎重派の双方が彼らを次々と拘束していった。むろん、住民のなかには、徹底抗戦を支持する者もいた。二〇一八年九月に入るとイドリブ県、アレッポ県西部、ハマー県北部の各所で金曜日の午後にデモが行われ、参加者たちは和解拒否を訴えた。[5]

この光景を「アラブの春」波及当初のデモの光景に重ね合わせた者もいたかもしれない。だが、「シリア革命」旗（委任統治領時代のシリア国旗）とともにシャーム解放機構の旗やトルコ国旗が掲げられたデモは、シリア政府支配地での「官制デモ」と本質的に変わらなかった。住民は、その時々の政治状況のなかで、自らのために賢い選択をする。「官制デモ」に参加し、政府に忠誠を誓うふりをすることもあれば、「逆立ちした官制デモ」に参加し、反体制派を支持するふりをすることもあるのだ。シリアは「歴史は繰り返す。一度目は悲劇として、二度目は喜劇として」というカール・マルクスの言葉を地で行っていたと言えるのかもしれない。

非武装地帯の設置

ロシアのプーチン大統領とトルコのエルドアン大統領は二〇一八年九月一七日にソチで会談し、緊張緩和地帯第一ゾーンの処遇について協議した。この会談で両首脳は、シリア軍と反体制派の戦闘を回避するため、緊張緩和地帯第一ゾーンを維持しつつ、シリア政府支配地と反体制派支配地の境界線に沿って、幅一五〜二〇キロからなる非武装地帯を設置することに合意した。合わせて、この非武装地帯から、一〇月一〇日までに当事者が保有するすべての重火器を撤去、一五日までにすべての過激な「テロ集団」を排除し、年末までにM4高速道路とM5高速道路の輸送ルートを再開することも合意された（地図8－1を参照）。

合意はシリア政府にとって有利なかたちで実施に移された。非武装地帯は、本来であれば反体制派支配地と政府支配地の双方に設置されるはずだった。だが、実際に設置されたのは、反体制派支配地側だけで、シリア軍が重火器を撤去することはなかった。

むろん、シリア軍が総攻撃の中止を余儀なくされたことは、強気な姿勢をとっていたシリア政府にとって痛手だったと見ることもできる。だが、シリア軍は実はイドリブ県を奪還するだけの兵力を回復しておらず、総攻撃に踏み切る準備もできていなかった。またシリア軍第五軍団に参加した元反体制派の戦闘員は、ハーリド・ブン・ワリード軍やイスラーム国との戦いに参加した時とは異なり、緊張緩和地帯第一ゾーンの反体制派と戦うことを承諾しなかった。[6]

反体制派も渋々合意に従った。国民解放戦線は「ロシアを信用しない」と批判する一方、合意を「トルコの勝利」と絶賛し、「トルコを煩わせないようにするため」に合意を受諾した。[7] 彼らは二〇一八年一〇月六日から重火器の撤去を開始し、トルコ国防省は一〇月一〇日、撤去作業が完了したと発表した。シャーム解放機構も合意に従った。彼らは一〇月七日、重火器の撤去を開始し、ラタキア県北部方面に

トルコ
アアザーズ市
アフリーン市
タッル・リファアト市
ヌッブル市
バーブ市
アレキサンドレッタ地方
ダーラ・イッザ市
アレッポ市
サルマダー市
サフィーラ市
地中海
フーア市
ビンニシュ市
アレッポ県
イドリブ市
ジスル・シュグール市
イドリブ県
サラーキブ市
アリーハー市
ハナースィル市
M4高速道路
ラタキア県
マアッラト・ニウマーン市
M5高速道路
非武装地帯
ラタキア市
ハーン・シャイフーン市
カフルズィーター市
ムーリク市
ハマー県
タルトゥース県
ハマー市
10km
地図 8-1　非武装地帯

戦闘員を撤退させた。また一〇月一四日に合意についての姿勢を発表する声明を出し、「ジハードから逸脱することはない」[8]と主張したが、合意そのものを拒否することはなかった。フッラース・ディーン機構、イッザ軍、トルキスタン・イスラーム党は拒否を表明したが、国民解放戦線とシャーム解放機構が攻撃を停止したことで、戦闘は散発的なものにとどまるようになった。

総攻撃を避けたい思惑

イドリブ県を制圧する軍事力を欠くシリア政府、大敗を避けたかった反体制派——約言すると、この二つが、総攻撃が回避された主因だった。ただ、非武装地帯設置を合意したトルコとロシアもまた、「勝者なし、敗者なし」の状態を維持することに利益を見出していた。

トルコは、戦闘激化で大量の難民が領内に流入することを強く警戒していた。すでに三五〇万人以上[9]もの難民を受け入れていたトルコは、二〇一八年半ば以降、欧米諸国との関係悪化もあいまって経済事情が悪化していたため、これ以上の難民を受け入れる余裕などなかった。

トルコへの難民流入を避けたかった点では、ロシアとシリア政府も同じだった。ロシアは二〇一八年七月、難民と国内避難民の帰還の支援を通じて復興プロセスを軌道に乗せることを目的として、外務省と国防省からなる合同調整センターを設置していた。シリア政府も歩調を合わせるかたちで、八月に国外難民帰還調整委員会を発足させた。いずれも、軍事攻勢に固執し、反体制派やその支配下で困難な暮らしを強いられてきた住民の間に禍根を残すのではなく、復興に向けて国内の求心力を高めることに力点を置いていた。

シリア政府はまた、難民の多くが、治安の悪化や戦闘に巻き込まれることを恐れて避難していたことを踏まえて、治安の回復やインフラ整備を進めるとともに、兵役に対する成人男性の懸念を払拭しようとした。アサド大統領は一〇月、二〇一八年政令第一八号を施行し、国内外に逃亡した兵役忌避者への恩赦を決定した。三月にも、開発地域内の私有地接収と所有者への配当金補償を骨子とする法律第一〇号（都市再開発法）を施行していた。だが、これは帰還できない難民・国内避難民の財産を没収するものだとの批判を招いた[10]。

諸外国の対応

ロシアとシリア政府のこうした方針を受けて、多くの国が難民・国内避難民の帰還支援や復興への参入に前向きな姿勢を見せるようになった。二〇一八年一一月までに国内各所で着工された外資系の復興事業は二三六件を数え、その資本総額は七五〇億シリア・ポンド（約一五〇億円）に達した[11]。事業を推進したのは、政府との関係を維持してきたロシア、イラン、中国、インド、インドネシア、北朝鮮、オマーン、エジプト、レバノン、アルジェリア、イラクといった国だけではなかった。制裁を続けていたドイツ、カナダ、英国、カタール、オーストラリア、クウェート、アラブ首長国連邦、ヨルダン、サウジアラビア、トルコ、バーレーンも参入を開始した。

もっとも積極的だったのはアラブ諸国だった。レバノンは二〇一八年八月、難民の自発的帰国を促すとして、各地に帰国希望者申請受付センターを開設した。また、イスラーム国に対する「テロとの戦い」においてシリア政府、ロシア、イランと連携してきたイラクは、経済・通商面でも関係強化を目指し、二〇一九年九月、両国は二〇一三年以降閉鎖されていたユーフラテス川西岸のブーカマール国境通行所（イラク側はカーイム国境通行所）を再開させた。

シリアと断交していたアラブ諸国のなかでは、ヨルダンが、シリア政府とロシアとの調整を経て、二〇一八年一〇月、ナスィーブ国境通行所を再開した。また、二〇一九年一月には駐シリア大使館への臨時代理大使の派遣を決定した。アラブ首長国連邦とバーレーンも二〇一八年一二月に駐シリア大使館を再開して、関係を正常化し、断交中に中断していた投資プロジェクトを再開した。[12]クウェートは、大使館の再開に踏み切ることはなかったが、二〇一九年八月、政府支配地での農業支援のために三〇〇万米ドルを供与することを決定した。[13]

シリア政府にもっとも厳しい姿勢で臨んできたサウジアラビアとカタールにも変化が見られた。二〇一九年三月にヨルダンで開催されたアラブ議会連盟大会において、サウジアラビアの代表は、九年ぶりに出席したシリアのハムーダ・サッバーグ人民議会議長に「ようこそ、アラブ議会連盟大会への復帰を歓迎する。シリアが平和でありますように[14]」と祝辞を述べた。また一二月には、アサド大統領を党首とするバアス党の支持基盤の一つであるシリア記者連合のムーサー・アブドゥンヌール総裁が、サウジアラビアの首都リヤドで開催されたアラブ記者連合事務局の会合に出席した。カタール政府の厳しい姿勢は続いたが、カタール航空が七月、シリア上空への旅客便の通過を再開し、一機あたり一五〇米ドルのシリア上空通過料をシリア当局に支払うようになった。

これに対して、欧米諸国は、フランスが二〇一八年七月、ロシアの仲介により、東グータ地方の住民に対して人道支援物資五トンを提供するなど、シリア政府との関係改善を見据えるような動きを見せた。

欧米諸国は、アサド政権にあからさまに退陣を迫ることを止め、反体制派の武装活動への支援も控えるようになった。だが「政治移行なくして、復興支援は行わない」[15]との姿勢を維持し、政府との没交渉を貫いた。また、アラブ諸国に対しても、政府との関係改善に「ブレーキをかけるよう忠告」[16]し、牽制した。

2 緊張緩和地帯第一ゾーン第二地区の攻防

シャーム解放機構の覇権確立

緊張緩和地帯第一ゾーンでは、非武装地帯の設置にもかかわらず、戦闘が収束することはなかった。フッラース・ディーン機構は二〇一八年一〇月一五日、アンサール・タウヒード、アンサール・ディーン戦線、アンサール・イスラーム集団といったアル＝カーイダ系組織とともに「信者を煽れ」作戦司令室を設置し、シリア軍との戦闘を続けた。シャーム解放機構も一一月に入ると、シリア軍との戦闘を再開し、トルキスタン・イスラーム党やイッザ軍もこれに同調した。トルコは、こうした動きを「非武装地帯設置合意を阻害する挑発行為」[17]と非難したが、戦闘を停止させることはできなかった。

二〇一九年に入ると、反体制派のスペクトラに新たな変化が生じた。シャーム解放機構は一月一日、対立する国民解放戦線所属のヌールッディーン・ザンキー運動にメンバーを拘束されたとして、その支配下にあったダーラ・イッザ市（アレッポ県）に侵攻し、同市一帯を制圧した。こうしたいざこざはこれまでにも頻繁に起きており、多くの場合、捕虜交換や支配地の再編をもって収束していた。だが、不和はエスカレートし、ヌールッディーン・ザンキー運動には国民解放戦線に所属する諸派が、シャーム解放機構にはトルキスタン・イスラーム党やフッラース・ディーン機構がそれぞれ加勢し、緊張緩和地帯第一ゾーンの各所で激しく交戦した。

シャーム解放機構側は終始戦闘を優位に進め、国民解放戦線を圧倒し、二〇一九年一月九日に停戦合意を受け入れさせることで、攻撃を停止した。その内容は以下四点を骨子とする一方的なものだった——①戦闘が行われた地域において国民解放戦線（に所属する諸派）を解体し、重火器と中火器をシャーム解放機構に引き渡す、②同地での軍事活動はシャーム解放機構が統括し、残留を希望する国民解放戦線の戦闘員はその指揮下に入る、③これを認めない者は、トルコ占領下の「オリーブの枝」地域に退去する、④同地の行政と福祉はシリア救国内閣が担う。▼18

この合意により、シャーム解放機構は緊張緩和地帯第一ゾーン内の反体制派支配地のほぼ全域で軍事・治安権限を掌握し、覇権を手に入れた。その支配は、国家を模した統治を目指したイスラーム国とは異なるかたちをとっていた。シャーム解放機構はシリア救国内閣を名乗る組織に支配地の統治を委託し、自らは軍事・治安活動に専念したのである。シリア救国内閣は二〇一七年一一月に第一ゾーン内のイドリブ市で活動する学者や活動家が発足させた組織で、その名が示す通り、内閣の形態を模していた。すなわち、それは、最高職である「首班」（ないしは首相）と一一人の「大臣」から構成され、各大臣は一一の「省」を統括した。

反体制派の大同団結、シリア軍のイドリブ県進撃

緊張緩和地帯第一ゾーンで主戦派のシャーム解放機構の覇権が確立すると、シリア・ロシア両軍は攻勢を強めた。ロシア軍は二〇一九年四月九日、東地中海に展開する艦艇から弾道ミサイルを発射し、ジスル・シュグール市（イドリブ県）を攻撃した。シリア軍も四月三〇日、約一年ぶりに爆撃を再開した。

反体制派は結束を強めた。すでに二〇一九年二月八日、シャーム解放機構とフッラース・ディーン機構がそれまでの不和を解消し、シリア軍との戦いにおいて協力することに合意していた。[19] また、六月七日には、シャーム解放機構、国民解放戦線、イッザ軍が「決戦」作戦司令室を発足させ、共闘態勢を築いた。これにより、テロ組織と「合法的な反体制派」、すなわち主戦派と慎重派の大同団結が成立した。

また、トルコ軍も、緊張緩和地帯第一ゾーン内の監視所を強化し、反体制派の盾となって対峙した。だが、シリア軍は躊躇しなかった。二〇一九年三月半ば頃から、シリア軍はトルコ軍の監視所やパトロール部隊に対しても砲撃を加えるようになり、五月四日にはトルコ軍兵士二人が、六月二九日にもトルコ軍兵士一人が犠牲となった。

トルコは報復を示唆したが、[20] 実行に移すことはなかった。また、欧米諸国の抵抗も、言うまでもなく奏功しなかった。二〇一九年五月から九月にかけて、ドイツ、ベルギー、クウェートが、即時停戦、緊急人道支援、難民帰還を求める安保理声明や報道声明の採択を目指したが、ロシアや中国の反対によって封じられた。攻撃が続くなかで、七月二六日にはイドリブ県アリーハー市に対するシリア軍の爆撃で破壊された建物の瓦礫に埋もれながらも赤ん坊を助けようとして死亡した幼い少女の写真が、欧米メディアで紹介された。[21] だが、それが欧米諸国の政府や世論を動かすことはなかった。

シリア軍は、ハマー県北部から北進し、反体制派の支配下にあった村を次々と制圧、二〇一九年五月下旬には、イドリブ県との県境に到達した。シリア軍が北進を続けるなかで、トルコ軍は監視所に増援部隊を派遣しようとした。しかし、シリア軍は八月一九日、M5高速道路を南下していたトルコ軍の大規模部隊をマアッル・ハッタート村（イドリブ県）で爆撃し、これを阻止した。シリア軍が反体制派の支配下にあった村々を次々と制圧していくなかで、反体制派の「決戦」作戦司令室は八月二〇日、ハーン・シャイフーン市を含むイドリブ県南部、カフルズィーター市、ラターミナ町などを含むハマー県北部を放棄することを決定した。これにより、シリア軍は八月二三日までに、「決戦」作戦司令室が撤退した四〇〇平方キロメートルに及ぶ地域を支配下に置いた。

ロシアの介入と一方的停戦

反体制派が放棄した地域には、トルコ軍が監視所を設置していたムーリク市（ハマー県）も含まれていた。シリア軍はこの監視所を完全包囲し、トルコ軍に撤退を求めた。だがメヴリュト・チャヴシュオール外務大臣は監視所を撤退させるつもりはないとしたうえで、「シリア政府は火遊びをすべきではない（中略）。我々は必要な安全対策と軍事的措置を講じている」[22]と威嚇した。これに対して、シリア軍は二〇一九年八月二二日、マアッラト・ニウマーン市東のサルマーン村（イドリブ県）近郊にある監視所を爆撃し、トルコを牽制した。

緊張が高まるなかで、割って入ったのはロシアだった。ロシア軍部隊は八月二七日、「トルコ軍監視所から約一キロの地点にロシア軍の検問所を設置する」[23]として、ムーリク市一帯に展開し、両軍の兵力引き離しを行った。

シリア軍は攻撃を続ける一方、八月二二日には反体制派支配地の住民の脱出を促すための人道回廊をスーラーン町（ハマー県）に設置し、また九月一四日にはイドリブ県東部のアブー・ズフール町の人道回廊（二〇一八年八月設置）を再開させた。だが、ロシアの難民受入移送居住センターの発表によると、回廊を通じて脱出した住民は五四人にとどまった。

最終的には、シリア・ロシア両軍は八月三一日から緊張緩和地帯第一ゾーンで一方的停戦を発効すると発表した。[24] 戦闘は完全に止むことはなかったが、爆撃の頻度は減少した。

制憲委員会の発足

軍事攻勢を弱めたロシアが、シリア政府とともに注力するようになったのが、制憲委員会だった。

制憲委員会は二〇一八年一月のシリア国民対話大会で設置が合意されたものの（第六章一六三〜一六四頁を参照）、発足までに紆余曲折を経た。メンバーの定数を一五〇人としたうえで、うち五〇人をシリア政府が、五〇人を反体制派が、そして市民社会代表五〇人をデミストゥラ・シリア問題担当国連特別代表が選ぶこと、またこのなかから政府が五人を、反体制派が五人を、シリア問題担当国連特別代表が五人を選び、この一五人によって小委員会を設置して新憲法草案の起草を委託することは決まっていた。

シリア政府は二〇一八年五月、そして反体制派のシリア交渉委員会は七月に、デミストゥラ国連特別代表にメンバー候補者名簿を提出した。だが、政府は、シリア国民対話大会において政府代表者の数を三分の二、反体制派代表を三分の一とすることが合意されていたとして、[25] デミストゥラ国連特別代表が選んだ候補者を認めるのを拒み続けた。この姿勢は、「制憲委員会のメンバーはトルコ、イラン、ロシアに等しく配分される」[26]というシリア国民対話大会でのトルコのチャヴシュオール外務大臣の発言を踏まえたものだった。シリア政府は、対立するトルコの主張を逆手にとって、市民社会代表はロシア、イランが後援する政府支持者（ないしは無所属活動家）に配分されるべきだと主張したのである。

デミストゥラ国連特別代表は二〇一八年一〇月一七日、「純粋に個人的な理由」[27]で辞任を表明し、自身の試みが頓挫したことを認めた。後任のシリア問題担当国連特別代表には、ゲイル・ペデルセンが就任し、引き続き委員会発足に向けた努力が続けられた。

米国、英国、フランス、ドイツ、サウジアラビア、エジプト、ヨルダンは二〇一八年九月末、外相会合で制憲委員会の早期設立を呼びかけ、シリア政府に対抗しようとした。[28]また、ジェフリー米国務省シリア問題担当特使は「彼ら（アスタナ会議参加国・参加者）は（制憲委員会設置を）試みたが、失敗した。あるいは少なくとも今のところ、失敗している（中略）。失敗し続けるようなら（中略）、アスタナのプラグを抜いてしまおう」[29]と述べ、威嚇した。だが、オブザーバーに過ぎないこれらの国の発言で流れが変わることはなかった。

制憲委員会発足の目処が立ったのは、シリア・ロシア両軍が一方的に停戦を宣言してから約一ヵ月後の二〇一九年九月二三日だった。この日、アントニオ・グテーレス国連事務総長は、ニューヨークの国連本部での記者会見で、制憲委員会を設置すると発表し、これと合わせてメンバー一五〇人の氏名が政府系メディアと反体制派のメディアによってリークされていった。[30]

このうち反体制派の代表五〇人が、シリアの反体制派を網羅していなかったことは言うまでもない。

シリア交渉委員会によって選ばれた代表には、シリア国民連合、シリア軍事革命諸勢力代表団に参加する諸派、シリア国内でも活動を続ける民主的変革諸勢力国民調整委員会、イラク・クルディスタン地域政府に近いシリア・クルド国民評議会、エジプトで活動するカイロ・プラットフォーム、ロシアで活動するモスクワ・プラットフォームの幹部や活動家が名を連ねた。だが、緊張緩和地帯第一ゾーンで抵抗を続けるシャーム解放機構、イッザ軍、国民解放戦線は参加を拒否した。

紛糾する会合

制憲委員会は二〇一九年一〇月三〇日から、スイスのジュネーブにある国連本部で初会合（第一ラウンド）を開いた。議場には、仲介人であるペデルセン国連特別代表とメンバー一五〇人が一堂に会し、シリア政府代表の団長を務めるアフマド・クズバリー人民議会議員と、反体制派代表の団長を務めるシリア国民連合代表のハーディー・バフラが共同議長となった。三日間にわたる全体会合では、今後の会合の審議方法にかかる行動規範が確認されるとともに、小委員会の人選が行われた。

順調に進んだのはここまでだった。全体会合に続いて開催された小委員会は、議事内容をめぐってシリア政府代表と反体制派代表が鋭く対立した。政府代表は「テロとの戦い」にかかる「非公式（non paper）」資料を示し、その承認を求めた。資料は、①テロリストの非難、②国家による全土支配実現、③憲法改革案・改正条項案における過激主義の拒否と「テロとの戦い」の必要性の明示、④諸外国へのテロ支援停止要請、を骨子としていた。だが、憲法をめぐる議論と直接関わりのない内容を含むこの「非公式」資料を反体制派は拒否し、移行期統治機関の設置にかかる追加審議案を提示した。これは、国連安保理決議第二二五四号が定める移行期統治機関の設置、選挙の実施、そしてテロ・治安対策を、憲法に関する審議と合わせて協議することを求めるものだった。しかし、今度は政府代表がこれを拒否した。[31]

対立は反体制派代表のなかでも露呈した。反体制派代表は、小委員会において、イスラーム法を主要な法源とする必要はないとし、その根拠の一つとして、女性に離婚の権利が与えられることはイスラーム法に基づいていないためと説明した。だが、一部のメンバーが、イスラーム法をシリアの立法の法源とするべきだと反論した。[32] 第一ラウンドは二〇一九年一一月八日、具体的な結論にいたらないまま閉幕した。

二〇一九年一一月二五日に開催された小委員会（第二ラウンド）も同様に紛糾した。シリア政府代表は、「非公式」資料において示された「愛国的共通項」[33]を反体制派が受け入れようとしないと非難する一方、反体制派代表も引かず、一度も会合を開くことができないまま一一月二九日に閉幕となった。

3　二度目のイドリブ攻勢

復興の障害

制憲委員会が躓《つまず》きを見せるなかで、緊張緩和地帯第一ゾーンでの戦闘は再び激しさを増していった。シリア・ロシア両軍による爆撃・砲撃を前に、「決戦」作戦司令室は二〇一九年一一月三〇日、「気力を失うな」作戦の開始を発表し、抵抗を試みた。だが、シリア軍は進軍を続け、一二月二三日までにイドリブ県南東部の四〇以上の町・村を制圧した。二〇二〇年に入ると、シリア・ロシア両軍は、隣県のアレッポ市に通じるM4高速道路沿線とM5高速道路沿線に向けて進軍した。攻撃は停戦監視を名目に展開していたトルコ軍にも及び、シリア軍との間で散発的な戦闘も発生するようになった。

シリア・ロシア両軍とトルコ・反体制派の戦闘が激化した理由は二つあった。

第一は、シリア最大の商業都市であるアレッポ市を復興プロセスに組み込みたいというシリア政府とロシアの思惑だ。アレッポ市は二〇一六年末に東部地区から反体制派が排除され、シリア政府の支配下に置かれていた。だが、反体制派が西部郊外(ラーシディーン地区など)を占拠し続けたため、依然として砲撃に晒されていた。また、M4高速道路とM5高速道路が反体制派によって掌握されていたことで、アレッポ市への移動や輸送は、ハナースィル市(アレッポ県)を経由した迂回路を利用しなければならなかった。復興や難民・国内避難民の帰還に本腰を入れるようになっていた政府とロシアにとって、こうした状況を打開することは、復興を軌道に乗せるうえで急務だった。

消化不良だった停戦合意

第二は、二〇一九年一〇月のトルコの「平和の泉」作戦をめぐる取引での消化不良だ。ロシアは、トルコがこの作戦でタッル・アブヤド市一帯とラアス・アイン市一帯の北東部国境地帯を新たに占領下に置くことを黙認した(第四章一二一～一二三頁を参照)。そして、見返りとして、クルド民族主義勢力のPYD(民主統一党)の支配下にあった国境地帯や主要都市にシリア・ロシア両軍を展開させた。だが、この取引は、同地におけるシリア政府の優位を確立できなかったロシアにとっても、PYDを完全に排除できなかったトルコにとっても不十分だった。ロシアとトルコはこうした状況を解消するための場として、イドリブ県とアレッポ県にまたがる緊張緩和地帯第一ゾーン第二地区を選んだのである。

なお、「平和の泉」作戦と緊張緩和地帯第一ゾーンの処遇が連鎖していたことは、トルコが支援する反体制派のシリア国民軍と国民解放戦線の動きを見ても明らかだった。シリア国民軍は二〇一九年八月一五日、イドリブ県南部とハマー県北部への派兵を決定し、一八日に戦闘員数十人が「オリーブの枝」地域から同地に入った。また、シリア国民連合傘下の暫定内閣のアブドゥッラフマーン・ムスタファー首班は二〇一九年一〇月四日、トルコのシャンルウルファで記者会見を開き、国民解放戦線が同内閣国防大臣の指揮下にあるシリア国民軍に統合されたと発表した。いずれの動きもトルコの要請によるものだった。トルコはこれによって、自らが計画する侵攻作戦や、シリア・ロシア両軍による進攻の回避や迎撃のための統合的な反体制派を作り出すことに成功したのである。

トルコの「春の盾」作戦

シリア・ロシア両軍は順調に進軍した。二〇二〇年二月五日にはM4高速道路とM5高速道路が交わるサラーキブ市（イドリブ県、二七日に反体制派に奪還されるが、三月二日に再制圧）を、そして一六日にはアレッポ市西のM5高速道路以東全域と沿線地域を制圧した。それだけでなく、シリア軍はM4高速道路沿線でも制圧地を拡大しようとした。

これに対して、トルコは、反体制派支配地の各所に新たな拠点を設置し、「決戦」作戦司令室をあからさまに支援してシリア軍と激しく交戦するようになった。二〇二〇年二月二七日、ザーウィヤ山地方

（イドリブ県）に対するシリア軍の爆撃でトルコ軍兵士三三人が死亡、三二人が負傷するに至り、トルコは、虐殺と難民発生を食い止めるとして、シリアへの四度目の侵攻作戦となる「春の盾」作戦を開始した。

トルコ軍は、イドリブ県内の戦闘地域でドローン（バイラクタルTB2無人航空機）による爆撃や砲撃を行い、シリア軍兵士一〇〇人以上を殺害し、二〇二〇年三月一日にはSu-24戦闘機二機を撃墜した。対するシリア軍も善戦し、トルコ軍兵士数十人を殺害したほか、一日にはドローン三機を撃墜した。[34]

シリア・ロシア両軍の攻撃と戦闘の激化を受けて、多くの住民が避難し、トルコとの国境地帯に押し寄せていた。その数はUNHCR（国連難民高等弁務官事務所）の発表によると八〇万人に達していた。[35] シリア・ロシア両軍の残忍な無差別攻撃で住民が犠牲となる――シリア内戦でお馴染みの解釈だった。だが、住民を苦しめたのは戦火だけではなかった。

トルコは国境に殺到する国内避難民の入国を頑なに拒む一方、「春の盾」作戦を開始したのと同じ日、トルコにいるシリア難民の欧州への移動を阻止しないことを決定した。[36] そして、決定を知ったシリア難民三万七〇〇〇人あまりが二九日までに欧州（ギリシャ）に殺到したのである。[37]

シリア・ロシア両軍の攻撃で新たな難民が発生し、トルコを経由して欧州に渡ったのではなかった。トルコ軍に犠牲が出ているにもかかわらず、NATOの同盟国として真摯に対応しようとしない西欧諸国（そして米国）に当てつけるかのように、トルコは欧州で新たな難民危機を作り出そうとしたのである。

最後の停戦

最終的には、ロシアのプーチン大統領とトルコのエルドアン大統領が二〇二〇年三月五日にモスクワで首脳会談を行い、決着を図った。六時間におよぶ会談後の共同記者会見で、エルドアン大統領は、ロシアとの見解の同異を確認したとしたうえで、五日深夜より停戦を発効し、シリア軍によるすべての攻撃に対する報復権を留保すると発表した。一方、プーチン大統領も、トルコ側の見解のすべてに同意はしていないとしつつ、現状を凍結するかたちで停戦に合意したことを明らかにした。その内容は、①M4高速道路の通行を再開するため、沿線の南北にそれぞれ六キロの人道回廊を設置すること、②そのためにロシア・トルコ両軍が、タルナバ村（イドリブ県）とアイン・フール村（ラタキア県）を結ぶ同道路の区間で合同パトロールを実施すること、③トルコ軍が監視ポストを設置するなどしてその安全を確保すること、を骨子とした[38]。この合意により、ロシアは、トルコに反体制派を峻別する最後のチャンスを与えた。そしてもちろん、その基準として想定されたのは、シリア・ロシア両軍との対決を回避し、トルコの指示に従って活動する、というものだった。

アサド大統領は二〇二〇年三月六日、プーチン大統領と電話会談を行い、停戦に歓迎の意を示した[39]。反体制派は、「決戦」作戦司令室を主導するシャーム解放機構が三月七日、停戦を非難しつつも、トルコに謝意を表明した[40]。また、国民解放戦線も停戦に応じ、これによって戦闘はほぼ収束した。

反体制派を抑え込むトルコ

だが、反体制派支配地では、停戦への反発が強かった。とりわけ、ロシア・トルコ両軍による合同パトロールについては、反体制派と一部住民が妨害を試みた。二〇二〇年三月一三日、アリーハー市（イドリブ県）近郊のM4高速道路沿線で、シャーム解放機構とシリア救国内閣が「尊厳の座り込み」と銘打った抗議デモを組織し、タイヤを燃やすなどして道路を封鎖した。デモに参加した住民には交通費が支給され、宿泊用テント、食料、飲み物が用意された。参加者はまた、一五日にはアリーハー市西のムハムバル村（イドリブ県）に架かる橋を爆破した。[41]

ロシア・トルコ両軍の合同パトロールは二〇二〇年三月一五日に開始された。だが、タルナバ村を出発した両軍部隊は、途中のナイラブ村で反体制派と住民の座り込みによって進路を阻まれ、引き返すことを余儀なくされた。ロシア国防省はこれに関して「テロ組織による挑発」[42]を受けたと非難する一方、反体制派は「民衆の大規模な反対」[43]が起きたと満足気な姿勢を示した。

シャーム解放機構はさらに、「尊厳の座り込み」の一環として、ナイラブ村からアリーハー市に至る区間の両側に土嚢を積み上げ、堀を掘削するなどして道路への接近を阻止しようとした。これに対して、トルコ軍は強硬な姿勢で臨んだ。二〇二〇年四月二六日、ナイラブ村近郊の道路を占拠していたデモ参加者を強制排除した。また、六月一〇日にはアリーハー市近郊で合同パトロール部隊が、シャーム解放機構によって動員された女性たちの投石を受けたが[44]、これもトルコ軍によって排除された。シリア・ロシア両軍に代わって、トルコ軍が反体制派を抑えるようになった瞬間だった。

アル＝カーイダによるアル＝カーイダの弾圧

トルコの厳しい対応を前に、シャーム解放機構は従順な姿勢を示すようになり、合同パトロールへの妨害を停止した。だが、シャーム解放機構とともに主戦派をなしていたフッラース・ディーン機構は反抗を続けた。

フッラース・ディーン機構は二〇二〇年六月一二日、ジハード調整、アンサール戦士旅団、アンサール・イスラーム集団、アンサール・ディーン戦線といったアル＝カーイダ系組織とともに「堅固に持せよ」作戦司令室の名で新たな武装連合体を結成し、あらためてシリア・ロシア両軍に対する徹底抗戦の意思を示した。この「堅固に持せよ」作戦司令室には、停戦合意を不服とするシャーム解放機構の一部のメンバーも合流した。その筆頭にあげられるのが、シャーム解放機構指揮下のタウヒード・ワ・ジハード大隊を率いていたウズベキスタン人司令官のアブー・サーリフ・ウーズビキー（本名スィロジディン・ムフタロフ）、二〇一四年のマアルーラー市（ダマスカス郊外県）の聖タクラー教会修道女拉致事件の首謀者であるアブー・マーリク・タッリー（本名ジャマール・アイニーヤ）らだった。

これに対し、シャーム解放機構が離反した元幹部の摘発を行うと、両者は激しく対立した。「堅固に持せよ」作戦司令室が二〇二〇年六月二三日、イドリブ市西にあるシャーム解放機構の検問所を襲撃し、これを制圧すると、シャーム解放機構もイドリブ市北西のアラブ・サイード村一帯やルージュ平原に進攻し、「堅固に持せよ」作戦司令室に激しい攻撃を加えた。圧倒された「堅固に持せよ」作戦司令室は六月二六日、シャーム解放機構の求めに応じるかたちで、アラブ・サイード村一帯やルージュ平原一帯から退去した。だがシャーム解放機構は、サルマダー市にある「堅固に持せよ」作戦司令室の本部を襲撃するなどして攻撃を続けた。「堅固に持せよ」作戦司令室は「あからさまな裏切り行為」▼45と非難したが、攻撃を前になす術はなかった。シャーム解放機構は「決戦」作戦司令室以外の作戦司令室の設置、同司令室の裁定に基づかない軍事組織の結成を禁止すると発表し、[46]「堅固に持せよ」作戦司令室を解体に追いやった。

緊張緩和地帯第一ゾーン内の反体制派支配地の覇者としての存在をあらためて誇示したシャーム解放機構の言動は、トルコへの忠誠の表明にも見え、そこには主戦派としての面影はなかった。シャーム解放機構はその後も、フッラース・ディーン機構のメンバーの摘発を続け、その弱体化を図った。同地では、米国もフッラース・ディーン機構のメンバーを狙って散発的な爆撃を行っており（第三章八八〜八九頁を参照）、シャーム解放機構は、トルコ、そして米国の意に沿おうとすることで延命を図り、シリア・ロシア両軍の攻撃を回避しようとしたのである。

おわりに

二〇二〇年三月五日にロシアとトルコが停戦に合意して以降、シリア国内で大規模な軍事衝突が発生することはなくなった。しかし、そのことはシリア内戦の解決を意味しなかった。シリアでは、理想的な終わりを迎えることがないまま、混乱再発の火種がくすぶり続けた。

ロシア・トルコ両軍を襲うテロリスト

緊張緩和地帯第一ゾーンではその後、トルコ軍がM4高速道路の安全確保に努め、ロシア軍との合同パトロールも続けられた。だが、この過程で両軍部隊を狙った攻撃が新たに散発するようになった。

二〇二〇年三月一九日、偵察任務に当たっていたトルコ軍の車列がムハムバル村近郊でロケット弾による攻撃を受け、兵士二人が死亡、一人が負傷した。同様の事件は五月二七日と六月五日にもM４高速道路沿線で発生し、兵士三人が犠牲となった。さらに、八月二八日には、サッラト・ズフール村（イドリブ県）にあるトルコ軍の拠点が狙われた。反体制派支配地内でトルコ軍が狙われることなど、これまではほとんどなかった。

攻撃はロシア軍にも及んだ。二〇二〇年七月一四日、八月一七日、そして八月二五日、M4高速道路をパトロール中のロシア・トルコ両軍の合同部隊が攻撃を受け、ロシア軍兵士四人が負傷したのである。このうち七月一四日と八月二五日の攻撃は、ハッターブ・シーシャーニー大隊を名乗る組織が、八月一七日の攻撃はアンサール・アビー・バクル・スィッディーク中隊を名乗る組織が関与を認める声明を出した。▼1 いずれの組織も正体は謎である。だが、声明文のアラビア語を読む限り、文法的なミスは散見されず、またコーランの引用以外の宗教的な修辞も控え目であることから、外国人ではなく、世俗的なシリア人を主体としていると思われる。緊張緩和地帯第一ゾーンにおいて、トルコ（そしてロシア）にもっとも強い反感を抱いているのは、梯子を外された反体制派であり、彼らの一部が「自由シリア軍」や「アル＝カーイダ」といった看板を捨て、新たな活動を起こすことで現下の秩序に抗おうとしたと考えることができた。

ロシア・トルコ両軍は二〇二〇年九月一日と五日、タルナバ村近郊でパトロール部隊の安全確保を目的とした合同演習を行い、事態に対処しようとした。だが、襲撃事件は続き、九月六日にはムウタリム村（イドリブ県）に設置されているトルコ軍拠点が攻撃を受け、トルコ軍兵士一人が死亡した。

こうした状況に業を煮やしたロシアはトルコに新たな要求を突きつけ、圧力をかけた。トルコは、二〇二〇年三月までの戦闘で、シリア軍が緊張緩和地帯第一ゾーン第二地区の東部と南部を制圧して以降も、アスタナ七会議に基づいて同地に設置した監視所や拠点を維持していた（第六章一五九〜一六一頁、地

図8－1を参照）。ロシアはこれを撤去するよう要求し、それが受け入れられないと判断するや、M4高速道路での合同パトロールへの参加を一方的に取りやめると発表した。[2] ロシアはまた、反体制派支配地への爆撃を再び頻発化させ、二〇二〇年一〇月二六日にはカフルタハーリーム町（イドリブ県）近郊のドゥワイラ山にある国民解放戦線所属のシャーム軍団の基地を狙い、戦闘員七八人を殺害、九〇人以上を負傷させた。

シリア政府も同調し、トルコに圧力をかけた。二〇二〇年九月一六日と一〇月六日、サルマーン村とムーリク市に設置されているトルコ軍監視所前に住民を動員し、撤退を求めるデモを行ったのである。こうした動きを受けて、トルコは二〇二〇年一二月末までにシリア政府支配地内に維持していたすべての監視所・拠点（監視所八ヵ所と拠点三ヵ所）を撤収した。だが、それは撤退ではなかった。トルコ軍はM4高速道路沿線と、政府と反体制派の支配地の接触線一帯の部隊を増強した。トルコ軍の拠点の数はむしろ増加した。

大規模な戦闘は起きなくなった。だが、ロシア、トルコ、そしてシリア政府は、ある時は結託し、また ある時は互いを貶め合うことで、不確実な均衡状態の維持に終始し、根本的な問題解決を先送りにした。

傭兵としての道

大規模な戦闘の収束は、反体制派、そして親政権民兵の武装解除と社会復帰をもたらすこともなかった。彼らの一部は、生活の糧を求めて傭兵となる道を選び、無縁の地での戦闘に駆り出された。

この動きを主導したのもトルコとロシアだった。

傭兵となったシリア人が最初に駆り出されたのは、国民合意政府とハフタル司令官が率いるリビア国民軍が激しく争い合っていたリビアだった。二〇一九年五月、戦況を有利に進めていたリビア国民軍が首都トリポリに向けて進軍を開始すると、国民合意政府を支援していたトルコの大国民議会（国会）は二〇二〇年一月、リビアへの派兵を承認し、エルドアン大統領にその権限を付与した。これを受けて、「ユーフラテスの盾」地域と「オリーブの枝」地域で活動する反体制派のシリア国民軍の戦闘員が傭兵としてリビアに派遣されたのである。その数は一万八〇〇〇人（うち子供三五〇人）に達した。しかも、そのなかには一万人におよぶイスラーム過激派、チュニジア人（二五〇〇人）などの外国人、さらにはイスラーム国の元戦闘員（五〇人）も含まれていた。[3] 反体制派のスペクトラがいかに混濁をしていたのかを再認識させた。

傭兵がリビアで求めたのは、自由、尊厳といった「シリア革命」の理念ではなく、カネだった。シリア国内でトルコから毎月一〇〇〇米ドルの報酬を受け取り、シリア軍やシリア民主軍との戦いに従事していた彼らだったが、リビアでは倍の二〇〇〇米ドルを支給された。彼らのなかには、報酬を元手として、ボートに乗って欧州に密入国した者さえいた。[4]

ロシアも対抗した。民間軍事会社のワグナー・グループ社がリビア国民軍を支援するために、シリア政府との和解に応じた反体制派の元戦闘員を募集し、リビアに派遣した。その数は二七〇〇人に達した。彼らもまた、毎月八〇〇米ドルから一〇〇〇米ドルを受け取った。[5]

二〇二〇年八月二一日に国民合意政府とリビア国民軍が停戦を交わし、戦闘が収束すると、傭兵たちは徐々にシリアへと帰国した。だが、一部はリビア国内にとどまり活動を続けた。

傭兵が向かったのはリビアだけではなかった。二〇二〇年九月にアルメニアとアゼルバイジャンが旧ソ連のナゴルノ・カラバフ自治州をめぐって交戦状態に入ると、欧米諸国、ロシア、欧米のメディアは、SADAT国際防衛コンサルタントなどのトルコの民間軍事会社が、占領下のシリア北部からアゼルバイジャンにシリア人傭兵を空路で派遣していると伝え、傭兵の証言を紹介した。[6] 米国防総省の匿名高官も「移送が行われているとの一連の報告と情報は事実で正しい」と認めた。[7] 派遣された傭兵は二五八〇人に達するとされ、彼らには毎月一五〇〇米ドルから二〇〇〇米ドルの報酬が与えられた。[8]

アゼルバイジャンとトルコは傭兵の派遣を否定し、「シリアや中東諸国からの傭兵が（ナゴルノ・）カラバフでアルメニア側について戦っている」[9]と述べていたが、これもまた事実だった。数は定かではない。だが、二〇二〇年一一月一四日、アレッポ市で、ロシアによって派遣され、アゼルバイジャン軍との戦闘で戦死したとされるアルメニア教徒三人の葬儀が執り行われた。[10]

追い打ちをかけるトランプ政権——遠のく復興

一方、シリア内戦の戦闘の収束とともに加速するはずだった復興は、二〇二〇年に入ると停滞していった。

直接の原因は、隣国レバノンの経済破綻だった。レバノン政府は二〇二〇年三月七日、一二億米ドルの外貨建て国債について、償還期限（三月九日）を間近にして支払いを延期すると表明し、債務不履行《デフォルト》となった。債務残高は九〇〇億米ドルに膨張、国内総生産（GDP［Gross Domestic Product］）の一七〇パーセントに達し、計四六億米ドルの債務と利息の返済期限も二〇二〇年中に迎えることになった。[11]

シリアにとって、レバノンは農作物などの主要産品の最大の輸出国であり、また外貨獲得先でもあった。それゆえ、その経済破綻はシリア経済を直撃した。一米ドル＝一六〇〇シリア・ポンド前後で推移していた為替レートは、二〇二〇年五月から六月下旬にかけて、一気に三五〇〇シリア・ポンドにまで下落し、物価も上昇してパンなどの食料品や燃料の不足が指摘されるようになった。

さらにコロナ禍が拍車をかけた。二〇二〇年三月から、シリア政府、クルド民族主義勢力のPYD（民主統一党）が主導する北・東シリア自治局、トルコ占領地と緊張緩和地帯第一ゾーンの反体制派のそれぞれが、新型コロナウイルス感染症への感染予防・拡大防止策として講じるようになった移動制限措置により、レバノン、トルコ、イラク、ヨルダンを含む外国との行き来が大幅に規制され、復興に必要なヒト、モノ、カネの動きが鈍化した。

こうした状況に追い打ちをかけたのが、他ならぬトランプ政権だった。トランプ大統領は二〇一九年一二月二〇日、二〇二〇年度国防権限法案に署名し、同法案に盛り込まれていたシーザー・シリア市民保護法（シーザー法）[12]を施行したのだ。

シーザー法は、二〇一六年に米国の超党派議員らによって法案が提出され、シリア政府・軍の高官とその協力者、政府を後援するロシア、イランなど諸外国の個人・団体に制裁を科すことを定めていた。また、シリア中央銀行の資金洗浄への関与が認められた場合、追加措置を講じると規定していた。「シーザー」（アラビア語でカイサル）とは、二〇一一年三月から一三年八月にかけてシリア国内の刑務所で一万一〇〇〇人が組織的に処刑されたことを示すとされる写真五万五〇〇〇枚を撮影した離反兵の偽名で、写真の一部は、二〇一四年一月に英国のカーター・ラック法律事務所が「シリア現体制による収監者の拷問と処刑の確かな証拠についてのレポート」[13]のなかで公開していた。

シーザー法は署名から一八〇日を経た二〇二〇年六月一七日に発効した。これに合わせて、同法と大統領令第一三八九四号に従い、アサド大統領、アスマー・アフラス大統領夫人、大統領の弟のマーヒル・アサド准将、姉のブシュラー・アサド、ファーティミーユーン旅団など三九の個人・団体が制裁対象に指定された。[14]また、七月二九日、九月三〇日、一一月九日、一二月二二日にも制裁対象が追加され、アサド大統領の息子のハーフィズ・バッシャール・アサド、シリア中央銀行総裁、総合情報局（内務省所轄の諜報機関）長、シリア軍第一師団など七一の個人・団体が追加された。[15]

シーザー法は、シリア中央銀行への追加制裁の可能性に言及している点、そして、シリア政府だけでなくロシアとイランへの協力者を制裁の対象としている点で、シリア経済に深刻な打撃を与えて人々を困窮させると思われた。だが、ジェフリー国務省シリア問題担当特使ら高官は、制裁の目的はシリア国民を困窮させることではなく、アサド大統領一家に打撃を与えることだと主張し、こうした見方を否定した。[16]

この言葉の通り、シーザー法には、シリアの政権中枢にあらためて厳しい姿勢を示す以外の効果はなかった。シリアに対する米国の制裁は二〇〇四年に発動され、「アラブの春」がシリアに波及した二〇一一年以降、すでにアサド大統領らを含む多数の政府・軍高官およびその支援者・団体がその対象に加えられていたためだ（第一章三一～三四頁を参照）。その数はシーザー法発効前日の二〇二〇年六月一六日の段階で、五六五の個人・団体に及んでいた。[17]レバノン経済破綻とコロナ禍に伴う経済悪化により、復興ムードが停滞するなかで、シーザー法は効果的であるように見えた。だが、シリア政府に対するかたちばかりの強硬姿勢という点では、二度のミサイル攻撃と大差はなかった。

なお、シーザー法とともに制裁の根拠となった大統領令第一三八九四号は、トルコによる「平和の泉」作戦断行を受け、シリアの平和、安全、安定、領土保全を脅かす行動や政策をとるトルコ政府高官および関連機関に制裁を科すとして発せられたもので、シリア、ロシア、イランを標的としたものではなかった。トルコに対する制裁をシリア政府に流用するという突飛な姿勢もまた、トランプ政権の政策のブレを体現していた。

滞る難民帰還

コロナ禍によって国外への移動が制限されるなかで、シリアへの難民の帰還も滞っていった。コロナ禍以前は、レバノンから毎日二〇〇～三〇〇人、ヨルダンから毎日四〇〇～六〇〇人の難民が帰還していた。[18]だが、両国の出入国制限が課せられた二〇二〇年三月以降、その流れは一気に鈍化した。レバノンからの一日の帰還者数は数カ月にわたり七〇人に程度に減少し、ヨルダンからの帰還者の流れは二〇二一年一〇月まで完全に止まってしまった。

ロシアとシリア政府は、難民帰還を再び促すための国際会議を計画し、各国に参加を呼びかけた。だが、またもやトランプ政権が妨害した。トランプ政権は、ロシアがこの国際会議を通じて、シリアでの紛争解決に向けた政治プロセスと難民問題を切り離し、政府に対する包囲網を解除しようとしていると非難し、アラブ諸国、西欧諸国、国連関連機関に対して参加をボイコットするよう働きかけた。[19]

二〇二〇年一一月一一日から一二日にかけて「難民帰還に関する国際会議」と銘打って首都ダマスカスで開催された国際会議には、ロシア、イラン、中国、レバノン、イラク、アラブ首長国連邦、オマーン、アルジェリア、パレスチナ、ソマリア、インド、ブラジル、南アフリカ、ベラルーシ、パキスタン、アルゼンチン、キューバ、コロンビア、インドネシア、キルギス、ナイジェリア、スリランカ、アブハジアなど二七カ国と一二の国際機関の代表が参加した。二日間の日程で、「テロとの戦い」の継続、一方的制裁の解除と難民帰還への取り組み継続を確認した。[20]だが、米国、EU諸国、カナダ、サウジアラビア、カタール、エジプト、日本が、シリア国内に難民帰還の条件が整っていないとの理由で参加を見送ったことで、目に見える成果を伴うことはなかった。

ポスト・トランプ段階

そして、二〇二一年一月二〇日、トランプ大統領はホワイト・ハウスを去り、シリア、そして世界は、「ポスト・トランプ」とでも言うべき段階を迎え、今に至っている。「燃えるがままにせよ」戦略をとったオバマ政権、そして炎上が絶えないSNSの書き込みを彷彿とさせる突飛な政策に終始したトランプ政権の双方の「過ちを正す[21]」ことを期待されたバイデン政権の対シリア政策を評価するのは、時期尚早かもしれない。だが、政権発足後の九カ月を見た限り、その対シリア政策は、精彩を欠き、オバマ、トランプ両政権の劣化版コピーの様相を呈していると言わざるを得ない。

バイデン政権が、国外での最初の軍事活動の場として選んだのは、トランプ政権と同じくシリアだった。米軍は二月二五日、イラク国境に近いダイル・ザウル県南東部に建設されていた「イランの民兵」

の一大拠点であるイマーム・アリー基地一帯を爆撃した。この攻撃は、イランの支援を受ける武装勢力が二月一五日にイラク・クルディスタン地域の中心都市アルビールにある国際空港や隣接する駐留米軍施設をロケット弾で攻撃し、駐留米軍の請負業者一人が死亡、米軍兵士一人を含む九人が負傷したことへの報復と説明され、シリアを含む中東におけるイランの影響力拡大を阻止するというトランプ政権の路線を引き継いだような行動ではあった。だが狙われたのは、イランそのものではなく、あくまでも「イランの民兵」の一つであるイラク人民動員隊（少なくとも一七人死亡）だった。イラン核合意への復帰を画策するバイデン政権が慎重に標的を選び、イランを過剰に刺激するのを回避しようとした、と解釈することもできた。だが、かたちばかりの限定的な爆撃、そして同盟国イラクの正規部隊であるイラク人民動員隊を狙うというその矛盾した姿勢は、実効性を欠くトランプ政権のミサイル攻撃の二番煎じにしか見えなかった。[22]シリア領内の「イランの民兵」を狙った同盟国であるイスラエルの越境攻撃も、その頻度を減少させていった。

　オバマ政権がシリア政策を正当化するために強調した人道、化学兵器使用阻止、「テロとの戦い」という三つのパラダイムをめぐる中途半端なスタンスも相変わらずだった。バイデン政権は、国連主導による反体制派支配地への越境人道支援の拡大を訴えた。だが、シリアに対して経済制裁を課す米国が、反体制派や北・東シリア自治局の支配地に積極的な人道支援を行うことはなかった。そればかりか、各地に部隊を駐留させている北・東シリア自治局の支配地では、生産される原油や穀物を米軍が盗奪し、イラク領に持ち去るといった行為を繰り返した。[23]

　イスラーム国やアル＝カーイダ系の組織に対する「テロとの戦い」は、シリア駐留の根拠であり続けはした。だが、国際社会の耳目を浴びるような軍事行動は行われなくなった。シリア領内での爆撃は、二〇二一年四月一五日にイドリブ市郊外で有志連合所属と思われるドローンが行った攻撃と、九月二〇日にイドリブ市とビンニシュ市を結ぶ街道で有志連合所属のドローンがフッラース・ディーン機構のチュニジア人司令官が乗った車に対して行った攻撃の二件に限られた。[24]その一方、米メディアは、イスラーム国指導者のクラシーがイラク国内で米軍に拘束され、拘留キャンプに収監されていた際（二〇〇七年末〜二〇〇八年半ば）、米国に協力し、イラク・イスラーム国（イスラーム国の前身）に関する多くの情報をもたらしていたとの事実を報じた。[25]だが、シリアやロシアが再三にわたって指摘してきた米国とイスラーム国とのつながりが白日に晒されたことが、大きな反響をもたらすことはなかった。[26]

シリア政府への姿勢も相変わらずだった。米国は二〇二一年四月二一日、英国やフランスと連携し、OPCW（化学兵器禁止機関）締約国会議におけるシリアの議決権を剝奪することに成功し、シリア軍による化学兵器使用を指弾し続けた。だが、こうした動きがシリア政府を窮地に追い込むような圧力を生み出すことはなかった。[27]

また、五月二六日に投票が行われたシリア大統領選挙に際しては、西欧諸国とともに、ジュネーブ会議、アスタナ会議、制憲委員会など一連の和平・停戦協議の根拠となっている国連安保理決議第二二五四号からの逸脱だと非難し、その正統性を一方的に拒否、同決議に基づいた政治解決を実現すべきだと主張した。だが、政治解決に向けた積極的な働きかけを行うことはなかった。選挙は下馬評通り、アサド大統領が九五・一パーセントの票を得て、二人の対立候補を退けて再選を果たした。反体制派や北・東シリア自治局が選挙を通じて為政者を選出しようとしないまま、支配地で事実上の軍事支配を続けているのに対して、政府支配地では、コロナ禍にもかかわらず、各地で連日連夜、選挙支持を訴える大規模デモや集会が続けられた。その様は、政府のガヴァナンスと動員力の高さを示すものだった。米国、そして西欧諸国の拒否の姿勢は、圧倒的な力を前になす術もない彼らの無力に対する方便に見えた。[28]

バイデン政権の姿勢は、メディアの注目を集めるような「炎上」を伴うこともなければ、混乱を「燃えるがまま」にすることもなかったという点で、地味ではある。だが、事態の打開に手を貸さず、解決を先送りにしようとする点では、オバマ、トランプ両政権、そしてそのほかの当事者と同じだった。

シリアは誰のものなのか?

シリアでは、多くの問題が未解決のまま放置され、その上に新たな問題が積み重ね続けられていくという状況に変化はない。一〇年間の紛争を経てシリアに植え付けられた分断と占領という現実は、使い古された表現ではあるが「新サイクス・ピコ体制」の現出を思わせる。

ここで言うサイクス・ピコとは、言うまでもなく一九一六年五月一六日に英国、フランス、ロシアが秘密裏に交わしたサイクス・ピコ協定を指す。第一次大戦後のオスマン帝国領の分割を約したこの協定を受けて、東アラブ地域は一九二〇年に委任統治の名のもとに英国とフランスの占領下に置かれ、そこで暮らす人々の意思を無視したかたちで国境線が引かれ、今日のシリア、レバノン、ヨルダン、イスラエル（パレスチナ）、イラクという国家に分断された。そしてこの分断が、アラブ・イスラエル紛争（パレスチナ問題）、レバノン内戦、湾岸危機・戦争（一九九〇〜九一年）、イラク戦争といったこの地域における数々の紛争の原因を生み出し、そのたびに諸外国の干渉を誘発した。

今日のシリアを苛んでいる分断と占領は、サイクス・ピコ協定に基づく東アラブ地域の分断と占領の新たな縮図にも見える。だが、国家建設と独立という目標を与えられていた一〇〇年前の分断と占領とは異なり、膠着という終わりを迎えたシリア内戦には、内外の当事者たちが共有できるような前向きな目標がない。むろん、シリア政府、北・東シリア自治局、反体制派、そして諸外国のいずれもが、シリア内戦を通じて目指されてきたさまざまな理念や制度を実現しようと不断の努力を続けている。そして、これらの当事者の支配下に身を置く人々は、それを支持しようがしまいが、そして意識しようがしまいが、日々の生活のなかでこの不断の試みに関わっている。だが、そこに愛国心に象徴されるような共通分母を見出すことはできない。

シリアは一九六七年の第三次中東戦争でイスラエルにゴラン高原を奪われた。イスラエルと米国を除く世界は、この土地簒奪を占領とみなしてはいる。しかし、周知の通り、ゴラン高原回復に向けた積極的な取り組みは絶えて久しく、イスラエルの占領は既成事実となっている。シリアの人々が、共通分母を欠いたまま現下の分断と占領に甘んじ、事態が膠着を続けるのであれば、それはシリア全土がゴラン高原化することを意味するのかもしれない。

索引

欧文・数字

ア行

カ行

サ行

タ行

ナ行

ハ行

マ行

ヤ行

ラ行

ワ行

参考文献一覧

日本語文献

青山弘之［2003］「シリア／「友好的敵対」が意味するもの（特集　中東再編成――アメリカとの新たな関係）」『アジ研ワールド・トレンド』第 98 号（11 月）、pp. 10–13。

――― ［2012］『混迷するシリア――歴史と政治構造から読み解く』岩波書店。

――― ［2017a］『シリア情勢――終わらない人道危機（岩波新書新赤版 1651）』岩波書店。

――― ［2017b］「シリアの親政権民兵」『中東研究』第 530 号、pp. 22–44。

――― ［2018］「シリアのアサド政権は「まだ」化学兵器を使っているのか、そして「また」使うのか？」Yahoo! Japan ニュース（個人）、2 月 4 日（https://news.yahoo.co.jp/byline/aoyamahiroyuki/20180204-00081251/）。

――― ［2019］「シリアにおける分権制・連邦制の行方――アサド政権 vs. クルド民族主義組織 PYD」『国際情勢』第 89 号（3 月）、pp. 115–138。

――― ［2021a］「バイデン米政権初の爆撃に便乗して、ロシア、シリア政府、トルコ、イランがシリアで「暴力の国際協調」」Yahoo! Japan ニュース（個人）、2 月 27 日（https://news.yahoo.co.jp/byline/aoyamahiroyuki/20210227-00224784/）。

――― ［2021b］「シリア――周辺諸国からの越境（クロスボーダー）人道支援の再活性化を求める米国の二重基準」Yahoo! Japan ニュース（個人）、3 月 31 日（https://news.yahoo.co.jp/byline/aoyamahiroyuki/20210331-00230190/）。

――― ［2021c］「イスラーム国現指導者アブー・イブラーヒーム・クラシーは米国の協力者だった――ワシントン・ポストが伝える」Yahoo! Japan ニュース（個人）、4 月 9 日（https://news.yahoo.co.jp/byline/aoyamahiroyuki/20210409-00231762/）。

――― ［2021d］「シリア――米主導の有志連合所属機と思われるドローンがシャーム解放機構支配下のイドリブ市郊外を爆撃」Yahoo! Japan ニュース（個人）、4 月 16 日（https://news.yahoo.co.jp/byline/aoyamahiroyuki/20210416-00232969/）。

――― ［2021e］「欧米諸国、日本などは OPCW 締約国会議で、化学兵器使用疑惑に晒されるシリアの議決権を剥奪」Yahoo! Japan ニュース（個人）、4 月 22 日（https://news.yahoo.co.jp/byline/aoyamahiroyuki/20210422-00233943/）。

――― ［2021f］「シリア大統領選挙――アサド大統領が再選　得票率 95% をどう捉える」ニューズウィーク日本版、5 月 31 日（https://www.newsweekjapan.jp/stories/world/2021/05/post-96407.php）。

――― [2021g]「米軍ドローンがシリア北西部であるアル＝カーイダ系組織を爆撃、民間人の犠牲者はなかったと真っ先に発表」Yahoo! Japan ニュース（個人）、9月21日（https://news.yahoo.co.jp/byline/aoyamahiroyuki/20210921-00259390）。

青山弘之・木戸皓平 [2019a]「制憲委員会（憲法委員会）」（CMEPS-J Series No. 50）Contemporary Middle East Political Studies in Japan.net (CMEPS-J.net)、11月3日（https://cmeps-j.net/syria/al-lajna_al-dusturiya）。

――― [2019b]「制憲委員会（憲法委員会）――2019年10月30日に国連が発表した代表および同日に選出された小委員会メンバー」（CMEPS-J Series No. 50–2）Contemporary Middle East Political Studies in Japan.net (CMEPS-J.net)、11月8日（https://cmeps-j.net/syria/al-lajna_al-dusturiya_02）。

青山弘之・末近浩太 [2009]『現代シリア・レバノンの政治構造（アジア経済研究所叢書5)』岩波書店。

ウッドワード、ボブ（伏見威蕃訳）[2018]『FEAR　恐怖の男――トランプ政権の真実』日本経済新聞出版（Bob Woodward, *Fear: Trump in the White House*. New York: Simon & Schuster, 2018）。

大塚和夫・小杉泰・小松久男ほか編 [2002]『岩波イスラーム辞典』岩波書店。

髙岡豊 [2020]「イスラーム過激派の食卓（トルキスタン・イスラーム党（シャーム））」Yahoo! Japan ニュース（個人）、12月6日（https://news.yahoo.co.jp/byline/takaokayutaka/20201206-00211281/）。

ダバシ、ハミッド（早尾貴紀ほか訳）[2017]『ポスト・オリエンタリズム――テロの時代における知と権力』作品社（Hamid Dabashi, *Post-Orientalism: Knowledge and Power in a Time of Terror*. London: Routledge, 2009）。

帝国書院編集部編 [2019]『最新基本地図 2020――世界・日本』44訂版、帝国書院。

外国語文献

Abdulrahim, Raja [2018] "Strikes Spare Assad's Conventional Arsenal," *The Wall Street Journal*, April 14 (https://www.wsj.com/articles/after-strikes-assad-seeks-to-show-normalcy-1523727307).
Atlantic Council [2016] "Donald Trump's Position on the Use of US Military Power," December 8 (https://www.atlanticcouncil.org/blogs/natosource/donald-trump-on-alliances-and-the-use-of-us-military-power/).
Berger, Alan [2013] "The 'Let-it-burn' Strategy in Syria," *The Boston Globe*, June 22 (https://www.bostonglobe.com/opinion/2013/06/21/the-let-burn-strategy-syria/1oFemcOqyICsNs1jdJpiGL/story.html).
Carter-Ruck [2014] "A Report into the Credibility of Certain Evidence with Regard to Torture and Execution of Persons Incarcerated by the Current Syrian Regime," January 18 (https://www.carter-ruck.com/images/uploads/documents/Syria_Report-January_2014.pdf).

ESCWA (Economic and Social Commission for Western Asia) [2018] "Experts Discuss Post-Conflict Reconstruction Policies after Political Agreement in Syria," August 8 (https://www.unescwa.org/news/syrian-experts-discuss-post-conflict-reconstruction-policies-after-political-agreement-syria).

Gordon, Michael R. [2018] "U.S. Seeks Arab Force and Funding for Syria," *The Wall Street Journal*, April 16 (https://www.wsj.com/articles/u-s-seeks-arab-force-and-funding-for-syria-1523927888).

Human Rights Watch [2020] "Syria: Events of 2019 (World Report 2020)," January 14 (https://www.hrw.org/world-report/2020/country-chapters/syria).

Humud, Carla E., Arieff, Alexis, Blanchard, Lauren Ploch, et.al. [2014] "Al Qaeda-Affiliated Groups: Middle East and Africa (CRS Report)" Congressional Research Service, October 10 (https://www.hsdl.org/?view&did=758620).

Issa, Philip [2018] "Syrian News Reports Missile Attack: US Denies It Fired Them," AP, April 9 (https://apnews.com/article/5f94eff01d004c528060b33c9f59cc9a).

Jusūr li-l-Dirāsāt [2021] "Map of the Military Bases and Posts of Foreign Forces in Syria," January 6 (https://jusoor.co/details/Map/826/en).

Kan, Shirley A. [2010] "U.S. – China Counterterrorism Cooperation: Issues for U.S. Policy (CRS Report for Congress)," July 15 (https://fas.org/sgp/crs/terror/RL33001.pdf).

King, Christopher [2013] *Kurdistan: The Largest 'Nation' in the World without its Own Independent State*. Munich: GRIN Publishing.

Laporta, James, O'Connor, Tom and Jamali, Naveed [2019] "Trump Approves Special Ops Raid Targeting ISIS Leader Baghdadi, Military Says He's Dead," *Newsweek*, October 26 (https://www.newsweek.com/trump-approves-special-ops-raid-targeting-isis-leader-baghdadi-1467982).

Library of Congress [2003] "H.R.1828 – Syria Accountability and Lebanese Sovereignty Restoration Act of 2003: 108th Congress (2003–2004)," December 12 (https://www.congress.gov/bill/108th-congress/house-bill/1828).

——— [2019] "H.R.31 – Caesar Syria Civilian Protection Act of 2019: 116th Congress (2019–2020)," June 3 (https://www.congress.gov/bill/116th-congress/house-bill/31/text).

Mafhoum.com [n.d.] "Minutes of the Agreement Signed by Turkey and Syria in Adana (Unofficial Translation) – October 22, 1999" (http://www.mafhoum.com/press/50P2.htm).

Markaz al-Abḥāth al-'Aqā'idīya [n.d.] "al-Shī'a fī Sūriyā"(http://www.aqaed.com/shia/country/syria).

Middle East Institute [2020] "Assessing the Implications of the Caesar Syria Civilian Protection Act," June 22 (https://www.mei.edu/events/assessing-implications-caesar-syria-civilian-protection-act).

Ministry of Defence of the Russian Federation [2017a] "Statement of the Russian Defence

Ministry Spokesman on the Missile Strike Carried Out by the US Navy against the Shayrat Air Base in Syria," April 7 (https://syria.mil.ru/en/index/syria/news/more.htm?id=12117678@egNews).

——— [2017b] "Russian Defence Ministry Held a Briefing Titled 'Principles of Implementation of the Memorandum on Syria De-escalation Zones Signed in Astana'," May 5 (https://syria.mil.ru/en/index/syria/news/more.htm?id=12121964@egNews).

——— [2018a] "Briefing by Official Representative of Russian Defence Ministry Major General Igor Konashenkov," April 13 (http://eng.mil.ru/en/news_page/country/more.htm?id=12171238@egNews).

——— [2018b] "Chief of the Main Operational Directorate of the Russian General Staff Colonel General Sergei Rudskoy Holds Briefing for Mass Media," April 14 (http://eng.mil.ru/en/news_page/country/more.htm?id=12171300@egNews).

——— [2018c] "Russian and Syrian Joint Coordination Committees Hold Session in Moscow on Repatriation of Syrian Refugees," November 16 (http://eng.mil.ru/en/news_page/country/more.htm?id=12204316@egNews).

The Ministry of Foreign Affairs of the Russian Federation [2017] "Joint Statement by Iran, Russia and Turkey on the International Meeting on Syria in Astana, 21-22 December 2017," December 22 (https://www.mid.ru/en/web/guest/foreign_policy/international_safety/conflicts/-/asset_publisher/xIEMTQ30vzcA/content/id/3001212).

Mixed Migration Platform [2018] "Mixed Migration Monthly Summary: Middle East," January (https://reliefweb.int/sites/reliefweb.int/files/resources/MMP-Monthly-Summary-Jan-2018-online.pdf).

Oakford, Samuel [2017] "The United States Used Depleted Uranium in Syria," *The Foreign Policy*, February 14 (https://foreignpolicy.com/2017/02/14/the-united-states-used-depleted-uranium-in-syria/).

Office of Foreign Assets Control [n.d.] "Sanctions List Search" (https://sanctionssearch.ofac.treas.gov/).

OPCW (Organisation for the Prohibition of Chemical Weapons) [2018] "OPCW Issues Fact-Finding Mission Reports on Chemical Weapons Use Allegations in Douma, Syria in 2018 and in Al-Hamadaniya and Karm Al-Tarrab in 2016," July 6 (https://www.opcw.org/media-centre/news/2018/07/opcw-issues-fact-finding-mission-reports-chemical-weapons-use-allegations).

——— [2019] "Engineering Assessment of Two Cylinders Observed at the Douma Incident – Executive Summary (Unclassified – OPCW Sensitive; Do not circulate; Final version – for comments [by hand to TM only])," Expanded Rev February 1–27 (http://syriapropagandamedia.org/wp-content/uploads/2019/05/Engineering-assessment-of-two-cylinders-observed-at-the-Douma-incident-27-February-2019-1.pdf).

OPCW Executive Council ［2020］ “Decision: Addressing the Possession and Use of Chemical Weapons by the Syrian Arab Republic,” July 9 (https://www.opcw.org/sites/default/files/documents/2020/07/ec94dec02%28e%29%20%282%29.pdf).

OPCW Technical Secretariat ［2019］ “Note by the Technical Secretariat: Report of the Fact-Finding Mission Regarding the Incident of Alleged Use of Toxic Chemicals as a Weapon in Douma, Syrian Arab Republic, on 7 April 2018 (S/1731/2019),” March 1 (https://www.opcw.org/sites/default/files/documents/2019/03/s-1731-2019%28e%29.pdf).

——— ［2020］ “Note by the Technical Secretariat: First Report by the OPCW Investigation and Identification Team Pursuant to Paragraph 10 of Decision C-SS-4/DEC.3 ‘Addressing the Threat from Chemical Weapons Use’ Ltamenah (Syrian Arab Republic) 24, 25, and 30 March 2017,” April 8 (https://www.opcw.org/sites/default/files/documents/2020/04/s-1867-2020%28e%29.pdf).

Operation Inherent Resolve ［2020］ “Operation Inherent Resolve Casualty,” July 21 (https://www.inherentresolve.mil/Releases/News-Releases/Article/2281993/operation-inherent-resolve-casualty/).

Qūwāt al-Shahīd Aḥmad al-‘Abdū and Jaysh Usūd al-Sharqīya ［2017］ “Bayān,” August 30 (http://www.alsouria.net/sites/default/files/3576a76e-01e7-410f-84dd-600a0e90240d.jpg).

Seck, Hope Hodge ［2017］ “Only 1K ISIS Fighters Remain in Syria and Iraq, Task Force Says,” Military.com, December 26 (https://www.military.com/daily-news/2017/12/26/only-1k-isis-fighters-remain-syria-and-iraq-task-force-says.html).

‘Umrān lil-Dirāsāt al-Istrātījīya ［2017］ “Muqāraba Ma‘raka ‘Idlib wa Taḥaddiyāt-hā al-Waṭānīya’,” September 14 (https://www.omrandirasat.org/%D8%A7%D9%84%D8%A5%D8%B5%D8%AF%D8%A7%D8%B1%D8%A7%D8%AA/%D8%A7%D9%84%D8%A3%D8%A8%D8%AD%D8%A7%D8%AB/%D8%A3%D9%88%D8%B1%D8%A7%D9%82-%D8%A8%D8%AD%D8%AB%D9%8A%D8%A9/%D9%85%D9%82%D8%A7%D8%B1%D8%A8%D8%A9-%D9%85%D8%B9%D8%B1%D9%83%D8%A9-%D8%A5%D8%AF%D9%84%D8%A8-%D9%88%D8%AA%D8%AD%D8%AF%D9%8A%D8%A7%D8%AA%D9%87%D8%A7-%D8%A7%D9%84%D9%88%D8%B7%D9%86%D9%8A%D8%A9.html).

United Nations Mission to Investigate Allegations of the Use of Chemical Weapons in the Syrian Arab Republic ［2013］ “Final Report,” December 13 (https://unoda-web.s3.amazonaws.com/wp-content/uploads/2013/12/report.pdf).

United Nations Security Council ［2016］ “Letter Dated 24 August 2016 from the Leadership Panel of the Organization for the Prohibition of Chemical Weapons – United Nations Joint Investigative Mechanism Addressed to the Secretary-General (S/2016/738),” August 24 (http://www.securitycouncilreport.org/atf/cf/%7B65BFCF9B-6D27-4E9C-8CD3-CF6E4FF96FF9%7D/s_2016_738.pdf).

——— [2017] "Letter Dated 26 October 2017 from the Leadership Panel of the Organisation for the Prohibition of Chemical Weapons – United Nations Joint Investigative Mechanism Addressed to the Secretary-General (S/2017/904)," October 26 (http://www.securitycouncilreport.org/atf/cf/%7B65BFCF9B-6D27-4E9C-8CD3-CF6E4FF96FF9%7D/s_2017_904.pdf).

UNRWA (United Nations Relief and Works Agency for Palestine Refugees in the Near East) [2011] "UNRWA Statistics-2010: Selected Indicators," November (https://www.unrwa.org/userfiles/2011120434013.pdf).

——— [2019] "Yarmouk (Unofficial Camp)," January 1 (https://www.unrwa.org/where-we-work/syria/yarmouk-unofficial-camp).

U.S.(The United States) Central Command [2017] "Coalition Statement on Actions near At Tanf, Syria (Release No: 17–214)," June 6 (https://www.centcom.mil/MEDIA/PRESS-RELEASES/Press-Release-View/Article/1204884/coalition-statement-on-actions-near-at-tanf-syria/).

——— [2018] "EUCOM: U.S. European Command Supports Joint Strikes on Syria Chemical Weapons Sites (Release No: 18–041)," April 16 (https://www.centcom.mil/MEDIA/PRESS-RELEASES/Press-Release-View/Article/1494256/eucom-us-european-command-supports-joint-strikes-on-syria-chemical-weapons-sites/).

——— [2019] "CJTF-OIR Strike Summary April 21 – May 04, 2019 (Release No: 19–028)," May 7 (https://www.centcom.mil/MEDIA/PRESS-RELEASES/Press-Release-View/Article/1838829/cjtf-oir-strike-summary-april-21-may-04-2019/).

——— [2020] "U.S. Central Command Statement on a Visual Inspection of a Mahan Air Passenger Airliner," July 23 (https://www.centcom.mil/MEDIA/STATEMENTS/Statements-View/Article/2286567/us-central-command-statement-on-a-visual-inspection-of-a-mahan-air-passenger-ai/).

U.S. Department of Defense [2017a] "Trump Orders Missile Attack in Retaliation for Syrian Chemical Strikes," April 6 (https://www.defense.gov/Explore/News/Article/Article/1144601/trump-orders-missile-attack-in-retaliation-for-syrian-chemical-strikes/).

——— [2017b] "U.S. Strike Designed to Deter Assad Regime's Use of Chemical Weapons," April 7 (https://www.defense.gov/Explore/News/Article/Article/1145665/us-strike-designed-to-deter-assad-regimes-use-of-chemical-weapons/).

——— [2017c] "Trump Signs Fiscal Year 2018 Defense Authorization," December 12 (https://www.defense.gov/Explore/News/Article/Article/1394990/trump-signs-fiscal-year-2018-defense-authorization/).

——— [2018] "Briefing by Secretary Mattis on U.S. Strikes in Syria," April 13 (https://www.defense.gov/Newsroom/Transcripts/Transcript/Article/1493658/briefing-by-secretary-mattis-on-us-strikes-in-syria/).

U.S. Department of State［2002］*Patterns of Global Terrorism 2001*. Washington, D.C.
———［2016a］"Foreign Terrorist Organization Designation of ISIL - Khorasan (ISIL-K)," January 14 (https://2009-2017.state.gov/r/pa/prs/ps/2016/01/251237.htm).
———［2016b］"State Department Terrorist Designation of Jund al-Aqsa," September 20 (https://2009-2017.state.gov/r/pa/prs/ps/2016/09/262158.htm).
———［2018a］"Amendments to the Terrorist Designations of al-Nusrah Front," May 31 (https://2017-2021.state.gov/amendments-to-the-terrorist-designations-of-al-nusrah-front/index.html).
———［2018b］"The Russian and Assad Regime's False Allegations on Chemical Weapons Use in Aleppo," December 7 (https://2017-2021.state.gov/the-russian-and-assad-regimes-false-allegations-on-chemical-weapons-use-in-aleppo/index.html).
———［2019］"Country Reports on Terrorism 2019: Syria" (https://www.state.gov/reports/country-reports-on-terrorism-2019/syria/).
———［2020］"Syria Caesar Act Designations," June 17 (https://2017-2021.state.gov/syria-caesar-act-designations/index.html).
U.S. Department of State Diplomacy in Action［2011］"Remarks with European Union High Representative for Foreign Affairs and Security Policy Catherine Ashton After Their Meeting," July 11 (https://2009-2017.state.gov/secretary/20092013clinton/rm/2011/07/168027.htm).
U.S. Department of the Treasury［2004］"Executive Order 13338: Blocking Property of Certain Persons and Prohibiting the Export of Certain Goods to Syria," May 11 (https://home.treasury.gov/system/files/126/13338.pdf).
———［2006］"Executive Order 13399: Blocking Property of Additional Persons in Connection with the National Emergency with Respect to Syria," April 25 (https://home.treasury.gov/system/files/126/13399.pdf).
———［2008］"Executive Order 13460: Blocking Property of Additional Persons in Connection with the National Emergency with Respect to Syria," February 15 (https://home.treasury.gov/system/files/126/13460.pdf).
———［2011a］"Executive Order 13572: Blocking Property of Certain Persons with Respect to Human Rights Abuses in Syria," April 29 (https://home.treasury.gov/system/files/126/13572.pdf).
———［2011b］"Executive Order 13573: Blocking Property of Senior Officials of the Government of Syria," May 18 (https://home.treasury.gov/system/files/126/13573.pdf).
———［2011c］"Executive Order 13582: Blocking Property of the Government of Syria and Prohibiting Certain Transactions with Respect to Syria," August 17 (https://home.treasury.gov/system/files/126/syria_slp_06122013.pdf).
———［2012a］"Executive Order 13606: Blocking the Property and Suspending Entry into the

United States of Certain Persons with Respect to Grave Human Rights Abuses by the Governments of Iran and Syria via Information Technology," April 22 (https://home.treasury.gov/system/files/126/13606.pdf).
——— [2012b] "Executive Order 13608: Prohibiting Certain Transactions with and Suspending Entry into the United States of Foreign Sanctions Evaders with Respect to Iran and Syria," May 1 (https://home.treasury.gov/system/files/126/fse_eo.pdf).
——— [2019] "Executive Order 13894: Blocking Property and Suspending Entry of Certain Persons Contributing to the Situation in Syria," October 14 (https://home.treasury.gov/sys tem/files/126/13894.pdf).
——— [2020a] "Treasury Continues to Pressure Investors and Companies Supporting the Assad Regime's Corrupt Reconstruction Efforts," July 29 (https://home.treasury.gov/news/press-releases/sm1072).
——— [2020b] "Treasury Continues Targeting Facilitators of Assad Regime," September 30 (https://home.treasury.gov/news/press-releases/sm1141).
——— [2020c] "Treasury Imposes Sanctions on Petroleum Network, Senior Syrian Officials, and Syrian Entities," November 9 (https://home.treasury.gov/news/press-releases/sm1178).
——— [2020d] "Treasury Targets Syrian Regime Officials and the Central Bank of Syria," December 22 (https://home.treasury.gov/news/press-releases/sm1220).
U.S. Embassy and Consulates in Turkey [2018a] "Remarks on The Way Forward for the United States Regarding Syria," January 17 (https://tr.usembassy.gov/remarks-way-forward-united-states-regarding-syria/).
——— [2018b] "U.S. – Turkey Joint Statement," June 4 (https://tr.usembassy.gov/u-s-turkey-joint-statement/).
——— [2019] "Statement on Joint Military Talks Regarding Syria," August 7 (https://tr.usem bassy.gov/statement-on-joint-military-talks-regarding-syria/).
U.S. Embassy in Israel [2019] "Proclamation on Recognizing the Golan Heights as Part of the State of Israel," March 27 (https://il.usembassy.gov/proclamation-on-recognizing-the-golan-heights-as-part-of-the-state-of-israel/).
Valdai Discussion Club [2017] "Vladimir Putin Meets with Members of the Valdai Discussion Club. Transcript of the Plenary Session of the 14th Annual Meeting," October 19 (https://valdaiclub.com/events/posts/articles/putin-meets-with-members-of-the-valdai-club/).
The White House [2019a] "Remarks by President Trump in Cabinet Meeting," October 21 (https://trumpwhitehouse.archives.gov/briefings-statements/remarks-president-trump-cabi net-meeting-15/).
——— [2019b] "Statement from the President on the Death of Abu Bakr al-Baghdadi," October 27 (https://trumpwhitehouse.gov/briefings-statements/statement-president-death-abu-bakr-al-baghdadi/).

The White House President Barack Obama［2013］“Remarks by President Obama and His Majesty King Abdullah II before Bilateral Meeting,” April 26 (https://trumpwhitehouse.archives.gov/briefings-statements/statement-president-death-abu-bakr-al-baghdadi/).
———［2015］“Remarks by President Obama in Press Conference after GCC Summit,” May 14 (https://obamawhitehouse.archives.gov/the-press-office/2015/05/14/remarks-president-obama-press-conference-after-gcc-summit).
WikiLeaks［2019］“OPCW-DOUMA – Release Part 4,” December 27 (https://wikileaks.org/opcw-douma/document/).
Williams, Katie Bo［2020］“Outgoing Syria Envoy Admits Hiding US Troop Numbers: Praises Trump’s Mideast Record,” Defense One, November 12 (https://www.defenseone.com/threats/2020/11/outgoing-syria-envoy-admits-hiding-us-troop-numbers-praises-trumps-mideast-record/170012/).

新聞、テレビ、通信社、ウェブサイト
「現代中東政治研究ネットワーク」(https://cmeps-j.net/)。
「シリア・アラブの春顛末記——最新シリア情勢」(http://syriaarabspring.info/)。
鳳凰衛視 (http://www.ifeng.com/).
ABC News (https://abcnews.go.com/).
AFP (https://www.afp.com/).
Alarabiya (https://www.alarabiya.net/).
Aljazeera (https://www.aljazeera.com/).
Alsouria.net(https://www.alsouria.net).
AMC (Aleppo Media Center, https://amc-sy.net/).
Anadolu Ajansı (https://www.aa.com.tr/tr).
ANHA (Wikālat Anbā’ Hāwār, https://hawarnews.com/ar/).
AP (Associate Press, https://apnews.com/).
ARA News (http://aranews.org/).
‘Ayn al-Furāt (https://eyeofeuphrates.com/).
BBC (British Broadcasting Cooperation, http://www.bbc.com/).
Bloomberg (https://www.bloomberg.com/).
CBS (https://www.cbsnews.com/).
CIA (Central Intelligence Agency, https://www.cia.gov/).
CNN (https://edition.cnn.com/).
CNN Türk (https://www.cnnturk.com/).
The Daily Mail (https://www.dailymail.co.uk/).
Daily Sabah (https://www.dailysabah.com).
al-Durar al-Shāmīya (https://eldorar.com/).

Euphrates Post (https://euphratespost.net/).
Facebook (https://www.facebook.com/).
@ibrahim.hamidi
@mod.mil.rus
@SCDrifdimashq
@YomyatKzefeh
Federal Register (https://www.federalregister.gov/).
Fox News (https://www.foxnews.com/).
Google マップ (https://www.google.co.jp/maps/).
The Guardian (https://www.theguardian.com/).
Haaretz (https://www.haaretz.com/).
al-Ḥayāt (http://alhayat.com/).
ISNA (Iran Students' News Agency, https://www.isna.ir/).
Kanal 7 (https://www.kanal7.com/).
Kull-nā Shurakā' (https://eldorar.com/).
Liveuamap (https://liveuamap.com/).
Maariv (https://www.maariv.co.il/).
The Mail on Sunday (https://www.dailymail.co.uk/mailonsunday/).
al-Manār (https://almanar.com.lb/).
al-Marṣad al-Sūrī li-Ḥuqūq al-Insān (https://www.syriahr.com/).
al-Monitor (https://www.al-monitor.com/).
Murāsilūn (https://muraselon.com/).
NBC News (https://www.nbcnews.com/).
The New York Times (https://www.nytimes.com/).
NNA (National News Agency, http://nna-leb.gov.lb/).
NPR (National Public Radio, https://www.npr.org/).
OCHA (UN Office for the Coordination of Humanitarian Affairs, https://www.unocha.org/).
Official Journal of the European Union (https://eur-lex.europa.eu/).
Orient Net (https://orient-news.net/ar).
al-Quds al-'Arabī (https://www.alquds.co.uk/).
Reuters (https://www.reutersagency.com/).
RIA Novosti (https://ria.ru/).
RT (https://www.rt.com/).
Rudaw (https://www.rudaw.net/).
Rus Vesna (https://rusvesna.su/).
Russia 24 (https://www.vesti.ru/).
al-Safīr (http://www.assafir.com/).

SANA (Syrian Arab News Agensy, http://www.sana.sy/).
Ṣawt al-ʻĀṣima (https://damascusv.com/).
Shaam Network (http://www.shaam.org/).
Shabaka Ibāʼ al-Ikhbārīya (https://ebaa.news/).
Sham FM (https://sham.fm/).
al-Sharq al-Awsaṭ (https://aawsat.com/).
Sky News Arabia (https://www.skynewsarabia.com/).
SMART News (https://smartnews-agency.com/ar/).
Snack Syrian (https://snacksyrian.com/).
Sputnik News (https://sputniknews.com/).
Step News (https://stepagency-sy.net/).
Suwayda 24 (https://suwayda24.com/).
Syria TV (http://www.ortas.online/).
TASS (https://tass.com/).
Telegram (https://telegram.me/).
@Kumait_Agency
@mhesneee
The Times of Israel (https://www.timesofisrael.com/).
TRT World (https://www.trtworld.com/).
Twitter (https://twitter.com/).
@AlabedBana
@AvichayAdraee
@Dalatrm
@EdlibEmc1
@MazloumAbdi
@RaedAlSaleh3
@realDonaldTrump
@Suriyegundemi,
@SyriaCivilDef
@Thomas_Binder
Unews Press (https://www.u-news.net/).
UNHCR (Office of the United Nations High Commissioner for Refugees, http://data2.unhcr.org/en/situations/syria).
UN News (https://news.un.org/).
UNSCR: Search Engine for the United Nations Security Council Resolutions (http://unscr.com/).
S/RES/350 (1974)
S/RES/497 (1981)

S/RES/1267 (1999)
S/RES/2209 (2015)
S/RES/2254 (2015)
S/RES/2401 (2018)
U.S. Central Command (https://www.centcom.mil/).
Vzglyad (https://vz.ru/).
The Washington Post (https://www.washingtonpost.com/).
al-Waṭan (https://alwatan.sy/).
Xendan.org (http://www.xendan.org/).
Zamān al-Waṣl (https://www.zamanalwsl.net/).

註

はじめに

▼1　青山［2017a: 1-27］。

▼2　ESCWA [2018].

▼3　Reuters, December 11, 2018.

▼4　Facebook (@mod.mil.rus), January 1, 2021.

▼5　ダバシ［2017: 253–255］。

▼6　青山［2012］［2017a］。

第一章　シリアと米国の関係

▼1　U.S. Department of State [2019].

▼2　青山［2003］。

▼3　*The New York Times*, July 28, 2003、U.S. Department of State [2002: 68].

▼4　Library of Congress [2003].

▼5　U.S. Department of the Treasury [2004].

▼6　青山・末近［2009: 61–114］。

▼7　U.S. Department of the Treasury [2006].

▼8　U.S. Department of the Treasury [2008].

▼9　青山［2012: 37］。

▼10　U.S. Department of the Treasury [2011a].

▼11　U.S. Department of the Treasury [2011b].

▼12　U.S. Department of the Treasury [2011c].

▼13　U.S. Department of the Treasury [2012a].

▼14　U.S. Department of the Treasury [2012b].

▼15　*Official Journal of the European Union*, May 10, 2011 など。

▼16　*Official Journal of the European Union*, September 4, 2011.

▼17　*al-Ḥayāt*, November 17, 2011.

▼18　Reuters, November 12, 2011、*The Washington Post*, November 30, 2011.

▼19　U.S. Department of State Diplomacy in Action [2011].

▼20　*The Washington Post*, December 6, 2011.

▼21　青山［2017a: 115–120］。

▼22　*The Washington Post*, November 30, 2012.

▼ 23　青山［2017a: 81–104］。
▼ 24　The White House President Barack Obama [2013].
▼ 25　UN News, March 21, 2013.
▼ 26　United Nations Mission to Investigate Allegations of the Use of Chemical Weapons in the Syrian Arab Republic [2013].
▼ 27　青山［2017a: 69–77］。
▼ 28　UNSCR (S/RES/2209 [2015]).
▼ 29　United Nations Security Council [2016a].
▼ 30　The White House President Barack Obama [2015].
▼ 31　青山［2017a: 68–80］。
▼ 32　U.S. Central Command, various issues、Facebook (@mod.mil.rus), various issues.
▼ 33　Berger [2013].
▼ 34　UNSCR (S/RES/2254 [2015]).
▼ 35　青山［2017a: 107–108］。
▼ 36　UNSCR (S/RES/1267 [1999]).
▼ 37　青山［2017a: 106–115, 115–121, 145–151, 156–158］。
▼ 38　Atlantic Council [2016].

第二章　化学兵器使用疑惑とミサイル攻撃

▼ 1　al-Marṣad al-Sūrī li-Ḥuqūq al-Insān, April 7, 2017.
▼ 2　Aljazeera, April 4, 2017、AMC, April 4, 2017、Twitter (@SyriaCivilDef), April 4, 2017、Twitter (@EdlibEmc1), April 4, 2017、Reuters, April 4, 2017 など。
▼ 3　*al-Ḥayāt*, April 5, 2017、Reuters, April 5, 2017.
▼ 4　BBC, April 5, 2017.
▼ 5　AFP, April 13, 2017.
▼ 6　U.S. Department of Defense [2017a].
▼ 7　*The New York Times*, April 11, 2017.
▼ 8　NPR, April 5, 2017.
▼ 9　Ministry of Defence of the Russian Federation [2017a].
▼ 10　SANA, April 7, 2017.
▼ 11　青山［2018］。
▼ 12　*The Washington Post*, April 12, 2017.
▼ 13　*The Washington Post*, April 11, 2017.
▼ 14　U.S. Department of Defense [2017b].
▼ 15　Fox News, September 15, 2020.
▼ 16　ウッドワード［2018: 221］。
▼ 17　United Nations Security Council [2017a].

▼ 18 *al-Ḥayāt*, October 28, 2017.
▼ 19 UN News, October 24, 2017、November 17, 2017.
▼ 20 *al-Ḥayāt*, February 6, 2018.
▼ 21 青山［2018］。
▼ 22 Reuters, January 23, 2018.
▼ 23 Reuters, February 2, 2018.
▼ 24 SANA, February 14, 2018.
▼ 25 Facebook (@SCDrifdimashq), April 8, 2018.
▼ 26 Telegram (@Kumait_Agency), April 7, 2018
▼ 27 AFP, April 15, 2018.
▼ 28 *al-Ḥayāt*, April 13, 2018.
▼ 29 NBC News, April 14, 2018.
▼ 30 SANA, April 7, 2018.
▼ 31 Ministry of Defence of the Russian Federation [2018a].
▼ 32 BBC, April 16, 2018.
▼ 33 Russia 24, April 23, 2018.
▼ 34 Issa [2018].
▼ 35 Twitter (@Thomas_Binder), April 14, 2018.
▼ 36 Twitter (@RaedAlSaleh3), April 21, 2018.
▼ 37 *al-Ḥayāt*, April 10, 2018.
▼ 38 OPCW [2018].
▼ 39 SANA, July 6, 2018.
▼ 40 U.S. Department of Defense [2018]、U.S. Central Command [2018].
▼ 41 SANA, April 14, 2018.
▼ 42 Ministry of Defence of the Russian Federation [2018b].
▼ 43 U.S. Department of Defense [2018].
▼ 44 Alarabiya, April 15, 2018.
▼ 45 Abdulrahim [2018].
▼ 46 SANA, November 24, 2018.
▼ 47 Reuters, November 25, 2018.
▼ 48 U.S. Department of State [2018b].
▼ 49 Shabaka Ibā' al-Ikhbārīya, May 19, 2019.
▼ 50 SANA, May 19, 2019.
▼ 51 *The New York Times*, May 21, 2019.
▼ 52 Reuters, September 26, 2019.
▼ 53 OPCW Technical Secretariat [2019].
▼ 54 SANA, March 11, 2019.

▼ 55　OPCW [2019].
▼ 56　*The Mail on Sunday*, November 23, 2019.
▼ 57　*The Mail on Sunday*, December 15, 2019.
▼ 58　WikiLeaks [2019].
▼ 59　OPCW Technical Secretariat [2020].
▼ 60　Reuters, April 8, 2020.
▼ 61　RT, April 9, 2020.
▼ 62　SANA, April 9, 2020.
▼ 63　OPCW Executive Council [2020].
▼ 64　al-Durar al-Shāmīya, November 11, 2019.
▼ 65　AFP, December 16, 2019.
▼ 66　*Daily Sabah*, November 20, 2019.
▼ 67　RT, November 11, 2019.

第三章　「テロとの戦い」の決着
▼ 1　青山［2017a: 137］。
▼ 2　青山［2017a:159-160］。
▼ 3　鳳凰衛視, March 11, 2017.
▼ 4　U.S. Central Command, various issues.
▼ 5　Oakford [2017].
▼ 6　*The New York Times*, June 10, 2017.
▼ 7　ANHA, October 20, 2017.
▼ 8　TRT World, November 14, 2017.
▼ 9　BBC, November 13, 2017.
▼ 10　Kull-nā Shurakā', August 27, 2017.
▼ 11　Seck [2017].
▼ 12　ANHA, December 3, 2017.
▼ 13　SANA, December 7, 2017.
▼ 14　Sputnik News, December 11, 2017.
▼ 15　U.S. Department of Defense [2017c].
▼ 16　Reuters, December 13, 2017.
▼ 17　Anadolu Ajansı, July 19, 2017.
▼ 18　*al-Sharq al-Awsaṭ*, December 7, 2017.
▼ 19　AFP, February 8, 2018.
▼ 20　SANA, February 8, 2018, July 26, 2019 など。
▼ 21　al-Marṣad al-Sūrī li-Ḥuqūq al-Insān, January 8, 2021.
▼ 22　Human Rights Watch [2020]、al-Marṣad al-Sūrī li-Ḥuqūq al-Insān, January 8, 2021.

▼23 ABC News, March 22, 2019.
▼24 Unews Press, April 30, 2019 に転載。
▼25 al-Durar al-Shāmīya, September 17, 2019 より引用。
▼26 Laporta, O'Connor and Jamali [2019].
▼27 CNN, October 27, 2019、Laporta, O'Connor and Jamali [2019]、al-Marṣad al-Sūrī li-Ḥuqūq al-Insān, October 27, 2019、Twitter (@realDonaldTrump), October 27, 2019、The White House［2019b].
▼28 The White House [2019b].
▼29 Anadolu Ajansı, October 27, 2019.
▼30 *al-Quds al-'Arabī*, October 29, 2019.
▼31 al-Marṣad al-Sūrī li-Ḥuqūq al-Insān, October 27, 2019、Twitter (@MazloumAbdi), October 28, 2019.
▼32 Sputnik News, October 27, 2019.
▼33 Sputnik News, October 28, 2019.
▼34 al-Marṣad al-Sūrī li-Ḥuqūq al-Insān, October 27, 2019.
▼35 al-Durar al-Shāmīya, October 31, 2019 より引用。
▼36 *The Guardian*, January 20, 2020.
▼37 RT, November 11, 2019.
▼38 Russia 24, November 1, 2019.
▼39 Telegram (@mhesneee), October 29, 2019.
▼40 青山［2017a: 82-84］。
▼41 青山［2017a: 86-89］。
▼42 Shaam Network, November 28, 2017.
▼43 Humud, Arieff, Blanchard, et.al. [2014].
▼44 U.S. Department of State [2016a].
▼45 U.S. Department of State [2018a].
▼46 Kan [2010].
▼47 *The Guardian*, November 6, 2020.
▼48 髙岡［2020］。

第四章　米国が後ろ盾となった国家内国家
▼1 Federal Register, October 8, 1997.
▼2 King [2013].
▼3 Kull-nā Shurakā', June 28, 2016.
▼4 Kull-nā Shurakā', December 30, 2016.
▼5 全文は Xendan.org, August 1, 2017 を参照。
▼6 SMART News, July 29, 2017.

▼7 ANHA, September 29, 2017, December 5, 9, 11, 12, 2017.

▼8 Reuters, January 14, 2018.

▼9 Anadolu Ajansı, January 15, 2018.

▼10 *The New York Times*, January 17, 2018.

▼11 Anadolu Ajansı, January 17, 2018.

▼12 CIA (Website).

▼13 Anadolu Ajansı, January 21, 2018、RT, March 20, 2018.

▼14 al-Durar al-Shāmīya, January 17, 2018、RT, January 21, 2018.

▼15 Rudaw, February 18, 2018.

▼16 Reuters, January 21, 2018.

▼17 al-Marṣad al-Sūrī li-Ḥuqūq al-Insān, November 28, 2019.

▼18 *al-Ḥayāt*, March 4, 2018.

▼19 Gordon [2018].

▼20 U.S. Embassy and Consulates in Turkey [2018b].

▼21 ANHA, July 15, 2018.

▼22 青山［2019］。

▼23 Twitter (@realDonaldTrump), December 19, 2018.

▼24 al-Durar al-Shāmīya, December 19 2018.

▼25 Reuters, December 21, 2018.

▼26 Sputnik News, December 21, 2018.

▼27 SANA, December 28, 2018.

▼28 *The New York Times*, February 22, 2019.

▼29 Mafhoum.com [n.d.].

▼30 U.S. Embassy and Consulates in Turkey [2019].

▼31 ANHA, August 27, 2019.

▼32 *The New York Times*, October 7, 2019.

▼33 *The Washington Post*, October 13, 2019.

▼34 al-Durar al-Shāmīya, October 9, 2019.

▼35 Anadolu Ajansı, October 10, 2019.

▼36 U.S. Department of the Treasury [2019].

▼37 *The New York Times*, October 10, 2019.

▼38 RT, October 7, 2019.

▼39 CNN, October 17, 2019、ANHA, October 17, 2019.

▼40 Aljazeera, October 22, 2019.

▼41 Anadolu Ajansı, October 23, 2019.

▼42 UNHCR (Website).

▼43 Anadolu Ajansı, November 10, 2019.

▼ 44 SANA, May 25, 2020.
▼ 45 RIA Novosti, October 24, 2019.
▼ 46 SANA, October 30, 2019.
▼ 47 The White House [2019a].
▼ 48 Reuters, Decemeber 4, 2019.
▼ 49 Williams [2020].
▼ 50 ANHA, October 30, 2019.
▼ 51 Twitter (@MazloumAbdi), November 6, 2019.
▼ 52 ANHA, November 15, 2019.
▼ 53 *al-Sharq al-Awsaṭ*, December 18, 2019.
▼ 54 Russia 24, November 11, 2019 など。
▼ 55 SANA, February 12, 2020、al-Marṣad al-Sūrī li-Ḥuqūq al-Insān, February 12, 2020.
▼ 56 al-Durar al-Shāmīya, July 22, 2020、Operation Inherent Resolve [2020].
▼ 57 SANA, August 17, 2020、al-Marṣad al-Sūrī li-Ḥuqūq al-Insān, August 17, 2020.
▼ 58 Reuters, August 25, 2020.
▼ 59 Rus Vesna, September 18, 2020.
▼ 60 al-Marṣad al-Sūrī li-Ḥuqūq al-Insān, October 3, 2020.
▼ 61 SANA, December 16, 2020.
▼ 62 Sputnik News, December 28, 2020.

第五章　イランの封じ込め

▼ 1 青山［2017b］。
▼ 2 青山［2017a: 120］。
▼ 3 *The Washington Post*, December 8, 2004.
▼ 4 U.S. Central Command [2017].
▼ 5 AFP, October 21, 2015.
▼ 6 UNHCR (Website).
▼ 7 Mixed Migration Platform [2018: 7].
▼ 8 Aljazeera, January 8, 2018.
▼ 9 SANA, November 3, 2018.
▼ 10 Sputnik News, October 18, 2018.
▼ 11 Facebook (@mod.mil.rus), January 1, 2020.
▼ 12 SMART News, September 12, 2019.
▼ 13 SANA, June 19, 2019.
▼ 14 *al-Sharq al-Awsaṭ*, July 29, 2019.
▼ 15 Reuters, January 9, 2019.
▼ 16 AFP, October 14, 2019.

▼ 17 ‘Ayn al-Furāt, October 4, 2020、Euphrates Post, September 9, 2019、AFP, March 12, 2020 など。

▼ 18 SANA, July 23, 2020、U.S. Central Command [2020].

▼ 19 *al-Safīr*, May 12, 2011.

▼ 20 青山［2012: 39-40］［2017a: 14-16］。

▼ 21 「シリア・アラブの春顚末記」各号。

▼ 22 UNSCR (S/RES/350 [1974]).

▼ 23 al-Manār, May 11, 2017.

▼ 24 Kull-nā Shurakā’, September 7, 2017.

▼ 25 *al-Ḥayāt*, July 18, 2017.

▼ 26 TASS, April 9, 2018.

▼ 27 ISNA, April 29, 2018.

▼ 28 al-Manār, May 14, 2018.

▼ 29 The Times of Israel, July 22, 2018.

▼ 30 *Maariv*, September 2, 2018.

▼ 31 Reuters, September 18, 2018.

▼ 32 TASS, September 23, 2018.

▼ 33 *Vzglyad*, September 28, 2018、RT, October 2, 2018.

▼ 34 Fox News, September 3, 2019.

▼ 35 「シリア・アラブの春顚末記」各号。

▼ 36 Twitter (@AvichayAdraee), August 27, 2019.

▼ 37 al-Marṣad al-Sūrī li-Ḥuqūq al-Insān, January 14, 2020, June 4, 2020, September 2, 2020, September 11, 2020 などを参照。

▼ 38 al-Marṣad al-Sūrī li-Ḥuqūq al-Insān, January 13, 2021.

▼ 39 AP, January 13, 2021.

▼ 40 Twitter (@realDonaldTrump), March 21, 2019.

▼ 41 U.S. Embassy in Israel [2019].

▼ 42 UNSCR (S/RES/497 [1981]).

▼ 43 SANA, March 25, 2019.

▼ 44 *al-Ḥayāt*, March 26, 2019.

第六章　結託を強めるロシアとトルコ

▼ 1 Aljazeera, January 24, 2017.

▼ 2 Ministry of Defence of the Russian Federation [2017b].

▼ 3 *al-Ḥayāt*, July 8, 2017.

▼ 4 *al-Ḥayāt*, July 28, 2017.

▼ 5 *The Washington Post*, July 19, 2017.

▼ 6　ARA News, August 31, 2017.
▼ 7　Qūwāt al-Shahīd Aḥmad al-'Abdū and Jaysh Usūd al-Sharqīya [2017].
▼ 8　*al-Waṭan*, October 2, 2017.
▼ 9　Aljazeera, December 16, 2016.
▼ 10　UN News, September 30, 2016.
▼ 11　Sham FM, December 23, 2016.
▼ 12　*al-Ḥayāt*, December 25, 2016.
▼ 13　Kull-nā Shurakā', December 31, 2016.
▼ 14　Kull-nā Shurakā', January 15, 2017.
▼ 15　Kull-nā Shurakā', January 19, 2017.
▼ 16　SANA, December 19, 2015.
▼ 17　*al-Ḥayāt*, March 13, 2017.
▼ 18　SANA, May 21, 2017.
▼ 19　Kull-nā Shurakā', July 8, 2017.
▼ 20　Kull-nā Shurakā', March 28, 2017、Orient Net, April 15, 2017.
▼ 21　*al-Hayāt*, July 28, 2017、Shabaka Ibā' al-Ikhbārīya, July 27, 2017.
▼ 22　SANA, August 27, 2017.
▼ 23　SANA, May 8, 2017.
▼ 24　al-Durar al-Shāmīya, September 15, 2017、Umrān lil-Dirāsāt al-Istrātījīya [2017].
▼ 25　al-Durar al-Shāmīya, October 31, 2017.
▼ 26　Valdai Discussion Club [2017].
▼ 27　SANA, November 22, 2017.
▼ 28　CNN, November 21, 2017.
▼ 29　The Ministry of Foreign Affairs of the Russian Federation [2017].
▼ 30　*al-Ḥayāt*, January 28, 2018.
▼ 31　*al-Ḥayāt*, January 30, 2018.
▼ 32　AFP, January 28, 2018.
▼ 33　al-Durar al-Shāmīya, January 25, 2018.
▼ 34　*al-Ḥayāt*, January 20, 2018.
▼ 35　SANA, January 30, 2018.
▼ 36　SANA, November 29, 2018.
▼ 37　SANA, December 11, 2019.

第七章　世紀の取引
▼ 1　CNN Türk, January 18, 2018.
▼ 2　SANA, January 21, 2018.
▼ 3　UNSCR (S/RES/2401 [2018]).

▼4 OCHA, June 19, 2017.
▼5 Aljazeera, January 12, 2016 など。
▼6 青山［2012: 76］。
▼7 Twitter (@AlabedBana).
▼8 Anadolu Ajansı, December 21, 2016.
▼9 Syria TV, June 5, 2017.
▼10 *The Daily Mail*, October 22, 2017.
▼11 Anadolu Ajansı, December 16, 2017.
▼12 UN News, March 20, 2018.
▼13 SANA, April 4, 2018 など。
▼14 SANA, April 6, 2018.
▼15 al-Marṣad al-Sūrī li-Ḥuqūq al-Insān, April 7, 2018.
▼16 al-Durar al-Shāmīya, June 7, 2018.
▼17 SANA, May 15, 2018.
▼18 SANA, April 24, 2018 など。
▼19 UNRWA [2011: 5].
▼20 UNRWA [2019].
▼21 青山［2017b］。
▼22 al-Durar al-Shāmīya, March 13, 2018.
▼23 SANA, April 29, 2018.
▼24 RT, May 19, 2018.
▼25 al-Durar al-Shāmīya, April 29, 2018.
▼26 *al-Ḥayāt*, May 13, 2013.
▼27 U.S. Department of State [2018a].
▼28 Reuters, June 24, 2018.
▼29 CBS, May 3, 2018.
▼30 UN News, July 5, 2019.
▼31 *al-Ḥayāt*, July 12, 2018.
▼32 *al-Ḥayāt*, May 30, 2018.
▼33 al-Durar al-Shāmīya, May 17, 2018.
▼34 al-Durar al-Shāmīya, July 17, 2018.
▼35 Reuters, June 29, 2018.
▼36 Reuters, July 12, 2018.
▼37 CBS, July 14, 2018.
▼38 Reuters, October 17, 2018、CBS, October 29, 2018、BBC, February 21, 2021.
▼39 al-Marṣad al-Sūrī li-Ḥuqūq al-Insān, July 20, 2018.
▼40 *Haaretz*, July 24, 2018.

▼ 41　Sputnik News, July 24, 2018.
▼ 42　*al-Ḥayāt*, July 26, 2018.
▼ 43　al-Marṣad al-Sūrī li-Ḥuqūq al-Insān, July 10, 2018.
▼ 44　al-Marṣad al-Sūrī li-Ḥuqūq al-Insān, July 26, 2018.
▼ 45　Suwayda 24, August 1, 2018.

第八章　「シリア革命」最後の牙城をめぐる攻防
▼ 1　UN News, October 18, 2018.
▼ 2　*Daily Sabah*, August 31, 2018.
▼ 3　*al-Ḥayāt*, September 3, 2018.
▼ 4　al-Durar al-Shāmīya, September 16, 2018.
▼ 5　al-Durar al-Shāmīya, September 7, 14, 21, 28, October 5, 2018.
▼ 6　al-Durar al-Shāmīya, September 16, 2018.
▼ 7　Kull-nā Shurakā', September 22, 2018.
▼ 8　al-Durar al-Shāmīya, October 14, 2018.
▼ 9　UNHCR (Website).
▼ 10　al-Durar al-Shāmīya, July 21, 2018 など。
▼ 11　Ministry of Defence of the Russian Federation [2018c].
▼ 12　Facebook (@YomyatKzefeh), March 15, 2019.
▼ 13　Snack Syrian, August 8, 2019.
▼ 14　al-Durar al-Shāmīya, March 4, 2019.
▼ 15　U.S. Embassy and Consulates in Turkey [2018a].
▼ 16　*al-Sharq al-Awsaṭ*, February 5, 2019.
▼ 17　Reuters, November 25, 2018.
▼ 18　al-Durar al-Shāmīya, January 9, 2019.
▼ 19　al-Durar al-Shāmīya, February 8, 2019.
▼ 20　Kanal 7, May 7, 2019 など。
▼ 21　CNN, July 26, 2019.
▼ 22　TRT World, August 20, 2019.
▼ 23　RT, August 27, 2019.
▼ 24　SANA, August 31, 2019.
▼ 25　al-Durar al-Shāmīya, December 20, 2018.
▼ 26　*al-Ḥayāt*, January 31, 2018.
▼ 27　*The New York Times*, October 17, 2018.
▼ 28　*Daily Sabah*, September 29, 2018.
▼ 29　AFP, December 4, 2018.
▼ 30　青山・木戸［2019a］［2019b］。

▼ 31 SANA, November 7, 2019.
▼ 32 RT, November 8, 2019.
▼ 33 SANA, November 25, 2019.
▼ 34 SANA, March 1, 2020.
▼ 35 UN News, August 29, 2018.
▼ 36 Reuters, February 27, 2020.
▼ 37 Anadolu Ajansı, February 29, 2020.
▼ 38 Facebook (@ibrahim.hamidi), March 6, 2020.
▼ 39 SANA, March 6, 2020.
▼ 40 al-Durar al-Shāmīya, March 7, 2020.
▼ 41 al-Marṣad al-Sūrī li-Ḥuqūq al-Insān, March 15, 2020.
▼ 42 RT, March 15, 2020.
▼ 43 al-Durar al-Shāmīya, March 15, 2020.
▼ 44 Zamān al-Waṣl, June 10, 2020.
▼ 45 al-Durar al-Shāmīya, June 26, 2020.
▼ 46 al-Durar al-Shāmīya, June 26, 2020.

おわりに

▼ 1 Twitter (@Dalatrm), July 14, 2020、al-Durar al-Shāmīya, August 17, 2020、Step News, September 1, 2020.
▼ 2 RT, September 20, 2020.
▼ 3 al-Marṣad al-Sūrī li-Ḥuqūq al-Insān, October 31, 2020.
▼ 4 al-Marṣad al-Sūrī li-Ḥuqūq al-Insān, September 26, 2020, October 21, 2020.
▼ 5 Ṣawt al-ʻĀṣima, February 13, 2020、Reuters, June 7, 2020、al-Durar al-Shāmiya, December 16, 2020.
▼ 6 BBC, September 30, 2020、CNN, October 1, 2020.
▼ 7 Sky News Arabia, October 1, 2020.
▼ 8 al-Marṣad al-Sūrī li-Ḥuqūq al-Insān, December 24, 2020.
▼ 9 *Daily Sabah*, September 20, 2020.
▼ 10 Zamān al-Waṣl, November 15, 2020.
▼ 11 NNA, March 7, 2020.
▼ 12 Library of Congress [2019].
▼ 13 Carter-Ruck [2014].
▼ 14 U.S. Department of State [2020].
▼ 15 U.S. Department of the Treasury [2020a] [2020b] [2020c] [2020d].
▼ 16 Middle East Institute [2020].
▼ 17 Office of Foreign Assets Control [n.d.].

▼18 Facebook (@mod.mil.rus), various issues.

▼19 *al-Sharq al-Awsaṭ*, November 4, 2020.

▼20 SANA, November 12, 2020.

▼21 Bloomberg, March 17, 2021.

▼22 青山［2021a］。

▼23 青山［2021b］。

▼24 青山［2021d］［2021g］。

▼25 *The Washington Post*, April 7, 2021.

▼26 青山［2021c］。

▼27 青山［2021e］。

▼28 青山［2021f］。

図版出典一覧

地図 1　Google マップなどをもとに筆者作成
地図 2　Google マップなどをもとに筆者作成
地図 3　Google マップなどをもとに筆者作成
図 0-1　筆者作成
図 0-2　al-Marṣad al-Sūrī li-Ḥuqūq al-Insān, April 28, 2011, December 26, 2012, December 31, 2013, December 4, 2014, December 16, 2015, December 13, 2016, November 25, 2017, December 10, 2018, December 31, 2019, December 9, 2020, March 14, 2021 などをもとに筆者作成
図 0-3　UNHCR (Website)、OCHA より筆者作成
地図 0-1　Liveuamap (Website)、Google マップなどをもとに筆者作成
地図 0-2　Liveuamap (Website)、Google マップなどをもとに筆者作成
地図 0-3　Jusūr li-l-Dirāsāt [2021]、Google マップなどをもとに筆者作成
図 1-1　筆者作成
表 2-1　筆者作成
地図 3-1　*The Washington Post*, July 26, 2015、Google マップなどをもとに筆者作成
図 4-1　青山・末近［2009: 8］、Markaz al-Abḥāth al-'Aqā'idīya [n.d.] をもとに筆者作成
地図 4-1　al-Monitor, August 22, 2019、Google マップなどをもとに筆者作成
地図 5-1　AFP, October 21, 2015、Google マップなどをもとに筆者作成
地図 5-2　*al-Ḥayāt*, July 8, 2018、Google マップなどをもとに筆者作成
地図 6-1　Ministry of Defence of the Russian Federation［2017b］、Google マップなどをもとに筆者作成
地図 6-2　Murāsilūn, May 24, 2018、'Umrān lil-Dirāsāt al-Istrātījīya［2017］、Google マップなどをもとに筆者作成
地図 8-1　Twitter (@Suriyegundemi), September 18, 2021、Google マップなどをもとに筆者作成

青山弘之（あおやま・ひろゆき）
一九六八年生まれ。東京外国語大学アラビア語学科卒業。一橋大学大学院社会学研究科博士後期課程単位取得退学。東京外国語大学総合国際学研究院教授。ダマスカス・フランス・アラブ研究所（現フランス中東研究所）共同研究員、ＪＥＴＲＯアジア経済研究所研究員などを経て現職。専門は現代東アラブ政治、思想、歴史。著書に『「アラブの心臓」に何が起きているのか――現代中東の実像』（編著、岩波書店、二〇一四年）、『シリア情勢――終わらない人道危機』（岩波書店、二〇一七年）などがある。またウェブサイト「シリア・アラブの春顛末記――最新シリア情勢」（http://syriaarabspring.info/）を運営。

膠着するシリア――トランプ政権は何をもたらしたか

二〇二一年一〇月二八日　初版第一刷発行

著　者　青山弘之

発行者　林佳世子
発行所　東京外国語大学出版会
郵便番号　一八三‐八五三四
住所　東京都府中市朝日町三‐一一‐一
TEL番号　〇四二‐三三〇‐五五五九
FAX番号　〇四二‐三三〇‐五一九九
Eメール　tufspub@tufs.ac.jp

装幀　臼井新太郎
本文組版　大友哲郎
印刷・製本　シナノ印刷株式会社

Printed in Japan　ISBN978-4-904575-91-8